鈴木正三の精神思想

―精神的余暇の人間形成―

濵﨑　要子　著

山喜房佛書林

鈴木正三坐像(石平山恩真寺)
(豊田市指定文化財)

恩真寺本堂の裏にある正三の墓

石平山恩真寺　本堂(豊田市山中町)

正三坐像（正三創建の心月院、豊田市則定町）
（豊田市指定文化財、豊田市教育委員会提供）

正三が修行した千鳥寺本堂（豊田市千鳥町）

鈴木大祖廟
正三再建の医王寺（鈴木氏の菩提寺）

医王寺　本堂（豊田市矢並町）

正三創建の十王堂(現在十王寺、豊田市足助町)

妙昌寺　本堂(豊田市王滝町)

三河鈴木宗家御廟所（妙昌寺）

鈴木重成建立の東向寺本殿（天草市）

鈴木正三像(天草市)

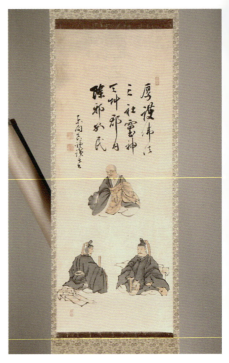

鈴木三公肖像絵
(鈴木神社蔵天草市立天草キリシタン館提供)

鈴木神社本殿(天草市)
鈴木正三、重成、重辰の三公を祀る

鈴木三公像(天草市立天草キリシタン館蔵)

鈴木重成建立の明徳寺本堂(天草市)

正三坐像（長泉寺）

恵中坐像（長泉寺）

長泉寺本堂（八王子市）

弟子恵中の墓（長泉寺）

石平道人墓（長泉寺）

『八王子市文化財調査研究報告書』
八王子市教育委員会、平成5年3月25日発行より出典（131頁）

1758年の鈴木正三顕彰碑（長泉寺）

鈴木三公像(天草市)
天草信用金庫本店撮影　彫刻家中村晋也氏製作

鈴木正三史跡公園(豊田市則定町)
濵本晴之氏撮影

正三・重成公像（鈴木正三史跡公園）
濱本晴之氏撮影　彫刻家安藤孝洋氏製作

鈴木正三記念館（豊田市則定町）
濱本晴之氏撮影

「石平道人鈴木正三—その足跡—」
(鈴木正三顕彰会編集、豊田市教育委員会発行)

まえがき

　この拙稿によって、学位を授与されてから、在職期間６年、定年退職してから６年の月日が経過してしまった。疲れ切った身体で仕事を続けることも難儀であったが、引き受けてくださる出版社を探すのも時間を必要とした。時代の変化は速く、そして時代が求める社会問題、特に教育課題は目白押しの状況にある。拙稿を執筆していた頃はゆとり教育が叫ばれ、自由時間の科目が編成された。しかし、その後学力低下の徴候や生命倫理の精神が懸念され、たび重なる自然災害の教訓から地域防災教育も重点教育課題になってきている。一方で学校を地域の社会資源として活用し、地域との連繋プログラムも教育科目に編成されてきている。

　この拙稿の主題は「労働と余暇の人間形成論的考察」であるが、副題は「鈴木正三の精神的余暇をめぐって」である。鈴木正三は江戸初期に武士から僧侶へと生き方を変更し、「世法即仏法」の心の在り方で庶民を啓蒙した教育者である。豊田市、足助町及び則定町などでは鈴木正三を地域が生んだ偉人として顕彰会を設立し、鈴木正三の偉業を称えるとともに鈴木正三を後世に伝えるべく努力を重ねてこられた。出版に際しては鈴木正三に焦点を当て、主題と副題を入れ替えた。

　論文の要約は以下のとおりである。

　本稿は、労働の教育的機能に着目し、労働と余暇とがどのような関係にあるとき、最も望ましい人間形成が可能になるかという問題について、主として江戸初期の禅僧・鈴木正三（1579〜1655）の思想を手掛りにして考察したものである。その結果、労働と余暇とが統合的関係にあるとき、人に安らぎのある「精神的余暇」をもたらし、全人格的な陶冶を可能にすると結論した。

　労働と余暇との関係は、通常、対立的関係において捉えられている。余暇を時間概念と理解する場合は、労働時間に対する非労働時間が余暇（時間）と考えられ、また活動概念と理解する場合は、拘束的活動に対する非拘束的活動が

まえがき

余暇（活動）と考えられている。これらの考え方に対して、本稿では余暇を精神的概念、即ち「精神的余暇」という心の在り方と考えることによって、労働と余暇との統合的関係が可能になると考えた。

「精神的余暇」とは心の機(はたらき)による心の在り方である。このような心の在り方を導くものとして宗教、特に禅の労働観と人間形成との関りを考えた。なぜなら、禅は日常行為（労働）を行道（日常工夫）として位置付け、この行道としての労働の実践を通して、人は自己を陶冶し「精神的余暇」を享受しうると考えるからである。このような行道において人格陶冶される人間像を、本稿では自覚的人間と呼び、この自覚的人間の形成の実践例として鈴木正三の思想を取り上げた。彼の思想にみられる「精神的余暇」を身に備える教育こそ、現代社会が取り組むべき教育課題であろう。なぜなら、現代の科学技術優先の社会にあって、人間性の回復とそれを可能にする労働の在り方が問われているからである。労働と余暇との統合的関係が導く「精神的余暇」を身に備える教育機会を創ることが重要であろう。この教育課題のための基礎的研究を行うことが本稿の目的である。

本稿の構成は、次のとおりである。第Ⅰ部で、労働と余暇との関係について従来の主要な考え方を取り上げ、またキリスト教の労働観と仏教（特に禅）のそれとの考え方を比較検討した。次いで第Ⅱ部で、労働と余暇との統合的関係として、禅の作務労働を考え、その歴史及び祖師達の語録などを概観し、さらに作務労働の精神から世俗の職業（労働）の勤勉的精神へと発展させた典型的な例として、鈴木正三の作務思想を考察した。彼の作務精神は行(ぎょう)の精神として在家の生活倫理を導くものであり、日常行為（労働）上で心の機(はたらき)を具体化することによって、人間形成を行うことを目的とするものであった。このため、第Ⅲ部で、彼の行(ぎょう)の思想、特にその核心である心の機(はたらき)と「精神的余暇」との関係について考え、心の機(はたらき)としての「精神的余暇」が、自覚的人間の形成にいかに深く関与するかを考察した。以下、本稿の構成に沿って、より詳細に述べていきたい。

第Ⅰ部第一章で、カール・マルクス（Karl Heinrich Marx, 1818～1883）における労働と余暇との関係を取り上げた。大工業が求める労働形態とその人間疎外の克服の視点から、労働や科学技術における人間疎外とそれらから人間性

まえがき

を回復する教育の在り方（「全面的に発達した人間」の教育の在り方）を考察した。現代社会において求められている労働教育と余暇教育との望ましい関係とは、一方では大工業を支える技術者の教育や労働力の育成を求め、他方では人間性豊かな人格の陶冶を求めるという二つの教育課題の統合なのである。つまり、この教育課題は、労働と余暇との統合的関係をいかに実践し、可能にするかの問題なのである。

　この問題を考えるために、第二章で、スタンリー・パーカー（Stanley Parker, 1927～）、第三章で、ジョフル・デュマズディエ（Joffre Dumazedier, 1915～）、第四章で、ヨゼフ・ピーパー（Josef Pieper, 1904～）の夫々の余暇概念の考え方を検討した。その結果、彼らはいずれも、基本的には労働と余暇との関係を労働対余暇という対立的関係の延長線上で考えていることが確認された。これに対して、第五章で、現代日本人（尾高邦雄や桝潟俊子など）に、労働と余暇とを統合的関係として捉える考え方があることを確認した。この労働と余暇との統合的関係を徹底して捉えた先蹤として、キリスト教や禅の宗教的労働観がある。しかもこれらの宗教的労働観には、全体的に調和のとれた人格陶冶、換言すれば、労働と余暇との統合的関係が導くところの心の在り方（「精神的余暇」）の形成に深く関る人間形成論的視点が含まれているのである。

　そこで第六章で、これらの宗教的労働観を検討し、それらにどのような精神構造が含まれているかを考察した。先ず、キリスト教の労働観の特色として、①原罪としての労働観、②自然支配としての労働観、③創造としての労働観、④神への奉仕としての労働観、⑤禁欲としての労働観などが挙げられる。また、これらに対応する禅の労働観として、①仏道としての労働観、②自然統合としての労働観、③生（知恵）としての労働観、④環境（他者）への奉仕としての労働観、⑤行としての労働観が挙げられる。そして、これら相互に対応する労働観から導き出される共通の精神構造として、①求道的精神、②調和的精神、③自覚的精神、④奉仕的精神、⑤勤勉的精神が指摘されうる。これらの精神構造が両者の宗教的労働観を支えるとともに、かつ人間形成の精神構造にもなっていることを確認した。キリスト教で説かれる労働と信仰心の在り方は、禅における労働と心の機の在り方に対応し、ともに深く両者の人間形成観に関っ

まえがき

ているのである。

　労働と心の機(はたらき)との関係について、具体的な一例として、職人的労働を取り上げた。職人は、自己の労働において職人修業の道を歩みつつ、同時に職人道そのものにおいて行(ぎょう)の精神を実践する。職人気質とは、職業能力形成の道と人格形成の道とを同一軌道に成すことによって、職人が身に備えた職人固有の心の在り方である。職人はこの気質を体得するために、求道的精神とも言うべき行(ぎょう)の精神を実践し、奉仕的な勤勉的精神を製品に投入し尽すのである。職人が体得する「精神的余暇」（心の在り方）は、彼が仕事に生きるときに発揮する心の機(はたらき)である。職人の「精神的余暇」は、労働を行(ぎょう)と為す日常性にある。職人は、ものを作ることによって自己を作り、自己を作ることによってものを作る。職人の心の機(はたらき)としての「精神的余暇」は、彼に職人道を成就させながら、本来の自己を自覚する自覚的人間へと形成するのである。

　第七章で、禅の労働観として鈴木正三の労働観を検討した。彼は、禅の作務思想を支えた行(ぎょう)の精神を仏道としての労働観のみならず、広く職業（労働）一般の勤勉的精神として捉え、かつそれを人間形成そのものの基本的精神として位置付けた。作務精神は職業（労働）に従事するときの心の在り方とされ、その勤勉的精神は日常生活を行道へと転換した。それは、日常（職業・労働）を宗教化するとともに、宗教を日常化することによって、職業（労働）と宗教とを結合し、併せて人間形成の精神的役割を果たしたのである。

　作務精神はどのような実践過程を経て、行(ぎょう)の精神へと清浄化されたのだろうか。第Ⅱ部で、禅における労働と余暇との統合的関係を確認するため、この統合の在り方を実践した叢林の作務思想を取り上げた。第一章で、作務思想の成立要因について、第二章で、『百丈清規』の作務精神とその教育的役割について、第三章で、祖師達の語録のうち『臨済録』と『碧巌録』を、第四章で、『永平清規』を夫々取り上げ、『百丈清規』を特色付けた作務精神が、後代にどのように実践継承され、人間形成に深く関与したかを考察した。

　作務は労働しながら正念工夫し、心の機(はたらき)を身に備える行であり、自己の身心を労し尽すことによって、本来の自己を自覚することを目的とするものである。修行者は作務労働の実践を通じて、本来の自己を自覚し、「精神的余暇」を経験する。またそれと同時に、身に備えた心の機(はたらき)を日常行為上に発揮する

工夫をする。作務労働において、修行者は全身心を労し尽して力行する結果、自我を捨て、自己の身体あることも忘れて、環境（他者）と一体となり、自ずと然なる在り方で本来の自己と出会う。つまり、作務労働を媒介にして、行としての日常行為が道としての宗教行為へと転換されるのである。修行者は、労働経験を経て「精神的余暇」へと導かれ、真の自己を自覚するに至る。

鈴木正三の思想の特徴は、この出家の作務修行と在家の職業（労働）とを同一のものとして考えたところにある。彼は、作務労働がもつ人間形成的意義を認識し、職業（労働）に作務精神を付与することによって、「世法即仏法」としての労働観を説いたのである。この労働観が、いわゆる仏道としての労働観である。その具体的展開である彼の『万民徳用』のうち、第五章で、特に『武士日用』、『農人日用』、『職人日用』、『商人日用』を取り上げ、それらにおいて夫々の職業（労働）がどのように行道として実践され、心の機が身に備わるようになるかを考察した。

第Ⅲ部第一章において、正三の行の思想を更めて詳細に検討した。彼は職業（労働）に専心することが、なぜ仏道になるかを説いた。彼は仏道としての労働を説くことによって、在家者の信仰心を深め、職業（労働）を行の実践とする人間形成の道を切り拓いたのである。また、彼は在家者に平易に禅を説く一方で、取り組み易い念仏行も勧めるなど、日常生活における行の在り方を柔軟に提示することによって、信仰心をもって自己を律する人の在り方を説いた。これらのことは、在家者が日常行為（労働）を行とする勤勉な生活倫理観の形成を容易にすることになった。正三は、行としての日常行為（労働）の積み重ねが、結果として仏道を歩むことになり、心の機が身に備わることになると考えたのである。彼は、身に備えた心の機を活かすことによって、日常行為（労働）上で本来の自己を現成できると考えたのである。それ故、彼が説いた仏道としての労働は、心の機を身に備えること、及び身に備えたそれを日常行為（労働）上で活かし、本来の自己を発露させることを目的としている。

第二章で、この心の機が労働と余暇との統合的関係を導き、「精神的余暇」を可能にすることを考察した。在家者は、心の機を自由自在に活かすことによって、自覚的人間へと成長し、日常の職業（労働）を生即知恵としての労働へ転換することによって、本来の自己を具体化する。この生きる知恵は、凡夫

まえがき

心を克服する「浮心」を、心の在り方として身に備えた結果であり、心の 機(はたらき) としての「精神的余暇」に繋がって、日常行為（労働）において自ずと然なる在り方で、全人格を陶冶する役割を果たすのである。

おわりで、本稿全体のまとめとして、正三の労働観の人間形成論的意義を再考した。正三は教育において留意すべきこととして、「機ヲ付テ育ツベキ也」と指摘する。全身心に機を張り詰め、機の弛みのない心の在り方を創り出すことが、彼の教育的視点である。身に備えた心の 機(はたらき) を堅持するためには、「常住機ヲ抜サヌ事」という平常心が求められ、「機ヲ養ヒ立ル事」の継続的な行(ぎょう)の在り方が肝要である。

正三の労働観は、心の 機(はたらき) を身に備えた自覚的人間の形成を目的とする労働観である。換言すれば、それは心の 機(はたらき) を活かして、本来の自己を日常行為（労働）において発揮することのできる人間の形成を目指した労働観なのである。

振り返れば二人の老大師と諸先生方から御指導をいただきました。高校から大学時代にかけて、海清寺専門道場師家春見文勝老大師（後に妙心寺派管長）、就職してから2006年遷化されるまで円福寺専門道場師家西片擔雪老大師（後に海清寺専門道場師家、妙心寺派管長）の両老大師から禅の指導を受けることができました。神戸大学教育学部では全面的に発達した人間教育論を講義された教授小川太郎先生（後に日本福祉大学学長）、奈良女子大学大学院文学研究科では西田哲学の教育学を講義された教授東日出男先生（後に附属小学校校長）、大阪府立大学大学院人間文化学研究科では長年に亘り論文を御指導いただきました教授山田邦男先生、教授花岡永子先生、教授長屋泰昭先生に深く感謝申し上げます。

出版の写真提供に御協力をいただきました豊田市鈴木正三顕彰会会長濱本晴之氏、天草市立天草キリシタン館、天草信用金庫本店に厚く御礼を申し上げます。また、鈴木正三の資料について掲載の許可をいただきました恩真寺、心月院、長泉寺、豊田市教育委員会、豊田市郷土資料館、鈴木正三顕彰会、八王子市教育委員会に御礼を申し上げます。

最後になりましたが、鈴木正三和尚の仏縁により論文の出版に快諾していただきました㈱山喜房佛書林の房主浅地康平氏に心から合掌する次第です。㈱山

まえがき

　喜房佛書林は、今から52年前、恩真寺（鈴木正三建立の寺、豊田市山中町）住職の鈴木鉄心和尚が『鈴木正三道人全集』を発行された時の出版社です。
　阪神・淡路大震災の年に大阪府立大学大学院博士課程に社会人入学しましたが、仕事と通学の日々を支えてくれた亡き母と亡き恒子姉に、この本を捧げたいと思います。
2014（平成26）年12月17日（亡き恒子姉18回忌の日）

濱﨑　要　子

目　　次

まえがき ·· xiii
表の題名一覧表 ·· xxiv
図の題名一覧表 ··· xxv
凡例 ··· xxvi

はじめに ··· 1

第Ⅰ部　労働と余暇との関係 ·· 11
第一章　カール・マルクスにおける労働と余暇との関係 ································ 16
第二章　スタンリー・パーカーの余暇概念 ··· 23
第三章　ジョッフル・デュマズディエの余暇概念 ··· 33
第四章　ヨゼフ・ピーパーの余暇概念 ··· 36
第五章　現代日本人の余暇概念 ·· 46
第六章　宗教的労働観と精神的余暇 ·· 51
　1　宗教的労働観とその精神構造 ··· 51
　2　信仰と労働との関係 ·· 56
　3　精神的余暇と心の機との関係 ··· 58
　4　職人的労働観と精神的余暇 ·· 60
第七章　鈴木正三における精神的余暇 ··· 72
　1　鈴木正三について ··· 73
　2　勤勉的精神と精神的余暇 ··· 76
　3　宗教的余暇観と精神的余暇との関係 ·· 80

第Ⅱ部　禅における労働と余暇との統合
　　　　　——作務思想について—— ·· 84
第一章　作務思想の成立 ·· 85

1　民族性による要因 ……………………………………………………… 86
  2　経済的要因 ……………………………………………………………… 87
  3　宗教的性格の要因 ……………………………………………………… 88
  4　禅思想の要因 …………………………………………………………… 90
  5　まとめ …………………………………………………………………… 91
 第二章　『百丈清規』にみる作務思想 ……………………………………… 96
  1　『百丈清規』について ………………………………………………… 96
  2　作務思想 ………………………………………………………………… 97
  3　作務思想と教育について ……………………………………………… 99
  4　組織化の問題 …………………………………………………………… 102
  5　まとめ …………………………………………………………………… 103
 第三章　語録にみる作務思想 ………………………………………………… 107
  1　『臨済録』にみる作務思想 …………………………………………… 108
　　(1)　生活の匂い／(2)　飯頭について／(3)　院主について／
　　(4)　作務について／(5)　普請について
  2　『碧巌録』にみる作務思想 …………………………………………… 111
　　(1)　生活の匂い／(2)　飯頭について／(3)　園頭について／
　　(4)　作務について／(5)　普請について
 第四章　『永平清規』にみる作務思想 ……………………………………… 118
  1　永平道元と清規について ……………………………………………… 118
  2　『永平清規』にみる作務思想 ………………………………………… 120
　　(1)　典座について／(2)　園頭について／(3)　監院について／
　　(4)　維那について／(5)　直歳について
 第五章　鈴木正三の作務思想
　　　　　―『万民徳用』にみる職業（労働）倫理― ………………… 129
  1　『万民徳用』にみる職業（労働）倫理 ……………………………… 130
  2　『武士日用』について ………………………………………………… 132
  3　『農人日用』について ………………………………………………… 134
  4　『職人日用』について ………………………………………………… 136
  5　『商人日用』について ………………………………………………… 137

第六章　まとめ ································· 143
　　1　垂直次元の課題 ······························ 143
　　2　水平次元の課題 ······························ 145

第Ⅲ部　鈴木正三における労働と余暇との統合 ········· 150
　第一章　行と人間形成 ······························ 152
　　1　鈴木正三の行道 ······························ 153
　　2　道と信仰との関係 ···························· 155
　　3　行の精神構造 ································ 157
　　　(1)　行と日常的精神／(2)　行と自覚的精神
　　4　自覚的人間の形成 ···························· 164
　　5　まとめ ······································ 168
　第二章　心の機としての精神的余暇 ·················· 184
　　1　心の概念と心の機 ···························· 187
　　　(1)　「勇猛心」と「凡夫心」／(2)　「浮心」と「沈心」／
　　　(3)　心の機から心の在り方へ
　　2　心の機と精神的余暇 ·························· 203
　　　(1)　「浮心」としての精神的余暇／(2)　心の機としての念仏行
　　3　心の機と人間形成 ···························· 214
　　4　まとめ ······································ 218

おわりに　─自覚的人間の形成を目指して─ ··········· 232

参考文献 ·· 239
鈴木正三関係略年譜 ·································· 250

xxiii

表の題名一覧表

表—1　宗教的労働観と精神構造

表—2　宗教的余暇観の特徴と精神構造

表—3　『荘子』で説かれた職人的労働観と宗教的労働観との比較

表—4　仏法修行の内容と心の概念などとの関係

表—5　「浮心」と「沈心」との例示比較

表—6　宗教的労働観を構成する精神構造と行道の心の在り方

表—7　宗教的労働観を構成する精神構造と「浮心」の機(はたらき)との関係

図の題名一覧表

図―1　余暇概念の分類

図―2　労働と余暇との概念的比較

図―3　自覚的人間における精神構造

図―4　行^{ぎょう}としての日常行為と道としての宗教行為との関係

図―5　人間形成の精神構造と『盲安杖』の十ヶ条（心の在り方・人間像）との関係

図―6　宗教的労働観の精神構造と人間形成

図―7　心の概念と自覚的人間の心の在り方との関係

図―8　念仏行における精神構造と人間形成との関係

凡　　例

○　引用文中、旧漢字はそのまま使用することに努めたが、印刷するうえで困難な場合は現代当用漢字を使用している。

○　『鈴木正三道人全集』は、鈴木鉄心校訂並編者『二王禅祖鈴木正三道人全集』恩真寺正三道人三百年記念会（1954年）、山喜房仏書林より再版（1962年）、『因果物語』が追録（1975年）されており、1975年版を参考とする。

○　鈴木正三の著作からの引用文は、『鈴木正三道人全集』を中心とし、夫々の著作の底本は次のとおりである。
　(1)　『盲安杖』　変体仮字で、慶安四年四月板行本。
　(2)　『万民徳用』　忍阿の跋本のある変体仮字体を拾録。
　(3)　『麓草分』　片仮字本で、山本平左衛門版（寛文版）、印刷の都合で平仮字になる。
　(4)　『二人比丘尼』　絵入変体仮字本で、慶安版。
　(5)　『念仏草紙』　変体仮字で、巻末に和泉屋新八とある本。
　(6)　『破吉利支丹』　変体仮字本で、寛文二年春、堤六左衛門本。

○　弟子恵中（長徳山主慧中）の編集及び著作からの引用は、『鈴木正三道人全集』を中心とし、夫々の編集及び著作の底本は次のとおりである。
　(1)　『驢鞍橋』　片仮字で、万治三年春、堤六左衛門本。但し、上巻の百三十九段を補い、中巻の三十六段と三十七段を区分する。
　(2)　『反故集』　片仮字本で、寛文十一年春、山本平左衛門本。
　(3)　『石平道人四相』　片仮名交り本で、延宝四年版。
　(4)　『石平道人行業記』　底本は漢文であるが、便宜上、書き下し文である。元禄九年春版。
　(5)　『石平道人行業記弁疑』　底本は漢文であるが、便宜上、書き下し文である。『石平道人行業記』の付録で、元禄九年春版。

鈴木正三の精神思想

はじめに

　本稿は、労働と余暇とがどのような関係を形成し、この関係が人間形成にどのように深く関与するかを考察したものである。

　労働と余暇との関係は、余暇の概念を、時間の概念とする場合は労働時間と非労働時間及び余暇時間との関係として、活動内容の概念とする場合は規制された拘束活動と非拘束の自由活動との関係として、両者が対立的関係或は相互補完的関係を形成するものと考えられる。しかし、本稿では余暇の概念を精神的な心の在り方（精神的安らぎ）として考え、労働と余暇との関係は労働という自己活動を介して、いかにして精神的な心の在り方（精神的安らぎ）を体得し身心の調和のとれた人格陶冶を為しうるかを研究課題とするものである。

　なぜなら、従来、人間形成としての労働の在り方が主張され、労働の教育的役割が指摘されながら、労働が創造する精神的な心の在り方（精神的安らぎ）を教育実践として継承することは少なかったからである。

　大正デモクラシーと時を同じくして主張された新教育運動の一つである労作教育運動は、当時の農村を中心とした農本主義と呼応しながら発展し、その後、児童中心主義の綴方教育運動に継承された。大正期の新教育運動は、形式化した詰め込み主義の公教育から脱皮し、児童の自主性を尊重する自由主義教育へと展開する。資本主義の高度的発展に伴い公教育の画一性が否定され、自由精神に富んだ教育運動が社会に受容されたのである。ケルシェンシュタイナー（Georg Michael Kerschensteiner, 1854～1932）が実践した労作学校と公教育の主張は日本に輸入されたが、大正時代から昭和初期にかけて国家主義を前面に押し出し勤労精神を鼓吹する精神主義的教育へと変貌する。勤労精神を重んずる公教育は、国家主義のファシズムの中で鍛錬主義教育へと変容するのである。現実主義の立場から児童中心主義の精神を維持し、生活実践の教育運動を継承しえたのは、生活綴方教育運動だけだったのである。デューイ（John Dewey, 1859～1952）による児童の生活経験を重視する実験教育運動も自由

はじめに

主義教育運動のなかで輸入された。しかし、輸入された新教育運動は日本における教育改革の中心になることはできなかった。なぜなら、新教育運動は現実主義の教育を説きながら、観念的な精神主義に陥り、日常生活の実践的経験を教育課題として取り込み、それを運動として発展することができなかったからである。この課題を教育運動として唯一実践しえたのが、労作教育思想を継承した生活綴方教育運動である。

生活綴方教育運動は、第二次世界大戦後、高度経済成長期の時代を迎え、農村社会が疲弊していく過程で衰微していく。しかし、生活綴方教育運動が残した勤労教育の意義は、勤労精神付与の方向にではなく、労働が導く精神的安らぎ、そして、その精神的な心の在り方において全体的に調和のとれた人格陶冶が為されるという側面において、見直されるべきなのである。

第二次世界大戦後、マルクス教育論が労働教育を主張し、生産的労働を学業や体育と結びつける総合技術教育論を展開し、その後、職業教育として発展していく。大工業制が必然的に不可欠とする多能工の養成が、科学技術教育の開発を社会的に余儀無くしたのである。分業制が否応なく創出する単純工を土台にして、多種多様な生産機械に対応できる多能工の養成は、時代の要請に応じて人間を「全面的に発達した人間」へと形成する教育機会をもたらしたのである。ここに人間形成としての労働は職業教育の道を切り開き、戦後の技術革新の担い手を教育していく。しかし、職業教育は技術革新に対応できる技術者を即戦力として養成したが、科学技術疎外を克服できる人間形成を目的としなかった。そのため、労働者が高度な技術力を労働力として身に備えながら、機械技術に翻弄され人間疎外に苦悩する労働環境が社会問題となってきた。職業教育が人間形成としての労働の教育となるためには、科学技術疎外から人間性を回復するための人格陶冶が必要なのである。「全面的に発達した人間」へと、身心ともに調和のとれた人格陶冶を実践するには、これまでの職業教育が取り組まなかった教育の分野、即ち人格陶冶の教育を充実しなければならない。職業技術の教育と同時に、労働がもたらす精神的安らぎ、精神的な心の在り方を「精神的余暇」として体得することを教育しなければならないのである。「精神的余暇」は人間を全人格的に陶冶する心の機(はたらき)である。

労働と労働が創造する「精神的余暇」との関係を考えることは、勤勉な精神

による労働実践の教育を通して、精神的な心の在り方（精神的安らぎ）を体得させる教育を進めていく場合、大切である。人間形成としての労働が身心全体の統一のとれた人格陶冶を目指すためには、肉体と精神との統合された心の在り方が必須であり、そのことは取りも直さず労働と余暇とが、統合された心の在り方を育成するのである。

　現代教育の課題となるものは、人間形成としての労働の教育である。それは、労働経験による「精神的余暇」の心の教育であり、労働と余暇とが一体として育む心の在り方を体得させる実践教育である。本稿では、従来の教育運動が取り組めなかった労働と余暇との統合的関係による人間形成の課題について、特に精神的な心の在り方がもたらす身心一如の人格陶冶について述べていきたい。このことは、現代教育における実践教育の在り方に一考を与えるものと思われる。

　以上のような主旨のもとに、本稿は以下の順序で展開される。

　第Ⅰ部では、労働と余暇との関係について、関連する諸説及び先行研究を取り上げた。まず第一章では、カール・マルクス（Karl Heinrich Marx, 1818〜1883）の説をとり上げた。彼は最も早くに、分業制と大工場制が必然的にもたらす労働と余暇との関係を解き明かし、体制変革を人間疎外克服の理論とした。彼にとって、人間形成としての労働は、肉体的にも精神的にも調和のとれた人格陶冶を為しうる労働である。それ故、人間疎外の帰結として発生する私有財産制を否定した共産主義社会においては、特定の労働に拘束されることなく、社会のどの分野においても、誰でも人格陶冶がなされると結論する。労働の在り方は元々「精神的余暇」を内含する在り方であり、労働を介して自然に「精神的余暇」を経験し、心の在り方において人格を陶冶できるという考え方なのである。

　次に第二章では、スタンリー・パーカー（Stanley Parker, 1927〜）の説をとり上げた。彼は余暇概念を時間の余暇概念と活動内容の余暇概念との両次元から考察する。彼は、時間に規制された自由な活動内容の余暇は「労働中の余暇」として、自由な活動内容に見られる時間規制の活動を「余暇中の労働」として考え、労働と余暇との領域が益々曖昧になっている社会現象を指摘する。「労働中の余暇」は労働中のティー・タイムであったり、「余暇中の労働」は余

はじめに

暇に拘束性の強い労働に従事し、結果として賃労働になったりする。労働と余暇との関係は、将来的には両者の統合が予測できるが、今のところ、両者の統合的関係を推察できるのは個人的な領域に限られ、労働と余暇との統合を具体的に示す社会体制を知ることができないと結論する。労働と余暇とは夫々に別個の領域をもっており、社会的必然として、夫々の領域が統合される領域を構成するという考え方である。即ち、労働と余暇との統合的関係は、元々区別された領域が統合されて一つの領域を形成するという分離・統合の考え方なのである。この考え方は、これから述べようとする宗教的労働観が、労働と余暇との関係を元々一体的なるものとして統合的関係を説く考え方と比較すると、両者の差異が明確になる。

さらに第三章では、ジョフル・デュマズディエ（Joffre Dumazedier, 1915～）の説を考察した。彼は、余暇の意義を「休息、気晴し、自己開発」の三機能に求め、労働と余暇との関係を対立的関係として考える。労働を原罪としての労働と考える立場をとり、非労働においてこそ人間性が回復され、人間的な創造活動が実践できるとする。西洋型余暇観を代表する考え方である。労働と余暇との対立的関係は、労働の在り方及び余暇の在り方を相互に益々遠ざけ、両者の関係が遠心分離していくような社会的現象である。人間形成としての労働の在り方は考えられず、労働による人格陶冶の教育方法もない。余暇においてこそ、創造的活動を介して人間性が回復され、人格陶冶が為されるのである。身心ともに調和のとれた人格陶冶は、余暇における創造的活動を介して実践される。労働に期待された人間形成としての教育的役割は、余暇における創造的活動において実践されることになる。

続いて第四章では、ヨゼフ・ピーパー（Josef Pieper, 1904～）が、余暇概念を宗教的な「精神的態度」として考えていたことを指摘した。彼にとって、余暇は精神的な心の在り方であり、「直観的な視る働き」である。ここで精神的な心の在り方とは、沈黙において世界や自然をあるがままに見、自ずと然なる在り方において「愛に満ちたまなざし」で受容することである。世界を自ずと然なる在り方としてそのまま受容できるのは、現実をあるがままに受け入れる開いた心を身に備えているからである。彼は余暇の在り方を開いた心の在り方として考えたのである。彼が説くこの余暇の「精神的態度」は、廓庵師遠

(生没年不詳)の『十牛図』における、第九図の「返本還源」に譬えることができるかもしれない。禅における余暇観と比較すれば、禅には次の段階として第十図の「入鄽垂手」がある。「入鄽垂手」は自ずと然なる在り方で他者を救済する利他の働きを意味する。即ち、ピーパーの余暇観は禅の余暇観と類似した特徴をもちながら、なおその一歩手前の心の在り方に終わっている。禅の「精神的余暇」は心の機(はたらき)を意味するところに特徴がある。ピーパーにとって、労働は「直観的な視る働き」の余暇を経験するための日常の刻苦勉励なのである。それ故、労働に期待される価値以上のものが、「直観的な視る働き」の余暇に期待され、「直観的な視る働き」によって体得しえたものは最高価値に位置し、絶対的超越的な価値なのである。この超越的価値の体得が全人格を陶冶する教育的役割を果たすのである。

　第五章で、これらの諸説及び先行研究を踏まえたうえで現代日本人の余暇観を考察した。余暇の在り方を精神的な心の在り方(精神的安らぎ)と理解したうえで、労働を通して精神的拠としての余暇がどのように享受されるのかを考えた。即ち、本稿の課題である労働と余暇との関係は、もはや両者の対立的関係や相互補完的関係ではなく、統合的関係であることを現代日本人の余暇観において確認した。労働と余暇との統合的関係は、多種多様な労働観のなかでも特に宗教的労働観にみられ、信仰の形で実践、継承される場合が多い。宗教的労働観を形成する諸精神の構造に、「精神的余暇」の在り方を考えることができるのである。

　第六章で、宗教的労働観と「精神的余暇」との関係を取り上げ、労働を介して実践される信仰心の在り方、及び信仰心がどのような「精神的余暇」を導くかを検討する。宗教的労働観がもたらす顕著な精神は、日常的精神、勤勉的精神、奉仕的精神、自覚的精神、調和的精神、求道的精神などであり、これらの諸精神が精神構造を織りなし「精神的余暇」を導き人間を全人格的に陶冶するのである。キリスト教と禅とを比較検討すると、両者の精神構造の意味内容に夫々特徴があると同時に、「精神的余暇」の在り方にも差異がある。これらの差異は一般的に考えられてきたことであるが、しかし、キリスト教の神秘主義には禅に類似した精神の働きがある。この精神の働きが自己の本性をあるがままに実現する心の機(はたらき)となって「精神的余暇」を導くのである。つまり、宗教

はじめに

的労働観を支える「精神的余暇」は全人格を陶冶する心の機(はたらき)であり、労働を介して心の機(はたらき)をいかにして身に備えるかが、信仰の課題であり、信仰の教育的役割なのである。宗教を通して労働に求められる余暇は、心の機(はたらき)としての「精神的余暇」を日常生活上で具体化させるという役割を担うのである。自己を全人格的に陶冶する心の機(はたらき)を身に備えること、そして身に備えた心の機(はたらき)を日常生活上で活かすことが、信仰の日常生活にして、かつ行道である。この行道を日常生活上で具体化する労働については、職人的労働において考えることができる。なぜなら、職人的労働は技の骨や勘を心の機(はたらき)として身に備える労働であり、心の機(はたらき)は職人固有の技能の形で製品に表現されるからである。職人的労働は、信仰心に支えられた労働と余暇との関係を、技能習得過程と職人道において実践するのである。

即ち、労働と余暇との統合的関係は、宗教的労働観にあっては心の機(はたらき)としての「精神的余暇」において人間を全人格的に陶冶し、職人的労働観にあっては心の機(はたらき)としての「精神的余暇」を技の形で具体化し、職人道を歩ませるのである。職人道は職人にとって日常生活上の行道であり、宗教行為としての行(ぎょう)と比較して、類似の行的効果をもたらし、精神鍛錬を実践するものである。宗教行為として勤行する行道と日常行為として実践する行道とは、深く関与しあっているのである。本稿は、労働と余暇との統合的関係がこれらの行道を通していかに日常生活上で実践され、全人格的な陶冶の教育的役割を果たしているかを主たる考察課題とし、その実例を江戸時代初期の禅僧、鈴木正三(1579〜1655)が説いた仏道としての労働観に見ようとするものである。

第七章は、鈴木正三における労働と余暇との関係を述べ、「精神的余暇」による人間形成の実践の問題を考察した。仏道としての労働観は、日常生活上の仏道を信仰の在り方とするもので、出家者のみならず在家者にとっても行(ぎょう)を実践することが信仰心の証となる。つまり、出家者にとっては、身心を責める勤行が仏心の利他行となり、在家者にとっては職業労働に勤勉に専心することが、仏道の日常生活となる。両者の行道を統合する精神は、勤勉の精神であり、それが宗教的労働観を構成する諸精神の核となるのである。正三にとって、勤勉的精神は行道の心の在り方であり、労働と余暇との統合的関係を生み出す原動力である。彼は道心の起動力を「勇猛心」と表現し、「勇猛ノ機」を身に備え

ることを行道の目的とする。勤勉に行道することが、心の機(はたらき)を身に備える方便であり、心の機(はたらき)としての「精神的余暇」の享受を可能ならしめるのである。彼の説く仏道としての労働観は、心の機(はたらき)としての「精神的余暇」を導く形で、労働と余暇とを統合し、人格陶冶による人間形成を導くのである。

　行道の実践が心の機(はたらき)を身に備えさせるところに、禅の特色の一つがある。禅は身心を労する行(ぎょう)を通して、心の機(はたらき)を身心上に活かし、人間形成を図るのである。この行道の実際を禅の作務労働にみることができる。禅における作務労働の教育的意義を考えることは、作務労働と心の機(はたらき)との統合的な関係を知ることになる。つまり、作務労働と心の機(はたらき)としての「精神的余暇」とが統合的関係を形成し、「精神的余暇」において人間形成がなされることを見てとることができる。

　第Ⅱ部では、この作務労働の歴史的考察を通じて、作務労働においていかに労働と余暇とが統合されているかを検討した。先ず、第一章では、禅における作務労働の発生要因を調べ、作務労働が禅思想を特色あるものに形成したと称せられる意義を検討した。作務労働の実践が、禅の今日ある在り方を決定したのである。中国禅に導入された作務労働は、清規という禅堂の生活規範に則り継承された。その代表的な清規が『百丈清規』であり、永平道元（1200～1253）が残した『永平清規』である。

　第二章は、この『百丈清規』を取り上げ、清規によって禅林が組織化され、禅堂生活が規則化されていく過程を考えた。この生活規則化の過程は、出家集団が清規によって秩序付けられ、規則正しい日常生活の行道を可能にしていくのである。作務労働は『百丈清規』によってその精神が体系化され、禅堂生活を支える重要な行道となっていくのである。この作務精神に接し、そこに禅の真髄を見たのが、永平道元である。道元は、自らの禅経験から『永平清規』にその作務精神を書き残し、永平叢林の生活規範としたのである。『永平清規』については、第四章で述べることとする。『百丈清規』に示された作務精神は、後の世まで禅堂の日常生活上で生き生きと脈打ち、その心の機(はたらき)を表現していく。その日常生活の記録を伝えているのが禅語録と称される祖師達の言動記録である。

　第三章では、その語録の中でもよく知られている『臨済録』と『碧巌録』と

はじめに

を取り上げた。作務精神が禅堂の日常生活でどのように実践され、行道の精神へと深化するのか、語録を通して知ることができる。日常生活を行道として実践することは、日常行為を行(ぎょう)として勤勉に営むことに他ならない。行(ぎょう)として実践された日常行為は、日常生活を行道と為すことによって日常的精神を求道的精神へと深化させるのである。その一方、宗教行為を勤行として努める精神は日常行為においてもその精神を持続する。即ち、求道的精神は日常的精神と一体化することによって道としての宗教行為を行(ぎょう)としての日常行為へと転化しうるのである。行の精神と道の精神とを一体なるものとして統合するのが作務精神なのである。それ故、語録に表現された作務精神は、常に日常行為を通して心の機(はたらき)を具体化することになる。作務労働を通して具体化された心の機(はたらき)は、日常行為を生き生きとした知恵の働きに転換させ、知恵を生かすことのできる人間を形成するのである。

　第四章では『永平清規』を取り上げ、中国禅で形成された作務精神が、道元によってどのように日本に根付いたかを考えた。『永平清規』は永平叢林の出家集団を律する日常規範となるが、その範となったものは長翁如淨（1163～1228）の作務精神である。道元は入宋の折、老典座の如淨が炎天下に一人で労働する姿に出会う。道元は老典座の辛苦を思いやり、何故に他者を使役しないのか尋ねる。老典座は「他不是吾」と返答し、続けて「更待何時」と答える。老典座は自らの身心を労する労働の中に作務精神を見出したのである。そして、身心を労する行道は一刻一刻に万法の真理を表現しており、時を待って成就するものではないのである。老典座の行道は、目前の日常行為を全身心を労して営むことにあったのである。道元は如淨の作務精神を日常行為の一つ一つに取り入れ、『永平清規』を支える精神と為し、後人の行持の規範としたのである。『永平清規』によって叢林の各役職は、僧堂生活を維持、統制し、「動静一如大衆、死生不離叢林」の行道生活を実現したのであり、「衆心為自心、道念為自念」の僧堂教育を実践したのである。「以公為心、以私莫心」という心の在り方を作務精神としたのである。『永平清規』では、行持精神が作務精神を継承していくことになる。「動静一如大衆、死生不離叢林」の行持精神は、その後、江戸時代を迎え永平叢林の発展を導き出したのである。その一方で、宗団組織を離れ、世俗社会で行道を実践する中で、仏教の真理を説く禅僧が現れる。

はじめに

　第五章で、鈴木正三を取り上げた理由は、彼が宗派教団に属さず、自由人の立場で独立独歩の禅精神を説いたからである。特にその禅風は「勇猛禅」と称せられ、仏道としての労働観を形成する。作務精神によって特色付けられた禅思想は、日常行為上の行道にその真髄がある。それ故、正三は世俗労働を行道と見做し、行(ぎょう)としての日常行為から求道的精神への深化を目指すのである。永平叢林が道としての宗教行為を行持精神の行履として日常行為を重視する方向を示したのとは逆の方向から、正三は禅の作務精神を世俗労働の中へ取り込んだのである。

　彼は『修業念願』、『三宝徳用』、『武士日用』、『農人日用』、『職人日用』、『商人(あきひと)日用』を合本した『万民徳用』で、仏道としての労働と労働が創造する「精神的余暇」との関係を説いている。彼は、労働と余暇とを不離一体の関係として考える。行道としての職業（労働）従事が精神的な心の在り方（精神的安らぎ）、即ち仏心を体得する坐禅と同じ行(ぎょう)の効果をもたらすものと考えたのである。在家は出家することなく、自家の職業に一心不乱に専心することで、仏心を会得できるという在家禅を説く。この労働と「精神的余暇」との統合の関係が世俗労働を積極的に評価することになり、職業（労働）倫理観を形成していくことになる。彼にとって、職業（労働）は、在家が心の機(はたらき)を身に備えるに適した行道だったのである。在家は職業（労働）の精神的支柱を行の精神、つまり勤勉の精神と為し、勤勉な労働のうちに心の機(はたらき)を日常行為上で具体化するのである。彼は労働と「精神的余暇」との統合的関係のうちに人間形成する在り方を、仏道としての労働観において実践したのである。

　第Ⅲ部は、正三の仏道としての労働観を中心として、労働と余暇との統合的関係が行道を通して心の機(はたらき)としての「精神的余暇」を導きながら、人間形成を為していく過程を考察した。

　第一章は、行道と人間形成との視点から、行道が為す人格陶冶の在り方を述べた。仏道としての労働は何故に行道になりうるのか。日常行為としての行(ぎょう)は勤勉的精神や奉仕的精神をより深化して求道的精神へと導く。求道的精神は道の精神性を徹底することによって、日常行為を宗教行為へと昇華し、その精神を自覚的精神へと深める。行の精神と道の精神との統合は、その基盤を勤勉的精神としながら、究極的には自覚的精神へと繋がる人間形成を図るのである。

はじめに

　自覚的人間は、労働と余暇との統合的関係を自己の内にどのように具体化するのであろうか。自覚的人間は、両者の統合的関係において心の機(はたらき)を活かし、本来の自己を実現する心の在り方を身に備えるのである。つまり、自覚的人間は精神的な心の在り方（精神的安らぎ）を通して、日常行為を生（知恵）としての労働へと転化できる人間なのである。

　第二章は、心の機(はたらき)としての「精神的余暇」がもたらす人間形成の在り方を述べた。この人間形成とは、労働と余暇との統合的関係がどのような「精神的余暇」を人に享受させうるのか、そして人は「精神的余暇」を通してどのような心の在り方を身に備え自己の人格を陶冶するのかという問題である。ここでは、仏道としての労働から導かれた心の機(はたらき)としての「精神的余暇」の内容が重要な課題となる。なぜなら、心の機(はたらき)としての「精神的余暇」は、正三が理想とした心の在り方であり、人格陶冶の教育的役割を担うものだからである。彼は全人格的な心の在り方を導くため、心に生じる対立概念の思考を断ち切ることを説いた。彼は総ての思考が対立概念を含みながら一(いつ)なるものとしてあることを経験していたのである。彼は「心の師となる」心の在り方を目指したのである。その結果、理想的な心の在り方は心の機(はたらき)による人格陶冶を可能にし、理想的な人間像としての自覚的人間を形成できるのである。

　おわりでは、以上の考察を踏まえて、正三の思想が現代の教育にいかに寄与しうるかを考察した。彼が仏道としての労働を通して説いた心の機(はたらき)としての「精神的余暇」は、労働と余暇との統合的関係の結実である。正三の具体的な実例によって考えられた人間形成は、現代の教育課題に対しどのような提案を為すことができるだろうか。

第Ⅰ部　労働と余暇との関係

　従来、西洋型余暇観は常に非労働の概念として考え説明されてきた。労働に対立する余暇の概念は、『旧約聖書』における安息日[1]として神の聖なる日に起源しており、時代を経ても長い期間、余暇は非労働の範疇であった。しかし、『旧約聖書』及び『新約聖書』においても労働と余暇とを統合する余暇の精神的在り方を見出すことができる。この余暇の精神的在り方は、中国や日本の東洋的余暇観、特に禅の余暇観にも共通している考え方である。
　西洋における労働と余暇との関係は、時間概念で説明されたのに対し、禅の立場では、労働と余暇との関係は時間概念に囚われることなく、また日常行為内容にも囚われることなく、精神的概念で説明することができる。しかし、人が精神的概念としての余暇概念を日常行為において会得するためには、徹底した自己訓練に耐えるか、或は身心脱落から主客合一に至る精神集中の行道を厳修せねばならず、自己の本性を実存的に自覚する体得をもって初めて経験しうる概念なのである。
　西洋型余暇観では、余暇を労働に対立するものとして考え、日常行為を生活行為、労働行為、余暇行為、社会行為などに区分し、余暇行為は他の行為から分断される形で確保される。それ故、分断された余暇は行為内容に意味をもつ余暇である。また、分断により確保されるのは行為内容の余暇だけではない。一日の時間が、生活時間、労働時間、余暇時間、社会時間などに区分されるが故に、余暇は他の時間から分断される形で、時間内容に意味をもつ余暇でもある。
　他方、東洋型余暇観、特に禅の余暇観は労働と余暇とが統合する考え方をとるため、余暇は日常行為に貫通する形で確保される。日常行為全般に貫通する形は、行為内容で区分されることも、時間内容で分断されることもない形で、精神的概念の形をとる。それ故、労働と統合する余暇は精神的余暇である。精神的余暇は日常行為の内容に規定されることなく、著衣喫飯、悉くの日常行為

第Ⅰ部　労働と余暇との関係

において人が経験可能なものである。これは東洋型余暇観においてのみならず、キリスト教も含めた宗教的労働観にも共通した視点である。

　西洋型余暇概念、及び東洋型余暇概念を図示したのが、図—1（12頁参照）である。労働と余暇との概念は夫々の志向性に対応して、図—2（13頁参照）のような概念比較をすることができる。西洋型労働（余暇）観は労働と余暇とが対立的関係となり夫々の概念に遠心していくのに対し、東洋型労働（余暇）観は労働と余暇とが統合的関係となり夫々の概念が統合概念として収斂していく。

図—1　余暇概念の分類

(1) 西洋型余暇概念（労働に対立する余暇概念）

生活時間 （生活行為）	労　働　時　間 （労　働　行　為）	余暇時間 （余暇行為）	社会時間 （社会行為）

(2) スタンリー・パーカーの余暇概念

時間 \ 活動	活　動　の　自　由　度			
	拘束性　──────────────→　自由性			
時間の区分	労働	労　働	労　働　要　務	労働中の余暇
	労働外	生理的必要 余暇中の労働	労働外の要務 半余暇	余　暇

(3) 東洋型余暇概念（労働と統合する余暇概念）

生活時間	精　　神　　的　　余　　暇		
	労　働　時　間	余　暇　時　間	社　会　時　間
	日　　常　　行　　為		

図—2 労働と余暇との概念的比較

(1) 労働対余暇的関係— 西洋型労働（余暇）観 —

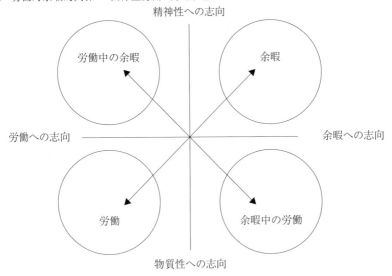

(2) 労働と余暇との統合的関係— 東洋型労働（余暇）観 —

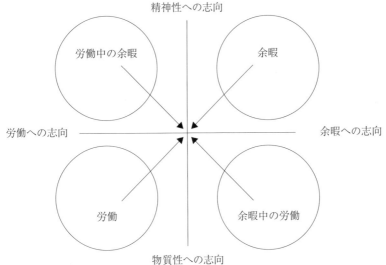

第Ⅰ部　労働と余暇との関係

（注）
（1）聖書における安息日の意味は次の五点に要約できる。
　①　安息日は聖日である。
　　　「こうして天地万物が完成した。七日目には〔手がけた仕事を完成し、七日目には手がけた〕いっさいの仕事を休んだ。そして、その七日目を祝し、聖日とした。〔その日、神は手がけたいっさいの創造の仕事を休んだからである〕」（R・キッテル校注ヘブライ原典．"Biblia Hebraica"，〔中沢洽樹訳『旧約聖書』前田護郎責任編集『聖書』世界の名著13、中央公論社、1978年、『創世記』2章1～2節、60～61頁〕）。神は天地創造の仕事を6日間で成し遂げ、7日目は仕事をしなかった。神の働きは労働ではなく、創造という仕事であるが、ここに神の仕事と人に課せられた労働との対比がある。それは、神の活動は労苦を伴わない創造性豊かな自己の意思を表現できる自由な仕事であるが、人の活動は生活の労苦を引きずり、神との契約履行という義務としての労働である。それ故、神の似姿としての人は、労働をいかにして神の活動のような創造性と自由性に近づけることができるかの問題をもつことになる。
　②　安息日は神の思し召しである。
　　　「これを聞いてモーセは言った。『あすは安息日、ヤハウェの聖なる安息日だから、焼くべきものは焼き、煮るべきものは煮て、残った分はすべて別にして、朝まで貯えておくように。これがヤハウェの思し召しなのだ』…（略）…モーセが言った。『きょうそれを食べるのだ。きょうはヤハウェの安息日だから、きょうは野に出ても何もない。六日の間はそれを集めることができるが、七日目は安息日だから何もないのだ』それでも七日目に、民の中のある者たちは、それを集めようとして出ていった。しかし、何もなかった。これを見て、ヤハウェがモーセに言った。『いつまでおまえたちは、わが戒めと指図に背くのか。見よ、ヤハウェはおまえたちに安息日を与えた。それゆえ、六日目には二日分のパンをおまえたちに下さるのだ。七日目にはみな自分の所にとどまり、だれもその所を出てはならぬ』そこで、民は七日目には休んだ」（中沢洽樹訳『旧約聖書』『出エジプト記』16章23～30節、186頁）と語られる。
　　　七日目は安息日として、神から人へ与えられたもの、神の思し召しである。ここに『創世記』で語られた神の聖日は、神から人への思し召しとして、神の指示によって、人が仕事を休む教えになる。人は働く意思の有無に拘らず、休むことを余儀なくされ、安息日は神からの思し召しとして、神と人との契約義務履行となっていく。
　③　安息日は神の戒めである。
　　　十戒の第4項目として、「安息日を憶えて、これを聖く保て。〔六日間は働いて、いかなる仕事をしてもよい。しかし、七日目は、おまえの神ヤハウェの安息日だから、何事もしてはならぬ。おまえもおまえの息子娘も、男女の奴隷も、家畜も、

おまえの門の中にいる寄寓者も、同様である。なぜなら、ヤハウェが六日の間に天と地と海とその中の万物を造って、七日目に休んだからである。それゆえ、ヤハウェは安息日を祝福して、これを聖日としたのである」」（同訳書、20章8〜11節、192頁）。

　安息日は、神の戒めの一項目として、神と人との契約、律法の一項目として位置付けられていく。安息日の聖別化は、他の六日間と異なる意味において、安息日の生活習慣を形成する。六日間の労働に明け暮れた生活苦は、安息日の聖日には似つかわしくない生活であり、聖日の活動禁止を意味していくことになる。聖日に相応しい生活態度が生活倫理化されていく。

④　安息日は休養のためである。

　安息日の前提には、飽く迄も六日間の労働が履行されなければならない。六日間の労働の結果として、その後に一日の安息日が与えられている。それ故、一日の安息日が先にあるのでも、或は一日の安息日を得るがために六日間の労働があるのでもない。つまり、神が創造の仕事を六日間為し遂げた後、仕事を休んだように、人もまた六日間の労働を履行するのである。一日の安息日は神の意思に従うことである。神の掟の一項目に、「六日の間仕事をして七日目には安息をとらなければならぬ。それは、おまえの牛やろばも休み、奴隷も寄寓者も元気を回復するためである」（同訳書、23章12節、199頁）。

　この戒めは人のみならず、奴隷や家畜など神の被造物全般に及ぶ掟である。特に安息日をとることは「元気を回復するためである」と、初めて安息日の意義に休養の考え方を付加していく。神の安息日が人に休養を与えるように、人の安息日は人の手中におかれた全被造物の休養を意味する。これらを通して、安息日は聖なる日として、人が神と対話する祈りや瞑想の信仰のある生活習慣へと、人が休養する余暇習慣としての意味をもつことになる。

⑤　安息日は義務である。

　「六日の間働いて、七日目には安息をとらなければならぬ〔耕作の時にも、収穫の時にも、安息はとらなければならぬ〕」（同訳書、34章21節、209頁）とあるように、安息日はモーセ十戒の再下賜の一項目になっている。「耕作のときにも、収穫の時にも」ということは、種蒔きの季節でも実りの取入れの季節でも、夏冬を問わず、どんな多忙や閑暇にも拘らず、仕事の量に関係なく、安息日は一つの聖日制度、休日制度として社会制度化されていく。神の安息日を人の義務として履行することは神の意思に従うことであり、神の意思によって生かされている人の生き方なのである。

第Ⅰ部　労働と余暇との関係

第一章　カール・マルクスにおける労働と余暇との関係

　カール・マルクスは、労働を人間と自然との相互連関過程である[1]と考える。人間はもてる自然力を介して自然を変化させ、自然を変化させることによって自己形成を図るのである。このことは、「環境は、人間が環境をつくるのと同様に、人間をつくる[2]」ことを意味する。人は労働を通して、「自然的なものの形態変化をひき起こすだけではない。彼は、自然的なもののうちに、同時に彼の目的を実現するのである[3]」。即ち、労働は自己目的を実現する自己活動である。しかし、この自己活動は自然力として自然発生的に生じるのではなく、絶えることのない労働力或は労働能力に支えられているのである。それ故、労働には「労働する諸器官の緊張のほかに、注意力として現われる合目的的な意志が労働の継続期間全体にわたって必要である[4]」。つまり、労働は心身全体の緊張感と目的のある意志力によって実践されるのである。それ故、マルクスは労働力或は労働能力について、「一人の人間の肉体すなわち生きている人格のうちに存在していて、彼がなんらかの種類の使用価値を生産するときにそのつど運動させる肉体的および精神的諸能力の総体のことである[5]」と定義する。労働力或は労働能力は人間が環境との間に構築する社会的諸関係の総体であるということができる。

　労働は生産物を自己目的の外在化として創り出すが、自己に対立する物が「肉体的および精神的諸能力の総体」の結果であるにも拘らず、自己に帰属しないところに人間疎外の問題[6]が生じる。彼は「疎外された労働[7]」がもたらす人間疎外の問題について、大工業制によって必然的に生じる社会弊害として把握し、この人間疎外を克服する方向へと、人間形成としての労働の教育的役割を考えていくのである。

　「疎外された労働」は、労働と余暇との関係を対立的関係へと導く。なぜなら、「労働が労働者の本質に属していないこと、そのため彼は自分の労働において肯定されないでかえって否定され、幸福と感ぜずにかえって不幸と感じ、

第一章　カール・マルクスにおける労働と余暇との関係

自由な肉体的および精神的エネルギーがまったく発展させられずに、かえって彼の肉体は消耗し、彼の精神は頽廃化する、ということにある。だから労働者は、労働の外部ではじめて自己のもとに〔bei sich〕あると感じ、そして労働のなかでは自己の外に〔auβer sich〕あると感ずる。労働していないとき、彼は家庭にいるように安らぎ、労働しているとき、彼はそうした安らぎをもたない。だから彼の労働は、自発的なものではなくて強いられたものであり、強制労働である。そのため労働は、ある欲求の満足ではなく、労働以外のところで諸欲求を満足させるための手段であるにすぎない。労働の疎遠性は、物質上またはその他の強制がなにも存在しなくなるやいなや、労働がペストのように忌みきらわれるということに、はっきりと現われてくる。外的な労働、人間がそのなかで自己を外化する労働は、自己犠牲の、自己を苦しめる労働である(8)」。「疎外された労働」は労働する者から生産物を疎外させ、生産行為そのものからも自己疎外させる結果、労働者にとって労働は労苦であり、「人間的な受動的苦悩〔Leiden〕(9)」である。逆に非労働は楽であり、「人間的な能動性〔Wirksamkeit〕(10)」ということになる。

　しかし、彼は人間疎外を克服するため「疎外された労働」にも、人間性回復の役割を見出すのである。即ち人間を苦悩する受苦的存在者と考え、「人間的な受動的苦悩〔Leiden〕」を「人間的な能動性〔Wirksamkeit〕」へと、転換させる感性的人間の在り方に、人間性の本質をみるのである。彼が、「人間的な受動的苦悩〔Leiden〕」と「人間的な能動性〔Wirksamkeit〕」とを感性的人間の在り方として統合して考えたことは、苦と楽、苦悩と心の安らぎ、即ち労働と余暇との統合的関係を人間の在るべき姿とみたからである。なぜなら、「受動的苦悩は、人間的に解すれば、人間の一つの自己享受だからである(11)」。「受動的苦悩」には苦悩を苦悩として積極的に受容する能動的な精神的安らぎが作用しているのである。人間が対象的に感性的な存在としてあることは、「一つの受苦的〔leidend〕な存在であり、自分の苦悩〔Leiden〕を感受する存在であるから、一つの情熱的〔leidenschaftlich〕な存在である。情熱、激情は、自分の対象にむかってエネルギッシュに努力をかたむける人間の本質力である(12)」。つまり、人間は感性的存在であるが故に、「人間的な受動的苦悩〔Leiden〕」と「人間的な能動性〔Wirksamkeit〕」とを統合し自己形成するの

である。

　彼は「人間的な受動的苦悩〔Leiden〕」と「人間的な能動性〔Wirksamkeit〕」とを人間の本性なるものとして統合し、労働と余暇との関係を人間の生成行為として積極的に評価する。従って、「あらゆる自然的なものが生成してこねばならないのと同様に、人間もまた自分の生成行為、歴史をもっているが、しかしこの歴史は人間にとっては一つの意識された生成行為であり、またそれゆえに意識をともなう生成行為として、自己を止揚してゆく生成行為なのである。歴史は人間の真の自然史である(13)」。現実的な歴史過程と人間の形成過程とを同一過程として考えることは、労働を介した人間と自然との相互連関過程を意味する。このことは、人間が「思惟され感受された社会そのものの総体性、観念的総体性、主観的な現存であり、同様にまた現実においても、彼は社会的現存の直観や現実的享受として、ならびに人間的な生命の発現の総体として現存するのである(14)」。即ち、人間は環境（対象）の働きかけによって思惟し、労働を介して環境を変えながら新たな環境（対象）に対して、自己の総体を確認する。意識者と存在者との在り方を統合しながら自己形成を図る現存者なのである。

　それ故、人間形成は自己の「意識された生成行為」なのである。彼はこの「意識された生成行為」による人間形成を、「全面的に発達した人間(15)」の教育として、労働の教育的役割と考えたのである。

　「全面的に発達した人間」について、アンリ・ルフェーブル（Henri Lefebvre, 1901～1991）は次のように説明する。「全体的人間とは何か、ただもっぱら一面的に物理的なのでも生理的なのでも心理的なのでも、歴史的、経済又は社会的なのでもない。それはこれら全体でありこれら諸要素又は諸局面の総和以上のものである。それはそれらのものの統一、それらの全体性、それらの生成である(16)」。

　「全面的に発達した人間」とは全体的に統一のとれた人格者であり、肉体的及び精神的に統合され、陶冶された総体としての人間である。つまり、「全面的に発達した人間」は、「人間的な受動的苦悩〔Leiden〕」と「人間的な能動性〔Wirksamkeit〕」とを統合した人間性を本質としてもつ人間であり、「意識された生成行為」によって人格陶冶された人間である。マルクスは人間形成とし

第一章　カール・マルクスにおける労働と余暇との関係

ての労働の在り方に、人間を社会的に「全体的人間」として陶冶する教育的機能を洞察したのである。「全体的人間」として人格陶冶することは、心身の調和がとれた統一的な人格を形成することである。人間形成としての労働がその教育的役割を果たすためには、労働が人間性の本質を回復させる自己活動とならねばならない。労働が自己実現[17]の自己活動となるときは、労働において本来の自己を表現できるときである。マルクスは労働の分割によることなく、社会において人格陶冶できる在り方を次のように説明する。「狩人、漁師、牧者または批判者についぞなることなしに、私の気のおもむくままに、朝には狩をし、昼には魚をとり、夕には家畜を飼い、夕食の後には批判をする可能性である[18]」。

即ち、「全面的に発達した人間」へと人格陶冶するためには、肉体を疲労する労働が精神的充実をもたらし、心身ともに調和する心の在り方を実現しなければならないのである。そのためには、労働の本来在るべき姿、つまり肉体労働と精神的活動の統合、生産と消費の一体化というような労働の在り方[19]が求められるのである。このような人間形成としての労働の在り方において、人は人間性の本質を自覚し、人間性を回復できるのである。

マルクスは、労働が本来的に精神的余暇の享受を導くと考え、「全面的に発達した人間」を労働において人格陶冶できると結論したのである。と同時に、大工業制が必然化した科学技術による労働疎外を克服するためには、精神的余暇の在り方を科学技術体系に導入する方法が求められる。科学技術体系と労働が創造する精神的余暇との関係は、現代の問題として残されているのである。

(注)
(1) "*Karl Marx-Friedrich Engels, Werke*", Band 23, Institut für Marxismus-Leninismus beim ZK der SED, Dietz Verlag, Berlin, 1962 (大内兵衛・細川嘉六監訳『資本論』『マルクス＝エンゲルス全集』第23巻第一分冊、大月書店、1965年)
　「労働は、まず第一に人間と自然とのあいだの一過程である。…（略）…人間は、この運動によって自分の外の自然に働きかけてそれを変化させ、そうすることによって同時に自分自身の自然〔天性〕を変化させる。」(同訳書、234頁)
(2) "*Karl Marx-Friedrich Engels Werke*", Band 3, Institut für Marxismus-Leninismus beim ZK der SED, Dietz Verlag, Berlin, 1958 (真下真一訳『ドイツ・

第Ⅰ部 労働と余暇との関係

イデオロギー』大月書店〔大月文庫〕1965年、73頁）
（3）・（4）大内兵衛・細川嘉六監訳『資本論』234頁
（5）同訳書、219頁
（6）「労働は、人間が外化の内部で、つまり外化された人間として、対自的になること〔Fürsichwerden〕である。」（K. Marx: *Ökonomisch-philosophische Manuskripte aus dem Jahre* 1844", Karl Marx Friedrich Engels historisch-kritische Gesamtausgabe, im Auftrage des Marx-Engels-Instituts. Moskau, Herausgegeben vonV. Adoratskij, Erste Abteilung, Bd. 3, Marx-Engels-Verlag G.M.B.H., Berlin,1932〔城塚登・田中吉六訳『経済学・哲学草稿』岩波書店〈岩波文庫〉1964年、200頁〕）
　「労働とは外化の内部での人間的活動の一表現、生命外化としての生命発現の一表現にすぎないのであるから、分業もまた、実在的な類的活動としての、あるいは類的存在である人間の活動としての、人間的活動が、疎外され外化されて定立されたもの以外のなにものでもないのである。」（同訳書、168頁）
（7）マルクスは「疎外された労働」（城塚登・田中吉六訳『経済学・哲学草稿』84～106頁）について次のように説明する。①「事物の疎外」（同訳書、93頁）として「労働者にたいして力をもつ疎遠な対象としての労働の生産物にたいする労働者の関係」（同訳書、93頁）、②「自己疎外」（同訳書、93頁）として「労働の内部における生産行為にたいする労働の関係」（同訳書、93頁）、③「人間から類を疎外する」（同訳書、95頁）として「人間にとって類生活を、個人生活の手段とならせる」（同訳書、95頁）結果、「人間から彼自身の身体を、同様に彼の外にある自然を、また彼の精神的本質を、要するに彼の人間的本質を疎外する。」（同訳書、98頁）、④「人間からの人間の疎外」（同訳書、98頁）として「人間の疎外、一般に人間が自分自身にたいしてもつ一切の関係は、人間が他の人間にたいしてもつ関係において、はじめて実現され、表現される。」（同訳書、98頁）
　つまり、「疎外された労働」の結果は労働者に属さず、他者に帰属する。「したがって私有財産は、外化された労働の、すなわち自然や自分自身にたいする労働者の外的関係の、産物であり、成果であり、必然的帰結なのである。」（同訳書、102頁）
　それ故、マルクスは人間疎外を克服する方途として私有財産の止揚を積極的に説くことになる。彼にとって、共産主義とは私有財産を止揚する考え方であり、「人間による人間のための人間的本質の現実的な獲得としての共産主義。それゆえに、社会的すなわち人間的な人間としての人間の、意識的に生まれてきた、まといままでの発展の全成果の内部で生まれてきた完全な自己還帰としての共産主義。この共産主義は完成した自然主義として＝人間主義であり、完成した人間主義として＝自然主義である」（同訳書、130～131頁）と定義される。
　彼は人間疎外の克服について、「人間的本質の現実的な獲得」を為しうる人間

　　　　　　　　　　　　第一章　カール・マルクスにおける労働と余暇との関係

主義と、「完全な自己還帰」を回復する自然主義に共産主義生成の歴史性をみるのである。
（8）同訳書、91～92頁
（9）～（11）「人間的現実性の獲得、対象にたいするそれらの諸器官の態度は、人間的現実性の確証行為である。すなわち、人間的な能動性〔Wirksamkeit〕と人間的な受動的苦悩〔Leiden〕とである。なぜなら、受動的苦悩は、人間的に解すれば、人間の一つの自己享受だからである。」（同訳書、136頁）
（12）・（13）同訳書、208頁
（14）同訳書、135頁
（15）「工場制度からは，われわれがロバート・オーエンにおいて詳細にその跡を追うことができるように、未来の教育の萌芽が出てきたのである。この教育は、一定の年齢から上のすべての子供のために生産的労働を学業および体育と結びつけようとするもので、それは単に社会的生産を増大するための一方法であるだけではなく、全面的に発達した人間を生み出すための唯一の方法でもあるのである。」（大内兵衛・細川嘉六監訳『資本論』630頁）
（16）Henri Lefebvre, "Le marxisme", 1948（竹内良知訳『マルクス主義』白水社、1977年、122頁）
　「人間は彼の全面的な本質を、全面的な仕方で、したがって一個の全体的人間〔ein totaler Mensch〕として自分のものとする。世界にたいする人間的諸関係のどれもみな、すなわち、見る、聞く、嗅ぐ、味わう、感ずる、思惟する、直観する、感じとる、意欲する、活動する、愛すること、要するに人間の個性のすべての諸器官は、その形態の上で直接に共同体的諸器官として存在する諸器官と同様に、それらの対象的な態度において、あるいは対象にたいするそれらの態度において、対象〔をわがものとする〕獲得なのである。」（城塚登・田中吉六訳『経済学・哲学草稿』136頁）
（17）佐々木英和は自己実現の用語について次のように説明する。
　「『自己実現』という用語は、アメリカの心理学者であるA. H. マズローの心理学が日本に輸入されて一般化したものである。この用語は、現在に至っては、彼の自己実現論とは無関係なところで用いられていることが多い。」（佐々木英和「『自己実現』の教育論・学習論的意義の検討―時間論的視点からの一考察―」『東京大学教育学部紀要』第33巻、1993年、247頁）
　「Maslow, A. H., Motivation and Personality, second edition, Harper & Row, 1970, P.46. 小口忠彦訳『人間性の心理学　改定新判』、産能大学出版、1987、72頁。ここでは、自己実現という用語について、クルト・ゴールドシュタインが作り出したものを限定的な形で用いることが宣言されていた。」（同書、注3）、255頁）
（18）真下真一訳『ドイツ・イデオロギー』64頁

マルクスは引用文の前文として次のように述べる。
　「各人がどんな排他的な活動範囲をももつことがなく、どんな任意の部門においてでも己れを陶冶することができる共産主義社会にあっては、社会が全般の生産を規制し、まさにそのことによって私に、今日はこれ、明日はあれをする可能性を与えてくれる。」(同訳書、64頁)

(19)「精神的活動と物質的活動、もっと言うならば、享受と労働、生産と消費が別々の諸個人のものとなる可能性、いや現実性が労働の分割とともに存在するからであり、そしてそれらのものが矛盾におちいらない可能性はただ労働の分割がふたたび廃止されるところにのみ存するからである。」(同訳書、62頁)

第二章　スタンリー・パーカーの余暇概念

　スタンリー・パーカーは、余暇について時間内容と活動内容との両面から説明し[1]、彼の余暇概念[2]を定義する。彼が定義した「余暇中の労働（work in leisure）[3]」の概念及び「労働中の余暇（leisure in work）[4]」の概念は夫々に西洋型余暇概念と東洋型余暇概念とを示唆し、両概念を時間内容と活動内容とをもって「生活空間（life space）[5]」の概念で説明しているところに特徴がある。
　パーカーによる余暇概念は西洋型余暇概念と東洋型余暇概念との中間に位置する。彼は余暇の概念を定義するにあたり、時間内容と活動内容との夫々異なる次元を複合することによって、労働と余暇とは別々の異なる領域を構成するのではなく、時間内容と活動内容とが共通して構成する「生活空間」であると考える。彼は労働と余暇との関係を時間内容と活動内容との関係から考えることによって、「余暇中の労働」の概念及び「労働中の余暇」の概念を新しく定義する。「余暇中の労働」の概念と「労働中の余暇」の概念とは時間の次元と活動の次元とを体系化するとき対極に位置する概念である。両概念の差異は、前者が賃金の獲得を目的としないものの、活動内容については労働と同一であり、後者の場合は結果として賃金を得ることになるものの、活動の拘束性については自由性のある余暇である。両者はともに労働と余暇との統合状態を導くことになる。「余暇中の労働」は労働に対する時間の拘束性が弱い結果、労働と非労働との区別を曖昧にし、人の自由な選択性によって労働内容を余暇内容にする。「労働中の余暇」は労働に対する時間の拘束性が強く、労働内容を余暇内容に転換しながら、労働と余暇とを統合させて賃金を獲得し、生計を維持することを可能にする。「余暇中の労働」は労働外時間の労働として、人の自由な選択性を特色とする。「余暇中の労働」における目的性は、第一に自己の活動に対し自由な選択決定をすることであり、第二に自己の欲求充足に因るため、労働と同一活動であっても無報酬の場合があり、第三に自由精神の活動として自己充足や自己実現を求めることが多い。

第Ⅰ部　労働と余暇との関係

　今日的状況を見るとき、人は労働時間に充足することのできない自己実現の機会を自由時間（余暇時間）に模索するという生活観を堅持しながら、賃金獲得のための労働と非市場性に甘んじる経済価値のない労働とをともに協働する生き方を実践する。例えば、自由時間（余暇時間）に実践する労働（余暇的労働）は、自然と親しみ自然環境の中で体験する農作業であったり、福祉施設の現場で働く介護労働や看護労働であったり、地域社会の一員として参加する地域社会の奉仕活動であったり、開発途上国へ渡航して開発援助の一環としてのワーキングキャンプでの農作業労働や緑化作業労働、或は生活環境改善普及運動に従事する働き手や福祉医療従事である。すべてこれらの労働は社会問題との接点に位置付けられる労働であり、賃金獲得を求める労働ではなく、自己実現の機会を求め、持続させて生涯に亘り自己を教育していく労働、生き方なのである。また、自由時間（余暇時間）に実践する労働（余暇的労働）は、経済以外の価値を求める広義の労働で、賃労働では充足されない自己実現を求める仕事である。それらは、自由な感覚をもった労働であり、自己実現の機会を求める主体的な活動であり、地域で生活するに必要な活動であり、社会問題の解決に向けて社会と積極的に関る活動であり、賃金獲得の有無に関係なく人間存在として求められる人間の諸活動である。これらの人間の諸活動は自由時間（余暇時間）における余暇的労働と総称することができる。自由時間（余暇時間）に実践する労働（余暇的労働）は「余暇中の労働」と同意義である。

　「余暇中の労働」は、人が自由時間（余暇時間）に拘束性の強い労働を自由意志で選択決定するところに重要な意味をもち、賃労働にはない自己実現の機会を人に提供することになる。人は「余暇中の労働」を自由に選択し実践することによって、労働がもつ人間疎外[6]を克服し、労働に教育的役割を回復させるのである。人は、賃労働が本来分担するべき教育的役割を「余暇中の労働」に期待することになる。教育と労働との関係を考えるうえで「余暇中の労働」は、人が環境（他者）との調和的関係の内に自己の諸能力を発達させ、人格を陶冶するという人間形成にとって必要な労働であり、今後その教育的役割が増大するものと考えられる。なぜなら「余暇中の労働」は人の自由な選択決定を一つの価値観とするため、常に社会問題に直面する労働として位置し、人は労働を介して社会と関る自己を自覚していくからである。人は賃労働と「余暇中

第二章　スタンリー・パーカーの余暇概念

の労働」との調和を図りながら、日常生活全般に亘り平衡感覚のある生活倫理観を身に備え自己形成していくのである。

「余暇中の労働」は労働と余暇とが統合する一つの形であるが、最初に労働に対立する余暇を前提とするところにおいて西洋型余暇概念の延長線上にあると考えることができる。他方、「労働中の余暇」も労働と余暇とが統合する一つの形であるが、それは時間の次元と活動の次元とにおいて「余暇中の労働」に対極し、労働外時間を前提としないところに労働そのものの在り方を問うことになる。延いては、労働の質的内容、或は労働に従事する者の精神的在り方を意味することになる。

「労働中の余暇」は労働に対立する余暇観をもたず、むしろ労働において、人が精神的余暇を体得する観点から、東洋型余暇観の範疇に分類される。「労働中の余暇」は、人が労働に期待する理想的な人間と労働との関係[7]であり、人に自己充足や自己実現の機会を提供する労働の在り方である。人は「労働中の余暇」において自己の諸能力を発達させ、諸技術・諸技能を身に付けるなど、一人前の人格的人間へと成長する。人にとって、「労働中の余暇」の形で体得する精神的余暇は労働外時間に経験する余暇内容と比較して同一の自由性にあるものの、前者は時間の拘束性が強い結果、労働の内にあって精神的自由性を求める傾向が強く、後者は時間の拘束性が弱い結果、休養、気晴らしや気分転換など労働の外にあって自由な活動内容を選択する傾向がある。

「余暇中の労働」の場合は、賃労働との平衡感覚を身に付け、生活全体として調和のとれた人間と労働との関り方を課題としていくのに対し、「労働中の余暇」の場合は、心の在り方を精神的余暇へと深化させるために、精神的余暇を労働を含めた日常行為においても体得しうることを目指し、結果として活動内容に対する時間的規制を克服することを課題とする。つまり「労働中の余暇」では、人が体得する精神的余暇は労働のみならず、あらゆる日常行為においても体得しうる心の在り方であり、東洋型余暇観や宗教的余暇観にその例を見ることができる。「労働中の余暇」は職人的労働観が導く余暇に類似し、職人は技能を身に付ける道と人間形成の道とを同一軌道にする。職人にとって技能は自己を教育するものであり、労働即生活として労働と一体化した生活形態を構成する。そこには時間内容に区分された余暇の「生活空間」はなく、余暇

は労働の中に組み込まれる。人は職に教育され、職に生き、職に余暇を享受する形で、人の道を歩むのである。

　パーカーは労働と「労働中の余暇」とを大きく区別するものは、人が自由な選択決定を為しうるか否かにあると考える[8]。つまり、余暇は時間内容に規制されることなく、人が自由な選択性を有し、活動内容が自由性を充足すれば労働時間内であっても両立するのである。人が労働と余暇とを同時に実践する心の在り方は、勤勉な尽力の奉仕的精神がなんらかの普遍的なるものによって支えられているときである。労働に対する勤勉性は、普遍的なるものによって支えられ、余暇の心の在り方として心の遊戯性を人に与える。つまり、活動への勤勉な奉仕的精神が、同時に余暇の心を精神的充足として人に享受させるのである。それは労働と余暇とを統合する原初的な形態を導き、人の生活空間に労働と人間形成との関係について平衡的感覚を取り戻し、調和的な心の豊かさをもたらすものである。

　パーカーにとって、労働と余暇とを統合する考え方に悪影響を及ぼす価値観は、第一に他の諸価値を犠牲にする生産主義の優先思考性であり、第二に余暇時間を犠牲にしてまでも、欲求充足のために長時間労働に従事する貨幣獲得を選好する物質性である[9]。

　労働における人間形成を考える場合、教育が克服しなければならない社会問題はこの二点である。つまり、人は効率優先の生産思考にのみ価値観を偏重するのではなく、日常活動全般に亘る全体的な価値観形成を生活倫理としていかねばならない。このことによって、人は貨幣価値の物質性を克服し、生活に豊かな心のゆとりを取り戻し、全体的に調和のとれた人間へと自己形成できるのである。労働と余暇との統合は時間の拘束性を受けた労働時間内に実現されるばかりでなく、日常活動の実践の内にその精神的基盤をもっているのである。なぜなら、刻苦勉励の精神性は日常的精神、勤勉的精神や奉仕的精神などを内容とするが、これらの諸精神は日常行為そのものを実行するときに求められることが多い。即ち、人は日常行為を実践するうえで身に付けた日常的精神、勤勉的精神や奉仕的精神などをもって生活倫理観を形成し、この生活倫理観をもって自己の日常生活を律しながら、労働に自己の行動規準を照射するのである。人は労働観を構成する精神構造が、実は日常行為上の精神的支柱であることを

第二章　スタンリー・パーカーの余暇概念

自覚し、日常行為と労働とを区別する時間内容の規制を無意味化する。つまり、人は労働のみに生産的優位の価値を思考するのではなく、日常行為全般に亘る全体的価値思考をもつことによって、人と日常行為（労働）との在り方に精神的な心の在り方を模索していくのである。人が日常行為を実践するうえで精神性を求道することは、人が貨幣獲得欲求の物質性を克服することに繋がり、人と日常行為との関係をより人格陶冶的なものにしていく。「労働中の余暇」において、人が体得する精神的余暇は日常行為を実践するうえでも体得しうるものであり、日常行為と労働とを区別する時間内容の規制を解決するものである。しかし、日常行為においても常に精神的余暇を体得しうるということが余暇の在り方を意味するならば、精神的余暇は自由時間（余暇時間）における自由活動の心の在り方とどのような関連性をもつのであろうか。この問題は、ジョフル・デュマズディエの余暇概念を述べる項目で考えることにする。

　パーカーは、「生活空間」を構成する五つの範疇[10]を抽出しながら、労働と余暇との関係、或は他の日常生活の諸活動内容や時間消費配分の在り方などを考える[11]。労働と余暇との関係で「労働中の余暇」において、人が体得する余暇の心の在り方は精神的余暇である。なぜなら、「労働中の余暇」の概念は時間内容では労働時間に分類されるが、活動内容では自由な心の選択性が保持される心の在り方を意味するからである。東洋型労働観、及び宗教的労働観や精神的余暇の余暇概念は、活動（労働）内容における心の在り方であって、元々時間内容から見る考え方をもたないからである。

　つまり、スタンリー・パーカーが定義する「労働中の余暇」の概念が労働時間対労働外時間という対立次元を含み、労働時間の次元に限定された余暇活動を意味するのに対し、精神的余暇は労働時間対労働外時間の対立関係を含まず、十二時中の日常行為全般に関与する精神性（心の在り方）の概念であるところに、両者の差違がある。しかし、パーカーは、労働と余暇との統合的関係が「労働中の余暇」の概念以上の意味をもっており、新しい活動パターンである[12]と指摘する。即ち、労働と余暇との統合的傾向は、社会における諸関係の二元的な対立性をあいまいにする方向へと変化させるのである。彼は、労働と余暇との統合的関係を代表する「一組の社会制度および、それに対応する文化のパターンをもっていない。…（略）…比較的少数の個人の行動や態度をも

第Ⅰ部　労働と余暇との関係

っているだけである⁽¹³⁾」と述べる。彼にとって、労働と余暇との統合的関係は本来あるべき在り方として予測しえるものの、実例としては個人的領域に限定された在り方として理解されるのである。

（注）
（ 1 ） "Time and activity are *dimensions*, or ways of measuring something. The 'something' that they measure is called a *variable*. In analysing life space the crucial *time* variable seems to be whether a given space of time is work or not, while the main *activity* variable seems to be the extent to which the activity is constrained or freely chosen. The constraint may arise from within the individual himself or may be imposed on him by the way in which lives. The elements in the above time scheme may be reordered into a two-dimensional time and activity scheme:"

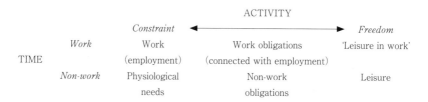

(Stanltey Parker, *"The Future of Work and Leisure"*, Granada Publishing Limited, 1971, p. 27-28)
（ 2 ） ibidem, p. 28
　　（野沢浩・高橋祐吉訳『労働と余暇』ＴＢＳ出版会、1975年、40 〜 41頁）
（ 3 ）・（ 4 ）　ibidem, p. 31
　　"the idle rich make leisure the centre of their existence. … （略） … Another minority-those who are free from the necessity of earning a living but who do work of a kind and in circumstances of their choice — are able to separate work from non-work only on the time dimension, and sometimes not even on that. They share with the idle rich a relative lack of constraint in their lives as a whole, and demonstrate 'work in leisure'. The other side of this coin — 'leisure in work' — is apparent in those people who are able to make a living in doing what they most enjoy for its own sake."
　　「怠惰な金持は余暇を彼らの生存の中心にする。… （略） … 他の少数者 ——— 生計獲得の必要からは自由だが、自分が選択する種類の労働を、自分が選択する

環境において行う人々——は、時間の次元においてのみ、そしてときにはそれにもとづかないでも、労働を労働外から区別することができる。彼らは生活全体において拘束が相対的に欠乏している点においては、怠惰な金持と同じ仲間に入り、そして『余暇としての労働』を表わすのである。この硬貨の別の面——『労働としての余暇』——は、自分自身のためにそのほとんどを楽しむことをやることで生計を立てることのできる人々の中に見うけられる。」（同訳書、45～46頁）

（5）ibidem, p. 25

"'Life space' means the total of activities or ways of spending time that people have."

「『生活空間』〔ライフ・スペース〕は活動全体、あるいは人々のもつ消費時間の様式を意味する。」（同訳書、35頁）

（6）大工場制の分業による「疎外された労働」については、20頁注（7）参照。ここでは機械の導入という科学技術の分業がもたらす科学技術疎外について述べることとする。

第一に、科学技術による疎外は道具と機械の機能の区別に因る。「道具は、合目的的な自然法則性によって運動する力学的な物体を媒介することによって、人間の肉体作業の運動ベクトル（速度と方向）の効果を最大限に高めるという基本的機能をもつ」（星野芳郎『技術と人間』中央公論社、1969年、153頁）。道具を使用する労働の生産性は、肉体作業の運動能力を超えることはできない。この限界を解決するのが機械の機能である。人間の運動能力を超える作業エネルギーが定常的に機械によって提供されるのである。

第二に、機械エネルギーによって生産された対象は、資本形成の材として市場経済の法則に従属することになる。いわゆる資本主義のシステムそのものが、労働者から労働対象を疎外させるのである。

第三に、人間の労働は科学技術による疎外と資本主義による疎外を二重に受けることによって、人間性そのものを喪失するという疎外を受けることになる。疎外された労働からいかにして主体的人間性を回復するかが教育課題である。機械を使用する労働は、人間が本来的にもつ自己能力の発揮、自己実現という人間の主体的な活動性を疎外していくが、人間は機械と調和できる労働を人間に相応しい労働として構築していかねばならない。私達は、労働がもつ教育的意義から、科学技術と調和した労働の人間形成の役割を考えていかねばならない。

しかし、カール・マルクスは「疎外された労働」の否定的側面のみを指摘しただけではなかった。同時に、彼は「疎外された労働」の肯定的側面を見逃さず、そこに、人間形成という積極的な教育的意義を見出したのである。いわゆる、高度な技術的分業に耐えうる単能工から多能工への人材養成が、人間能力の全面的発達の教育を可能にすると考えたのである。

第Ⅰ部　労働と余暇との関係

　　　　即ち、分業による生産工程の機械化は労働者の技術力を高度に訓練し、労働内
　　　容を複雑化するばかりか、すべての生産工程に従事し管理できる多能工の養成を
　　　資本主義そのものが要求する。人は自己の能力を、多能的に、全面的に、かつ総
　　　合的に発達する　—全面的に発達する総合的技術教育—　技術者へと、単純労働者
　　　から複雑かつ高度な管理技術者へと、自己能力を開発する（大内兵衛・細川嘉六
　　　監訳『資本論』634頁）。
（7）『荘子』で語られる技能についての話は、人間と技能労働との基本的関係を示唆
　　している。この基本構造を整理したのが、表—3『荘子』で説かれた職人的労働
　　観と宗教的労働観との比較（70頁参照）である。
（8）opus citatium, *"The Future of Work and Leisure"*, p. 28
　　　　"The Position of leisure is rather special. It is clearly at the 'freedom' end of
　　　the constraint-freedom scale, but it need not be restricted to non- workingtime.
　　　We draw attention to this paradox when we say that someone else's way of
　　　choosing to spend leisure time looks to us more like hard work. 'Work' and
　　　'leisure in work' may consist of the same activity; the difference is that the latter
　　　is chosen for its own sake."
　　　　「余暇の立場はもっと特殊的である。それは明らかに、拘束—自由尺度の『自
　　　由』の部門に属するが、しかしそれは労働外の時間に制限される必要はない。私
　　　たちは、誰か他人の余暇時間を費すやり方が、私たちにはむしろ刻苦精励のよう
　　　にみえるというときに、この矛盾に注意をひくのである。『労働』と『労働とし
　　　ての余暇』は、同一の活動から成立しうる。その違いは、後者がそれ自身のため
　　　に選択されているということである。」（野沢浩・高橋祐吉訳『労働と余暇』41頁）
（9）ibidem, p. 130
　　　　"A number of writers have suggested that one of the chief barriers to a closer
　　　integration of work and leisure is the preoccupation of our society with
　　　production at the expense of other values, and the individual preference for
　　　more income at the expense of more leisure time."
（10）"we may put the various categories that have been suggested into five main
　　　groups. This should make analysis easier, and it assumes that any differences
　　　among the categories in each group are fairly minor." (ibidem, p. 25)
　"（1）*Work, working time, sold time, subsistence time.*" (ibidem, p. 25)
　"（2）*Work-related time, work obligations.*" (ibidem, p.25)
　"（3）*Existence time, meeting physiological needs.*" (ibidem, p.26)
　　　　"We all have to spend a certain minimum of time on sleep and the mechanics
　　　of living-eating, washing, eliminating, etc. Beyond the minimum necessary for
　　　reasonably healthy living, extra time spent on these things may be more like a
　　　leisure activity." (ibidem, p. 26)

第二章　スタンリー・パーカーの余暇概念

"(4) *Non-work obligations, semi-leisure.*"(ibidem, p. 26)

"Joffre Dumazedier, author of *Toward a Society of Leisure*, has coined the term *semi-leisure* to describe 'activities which, from the point of view of the individual, arise in the first place from leisure, but which represent in differing degrees the character of obligations.' … (略) … Again, the line between obligation and leisure is not always clear and depends to a large extent on one's *attitude* to the activity."(ibidem, p. 26)

"(5) *Leisure, free time, spare time, uncommitted time, discretionary time, choosing time.*"(ibidem, p. 26)

"'Discretionary' or 'choosing' time is perhaps the essence of leisure, because it means time that we can use at our own discretion and according to our own choice."(ibidem, p. 27)

パーカーは前述の五つの範疇を抽出し「生活空間」について分析した結果を次の三点に要約する。

opus citatium, "*The Future of Work and Leisure*", p. 27

"(1) Time and activity are dimensions which are *both* present in all categories of life space, even where, for the sake of brevity, both are not always stated.

(2) Between compulsory activities (in order to live or to earn a living) and freely chosen ones, some activities have the character of obligations. This applies to both work and non-work activities.

(3) Leisure implies relative freedom of choice, and it is possible to work during one's 'leisure' time."

彼は五つの範疇を時間の内容と活動の内容とで、図―①、図―②のとおり体系化する。

図―①

"Bearing these points in mind, *a time* scheme for the analysis of life space may be proposed:"

Work	Work time		Non-work time		lesiure
	Work obligations	Physiological needs	Non-work obligstions		

(ibidem, p. 27)

31

第Ⅰ部　労働と余暇との関係

図─②

"The elements in the above time scheme may be reordered into a two-dimensional time and activity scheme:"

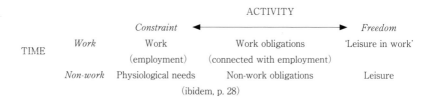

(ibidem, p. 28)

(11) "In this chapter we have considered various definitions of work and leisure, and have extracted the main components of life space to throw more light on the nature of work and leisure and on other important activities and ways of spending time." (ibidem, p. 32)
　　「労働と余暇の性質や、他の重要な活動および時間の消費の仕方について、もっと光を当てるために、生活空間のおもな構成を引き出してきた。」(同訳書、46頁)
(12) ibidem, P. 134 (同訳書、214頁)
(13) ibidem, P.124 (同訳書、197頁)

第三章　ジョッフル・デュマズディエの余暇概念

　労働と余暇との関係を対立的関係として考えたのはジョッフル・デュマズディエである。彼は原罪としての労働の立場から、労働するときを苦と考え、非労働のときこそ人間の創造的活動を可能にし、人間性を回復できると主張した。彼は余暇を労働に対立する概念として考えることによって、余暇に積極的な人間性回復の機能を求め、自己実現という人間形成の役割を見出したのである。
　デュマズディエは、「余暇の三機能、すなわち休息、気晴し、自己開発[1]」を指摘し余暇における自由活動の心の在り方を説明する。彼は「休息、気晴し、自己開発」の三機能を余暇活動の内容とし、労働からの逃避としての消極的余暇から創造的活動としての積極的余暇へと、人を自己教育させる余暇の概念[2]を考えたのである。つまり、彼は余暇の概念を次のように定義する。
　「余暇とは、個人が職場や家庭、社会から課せられた義務から解放されたときに、休息のため、気晴しのため、あるいは利得とは無関係な知識や能力の養成、自発的な社会的参加、自由な創造力の発揮のために、まったく随意に行なう活動の総体である[3]」。
　彼にとって余暇は社会的義務の規制から無関係な概念であり、活動に対する自由な選択性を特色とする。しかし、社会的価値観の多様性は社会的義務の規制と活動に対する自由性との不明確な余暇を人に経験させることになる。彼はこの余暇について「半強制的な、半趣味的な活動をここでは半余暇と呼ぶことにしよう[4]」と、「半余暇」の概念を提起することになる。
　彼が余暇の心として説明する「休息、気晴し、自己開発」は、思考そのものを労働―生産の体系から引離し、活動（遊戯）― 消費の体系におくことによって人間性豊かな心の在り方を人に回復させるものである。労働疎外の結果、人は労働のみならず人間関係からも疎外されるが、この労働疎外や人間疎外から人間性を回復させるものが余暇における心の在り方である。
　彼が定義する余暇における心の在り方では、人は社会的義務の規制から離れ

て余暇の心をもち、いつでも本来の人間性を取り戻し創造的活動を為しうるのである。この考え方は、『旧約聖書』に示される原罪としての労働以外に、神の似姿としての人間が神のような創造的活動によって心を慰めることを意味する。彼は西洋型余暇概念の延長線上で余暇における心の在り方を考え、労働に対立する余暇に余暇の本質を認めたのである。人間形成は労働に拠るのではなく、余暇における創造的活動においてこそ実現され、人の人格陶冶は余暇における自由活動に拠ると考えたのである。

　彼によれば、余暇における自由活動は労働に替って人間形成の役割を担い、人はどのような自由活動を実践するのかを選択決定することによって自己実現の機会を得るのである。人が選択決定した自由活動に我を忘れ、没頭し尽すことによって新たな自己を発見することは、自己実現に向けての創造的活動であったり、宗教活動であったり、環境（他者）への勤勉な奉仕的活動などであったりする。しかし、自由活動に自己実現の教育的役割を分担させることは活動に拘束性をもち込むことであり、余暇における自由活動を「余暇中の労働」へと転換させることになる。

　それ故、余暇における自由活動の心の在り方は、人が活動に目的役割を分担させるのではなく、即ち人が活動の目的成就を願望するのではなく、自由に活動することにのみ満足し、余暇の心を享受することになる。消極的余暇は目的達成に向けて創造的に活動するのではなく、目的を設定することもなく、時間区分に分断された自由時間（余暇時間）を選択決定された活動のみに消費する。

　消極的余暇では、経験した余暇の心は身に付けられることもなく、時間の消費とともに一過性のものとして消費されていく。自由時間（余暇時間）における自由活動の心の在り方は、人間性を回復させ、生活全体に調和のとれた合理的な生活習慣を身に付けさせ、労働と余暇とを平衡的に両立しうる人間へと人間形成する。彼は消極的余暇から積極的余暇への転換を求め、自由活動から創造的活動へと自己開発の教育的役割を指摘したのである。積極的余暇では、活動内容を創造的活動へと発展させ、自由時間（余暇時間）によって区分された創造的活動に全力投球して生きる積極的な生き方を生活習慣とさせるのである。それ故、彼によれば、労働と余暇との関係は対立的関係でありながら、生活全体としては夫々異なる領域を認め、各領域を平衡的に生きる在り方を身に付け

第三章　ジョッフル・デュマズディエの余暇概念

させるのである。
　労働と余暇との統合的関係が人に精神的余暇の心の在り方を身に付けさせ、心の機(はたらき)として日常行為（労働）を創造的活動へと転換させるのに対し、彼の余暇概念は、消極的余暇から積極的余暇への転換を図りながら、余暇の心の在り方を自己開発の在り方へと導くのである。しかし、前者が日常行為（労働）における精神鍛錬と人格陶冶に深く関係し、余暇の心の在り方に人間形成の基盤を考えるのに対し、後者は自由な精神の選択決定と自己開発の充実に余暇の在り方を認め、余暇における人間形成を考えるところに大きな差異がある。

（注）
（１）Joffre Dumazedier, "*Vers une Civilisation du Loisir ?*", Éditions du Seuil, 1962（中島巌訳『余暇文明へ向かって』〔現代社会科学叢書〕東京創元社、1972年、17頁）
（２）「余暇は自動機械的な日常的思考や行動から個人を解放し、より幅広い自由な社会的活動への参加や実務的技術的な訓練以上の純粋な意味合いをもつ肉体、感情、理性の陶冶を可能にする。」（同訳書、18 〜 19頁）
（３）同訳書、19頁
（４）「家での仕事には、強制の度合にかなり差異がみられる多くの活動がある。たとえば、ある種の縫物とか編物、片付けもの、庭の手入れをあげればはっきりしよう。これまでの研究では、こうした活動は、すべて家事という分類項目の中に入れられていた。しかし、それらの仕事は必ずしも絶対に必要だからということで行なわれてきたわけではない。家庭婦人がむしろ好んで一種のくつろぎと考えながら仕事をやることもよくあるのである。こうした半強制的な、半趣味的な活動をここでは半余暇と呼ぶことにしよう。こうした活動は家にいる既婚女性の間に広く一般にみられるが、これらは料理、あと片付けといった強制的な仕事と同じに扱うことはできない。程度には違いがあるが、義務的仕事とも余暇とも考えられるのであって、両者の性格を合わせ持っている。数学的表現を借りれば、この種の活動は二つの集合の交叉領域である。この点から生活時間の研究では、さまざまな活動の、仕事としての強制度と余暇的要素の混入度を分ける必要性が出てくる。そうすることによって、はじめて半余暇の中間領域性の解明が可能になろう。」（同訳書、106 〜 107頁）

第Ⅰ部　労働と余暇との関係

第四章　ヨゼフ・ピーパーの余暇概念

　ヨゼフ・ピーパーは、労働と余暇との関係を対立的関係にしながら、しかし、余暇の心を導く基盤に労働を据える。余暇の心は労働の日常性に対し垂直に交叉する非日常性の瞬間である。この余暇の心を持続するためには、労働の日常性を必要とするのである。彼の余暇概念は、労働と余暇との対立的関係から、精神的余暇の在り方を考えたところに特徴がある。それ故、彼にとって、人格陶冶に関る労働と余暇との関係は精神的余暇の心の在り方にあるのである。

　ピーパーは余暇を観想（Kontemplation）として考え、「緊張をふくまない、直観的な視る働きであり、われわれがそこで視てとっているものに対して愛をもって与える同意と結びついています。観想は産出する働きではなく、まさしく受けとる働きであり、それは『労働』でもなければ単なる受動性でもありません[1]」と説明する。彼は観想について、ギリシャ人の「『余暇をする』（σχολὴν ἄγειν）[2]」概念として理解し、「直観的な視る働き」を余暇の本質とする。「直観的な視る働き」は見る側の精神的な働きかけと同時に、客体が主体に投げ掛けるものをも含み、言い換えれば、精神的な働きの結果、より深い精神の内面へと継続する営みである。「直観的な視る働き」は精神の働きによって人に余暇を導き、人が余暇を主体的に為しうるとき、さらなる深い余暇へと人を導くのである。それ故、人は「直観的な視る働き」によって余暇を享受すると同時に、その余暇がさらなる深い余暇へと継続することを願望し、持続的な精神作用を働きかけるのである。この結果、人は客体に我を忘れ、客体の内面深くに自己をみることができる。彼はこのような「直観的な視る働き」の余暇を「真の余暇[3]」と考える。余暇の形態について「余暇のもっとも完成された型態はあの畏敬に満ちた沈黙として姿を現わす[4]」のである。彼は、何故に余暇を沈黙の態度で表現しようとするのだろうか。彼にとって、沈黙は「口を開けばとぎれてしまうような深い心の通いあい[5]」なのである。「余暇を沈黙にたとえるのは、存在するものに対して自らを開き、受けいれ、耳を傾ける態度、つまり直観や『コンテンプラチオ』を通じて存在するものの内部に入って

第四章　ヨゼフ・ピーパーの余暇概念

いく態度を言い表わすためです⁽⁶⁾」。

「真の余暇」は、余暇を「休息、気晴し、自己開発」などに費す自由時間（余暇時間）を意味するのではなく、「直観的な視る働き」による深い精神作用と、その結果体得する心の余暇とも称する心の安らぎ、即ち精神的余暇を示唆するのである。

彼は「直観的な視る働き」を具体的にどのように考えたのだろうか。第一に観察と視るとを比較し、両者ともに活動でありながら、前者は労働の範疇であるが後者は労働外の活動であると考える。なぜなら、「純粋に『見ること』『直観すること』『眺めること』は、身構えないで、むしろ自分を開く態度です。いわば、バラの花が自らを差し出し、目はそれを受けいれるのです。『見る』ことは一種の活動ですが、それは何かをわがものにしようと力をふりしぼることではありません⁽⁷⁾」。つまり、観察は精神的労働であるが、「直観的な視る働き」は精神的な心の働きなのである。

第二に、認識活動を理性によるものと知性によるものとに区分し、前者は「人間に対する要求⁽⁸⁾」としての精神的労働であり、後者は「人間による要求⁽⁹⁾」としての精神的余暇である。つまり、「『推理の積みかさねによる思考努力』と『知的直観』との関係は、能動と受動、活動的な緊張と受けいれによる取得とを対立させるだけではまだ充分ではありません。そこには、前者は苦労と重荷、後者は安らかさとのびやかさ、といった対立的な特徴も見出されるのです⁽¹⁰⁾」。　別の表現によれば、「知性は身構えて働きかける能力ではなく、むしろ受けとり、受けいれる能力とされています。それはたしかにめざめた活動ではありますが、働きかけるというよりは、むしろ自らを開いて受けいれるのです⁽¹¹⁾」。

つまり、実践活動と制作活動の面からみれば、「人間に対する要求」としての理性は、人と環境（他者）との実践活動であり、一方、「人間による要求」としての知性は、人と環境（他者）との制作活動であるともいえる。「人間に対する要求」は主体性が人間の側にあり、環境（他者）を作りかえる実践活動をすることである。「人間による要求」は主体性が環境（他者）の側にあり、環境（他者）の立場において、その本質を受け取り、制作活動をすることである。つまり、「人間に対する要求」の活動は労働であり、「人間による要求」の

第Ⅰ部　労働と余暇との関係

活動は余暇ということになる。彼はこれらの具体例を整理して、労働と余暇との関係を次のように説明する。

「苦労や努力、つまり『労働』が不必要であるとか、無価値であるといっているのではありません。『労働』は準備としては必要であるが、本質的なもの、より価値の高いものはべつにある、といいたいのです[12]」。　すなわち、彼は労働自体に目的があるのではなく、労働を通して或は精神的労働をも通して、より「本質的なもの、より価値の高いもの」としての心の在り方を体得するところに、労働の意味を求める。「本質的なもの、より価値の高いもの」としての心の在り方は人を超えるものであり、「直観的な視る働き」と、その結果経験する心の安らぎであり、観想（Kontemplation）であり、「真の余暇」なのである。

「真の余暇」はこのように労働を通して体得されるものである。労働について「苦労や努力」といった勤勉性を精神的支柱にするものと理解するならば、その反対の極をなす、非勤勉性と余暇との関係について、彼はどのように説明するのだろうか。「本当の余暇というものは、人間が本来の自分と一致するときにはじめて成立するものです。そして、『怠惰』acedia とはまさに人間が自分自身と一致していない、ということです。『怠惰』と『余暇の喪失』とは互いに通じあうものをもっています。『余暇』はこの両者と対立するものなのです[13]」。　つまり、彼によれば、怠惰は何もせずにぶらぶらとして自由時間（余暇時間）を消費する余暇のことのように考えられるが、実は「真の余暇」とはまったく正反対の概念なのである。

彼が主張する余暇は、「一つの精神的態度を指す言葉だ、ということ…（略）…人間の在り方、精神の状態[14]」を意味する。彼は余暇について「精神的態度」として定義する一方で、労働者像から描き出される労働の概念を次のように考える。「第一は活動力が最高度にまで高められている状態、第二は盲目的に苦痛を甘受する態度、そして第三は実益をめざす社会的で機能的な労働への専念、没入です[15]」。　これらの労働の概念は、「活動・努力としての労働、苦労・苦痛としての労働、社会的機能としての労働[16]」とも表現される。夫々の労働の概念に対して余暇はどのように関係していくのだろうか。

第一に「活動・努力としての労働」は、人が環境（他者）に働きかけ、新た

第四章　ヨゼフ・ピーパーの余暇概念

に作り出した環境（他者）に価値を認める態度であるのに対し、「余暇は『非・活動』『内面的なゆとり』『休息』『ゆだねること』『沈黙』の態度をあらわしています[17]」。「活動・努力としての労働」のみでは経験しえない精神性が余暇において体得しうるのである。即ち、「偉大な直観とか着想は、とりわけ余暇において与えられるのです。つまり、私たちの魂が沈黙のうちに自らを開くとき、そのときはじめて『この世界をそのもっとも深いところで結びつけているもの』を見てとる幸運が与えられるかもしれません——それは、おそらくつかの間だけの直観であって、この一瞬の幸運な直観にふたたびたどりつくためには、力をふりしぼって『労働』しなければならないことでしょう[18]」。

「真の余暇」を体得するためには、環境（他者）の内面に奥深く関り、労働の意味を体得し尽す結果、環境（他者）の在り方を受け入れる心の準備ができ、精神的余暇は労働と統合された形で享受されるのである。「一瞬の幸運な直観」を精神的余暇として身に備え、心の機(はたらき)とするためには、さらなる全身心を尽す勤勉の労働が求められるのである。

第二に、「苦労・苦痛としての労働」に対する余暇は、「苦労から解放されて祭りを祝う人の態度に象徴されます[19]」。農繁期の重労働が収穫期の実りによって報われ、心癒されるように、労働の結果人が享受するものは、休養であり、自然の営みへの感謝である。人は収穫期の後、自然の恩恵に感謝し、祭りを催すことによって感謝の気持ちを自然の神々に伝えるのである。彼は「『休息』と『祭り』を結びつける考え方、それが真の『余暇』についての私の考えの核心となっています[20]」と述べ、自然の営みをそのままとして肯定しうる「精神的態度」に余暇の在り方を求めていくのである。即ち、「このような世界との一致、世界を肯定する最高のかたちは祝祭です[21]」。「つまり、『祭りを祝う』ということは、世界の根源にあるものを肯定し、それと一致すること、いやむしろ、自分がそのなかにつつみこまれることを意味します[22]」。余暇は、「苦労・苦痛としての労働」に対して、苦労や苦痛を経験し通り越した後に与えられる祝祭としての「精神的態度」なのである。

第三に、「社会的機能としての労働」に対して、余暇を評価するものは、「余暇をもつことで人間性を失わない、ということが大事なのです[23]」。「『余暇』は、労働の日の時間的経過を水平の線にたとえるなら、それと垂直に交わる線

39

のようなものです⁽²⁴⁾」。労働が環境（他者）への実益的な奉仕であるのに対し、余暇は自己の心の内面へと向かう「精神的態度」である。それ故、彼は余暇をもつことを能力の一つと考え、余暇をもちうるか否かはその人の「精神的態度」、心の在り方に因るとしたのである。「『余暇』をもちうる能力は、人間の魂の根本的な能力の一つなのです⁽²⁵⁾」。彼によれば、余暇は人の実存的な在り方を問うという根源的な役割を担い、労働を中心とする日常生活の水平線上の延長にあるのではなく、その水平線を縦断する形で非日常の在り方を問う精神性なのである。人間の根源的在り方を問う魂の叫びは、「人間の生命の真実の源泉へと到達することを可能にしてくれる能力だといえます⁽²⁶⁾」。この能力は水平線上の活動能力に対して常に垂直に交叉する精神能力と考えることができる。人の根源に向けられた精神性は日常性を断ち切る形で現れ、労働の尽力性を体得し尽す結果、日常に拘束された自我を忘却する形で現れる。

　このように、労働と余暇との関係を日常性と非日常性との関係として説くことは、余暇を実現することがいかに困難であるかを示すことになる。なぜなら、「『余暇』は人間的であると同時に超人間的な状態だからです。それなしには人間は真実に人間であることができないのですが、同時に人間は自力でそれを克ちとるというより、贈物として受けとるのです⁽²⁷⁾」。「直観的な視る働き」或は「一瞬の幸運な直観」は余暇において享受されるもので、この「精神的態度」を体得しうるには勤勉な尽力の労働を不可欠とする。余暇が労働を通して享受されることは、自らが環境（他者）と根源的に一致し調和的精神のうちに人間本来の在り方を自覚することに他ならない。人は労働を自覚への道程として実践し、余暇するために自らを環境（他者）へ心開け続けるのである。この求道的とも言える努力を積み重ねることによって、初めて人は「直観的な視る働き」を通して環境（他者）の方から開けてくることを体得する。人が余暇を身に備え、心の機(はたらき)として日常生活上で作用しうるには、「『余暇する』Muβe wirkenことができるようになったときなのです⁽²⁸⁾」。「余暇する」ことは、怠惰の余暇ではなく、労働とは異なる働きであり、前述した労働と余暇との関係における三つの本質を併せもつことになる。即ち「余暇する」ことは「祭りを祝う」ことであり、「『ゆとり』『苦労のなさ』『社会的機能を超え出ていること』」の三つの要素を実現しているのです⁽²⁹⁾」。

第四章　ヨゼフ・ピーパーの余暇概念

「祭りを祝う」ことにおいて、余暇が宗教と密接に関連してくることになる。なぜなら、「祭りを可能にするものがそのまま真実の『余暇』を可能にしてくれるものなのです。ところが、それは礼拝Kultにほかならないのです[30]」。「真の余暇」を実現する精神的基盤が「礼拝Kult」にあることは、余暇の実現が宗教行為の実践に委ねられていることを意味する。逆に言えば、宗教行為を通じて余暇を実現し、人はより根源的な心の在り方へと求道的道程を歩むことになる。彼は宗教行為として「礼拝Kult」を位置付けたが、宗教行為の実践を行道と考えるならば、行としてのあらゆる日常行為（労働）は宗教行為の実践としてとってかわられることが可能になり、行としての日常行為そのもののうちに「余暇する」ことになる。「礼拝Kult」は宗教行為の心の在り方であり、行道の心の在り方である。行としての日常行為において「礼拝Kult」することは、日常性のなかで非日常性の心の在り方を体得することである。日常性に垂直に交叉する非日常性の在り方は、瞬時の心の在り方が連続する在り方である。彼は「真の余暇」を非日常性の「精神的態度」として考えたが、その実現に向け、労働と「礼拝Kult」とを媒介したところに、実は労働と余暇との統合的関係を導き、この統合的関係が示す精神的余暇に宗教的なるものを見出したのである。

　労働と余暇との関係はこのようにも考えることができ、労働と余暇とが統合する結果、「真の余暇」という「精神的態度」、即ち精神的余暇を人は享受できるのである。彼は「真の余暇」の源泉を宗教行為である「礼拝Kult」においたうえで、聖と俗とを対比しながら「余暇する」ことを説く。「真の『余暇』とは、実益と結びつくことなく、しかも何ものにも侵害されることのない、人間存在の富と豊かさに属するすべてのもの、その総体をさしています[31]」。労働を中心とする日常生活の水平線上を基盤としてまったく異なる方向から交叉する非日常性の在り方に「真の余暇」は実現されるのである。日常性に埋没する俗の在り方を縦断する形で、非日常性の聖の在り方が精神的余暇として心の在り方を示すのである。

　人は「礼拝Kult」という宗教行為によって、何故に本来の根源へと向けられるのだろうか。「その秘密は、礼拝の行為の中心となるのは犠牲の奉献だ、ということです。『犠牲奉献』とは何でしょうか。それは自分から進んで神々に

第Ⅰ部　労働と余暇との関係

贈り物をささげることで、何かを自分に役立てようとすることではありません(32)」。「キリスト教的な礼拝の中心は、人となられた神であるキリストが、自らを犠牲として献(ささ)げた、十字架上の犠牲であって、これによって地上に真実の、終わることのない祝祭がはじまったわけです。しかし、この最高の礼拝、犠牲奉献は、いまも秘跡として教会のなかでたえずくりかえされています。そしてキリスト信者はこの秘跡に与り、礼拝に参加することによって、自分たちの人間的生命の根源まで立ち返ることができるわけです(33)」。

　彼にとって余暇を実現するものは、「礼拝Kult」という宗教行為であり、「犠牲奉献」の形で自己を無にした奉仕の姿を神の前に「精神的態度」として証明することである。労働を中心とする日常生活で非日常としての聖なるときを瞬時の連続として生きる直観が余暇なのである。労働と余暇とはまったく対極に位置しながら、両者が日常と非日常とを交叉させながら統合の形をとるところに、余暇は実現され、精神的余暇を生み出すのである。つまり、労働を中心とする日常生活の水平線上に交叉する形で、余暇の精神性が垂直に統合されるのである。労働と余暇との統合的関係は、余暇のみで実現されるものではなく、勤勉に尽力する奉仕の労働上において形成されるものである。人間の根源的在り方を経験するには、労働を中心とする日常生活において、「直観的な視る働き」を身に備える鍛錬を持続せねばならない。この精神的鍛錬の持続は行(ぎょう)とも考えられ、行(ぎょう)としての日常行為に専心するとき、自らの心を環境（他者）に開き、環境（他者）からの開けを受動できる「直観的な視る働き」を心の機(はたらき)として身に備えうるのである。「余暇する」ことの「精神的態度」は心の機(はたらき)の形で精神的余暇を具体化するのである。

　観想を「直観的な視る働き」の「精神的態度」の余暇として考えるのに対し、禅が導く心の機(はたらき)としての精神的余暇を比較すると、両者にどのような差異があるのだろうか。前者は自己の心を開き、神の愛を受け入れ、愛のまなざしをもって環境（他者）の本質を受容する「精神的態度」であり、後者は環境（他者）と本来的に同根である自己を自覚することによってもたらされる心の機(はたらき)を日常行為上で具体的に作用していく妙用なのである。即ち、前者の余暇は、神が創造した世界の本質そのものにあるとする「精神的態度」であり、後者のそれは環境（他者）の本質を心の機(はたらき)として具体化する妙用そのものにあると

第四章　ヨゼフ・ピーパーの余暇概念

する精神的余暇である。

　このことは、禅の修行過程を表現した『十牛図』によって説明することができる。修行の九段階目は、「返本還源の序の九　本来清浄にして、一塵を受けず。有相の栄枯を観じて無為の凝寂に処す。幻化に同じからず豈に修治を仮らんや。水緑に山青うして坐らに成敗を観る(34)」。柴山全慶（1894～1974）はこの境涯を「観照的妙用の一面(35)」と説明する。天然自性の成敗をそのまま真実無礙の法性の姿とみるのである。ピーパーが考えた「直観的な視る働き」の「精神的態度」は、実はこの「観照的妙用の一面」の段階を意味している。

　ところが、禅の修行には十段階目がある。それは、「入鄽垂手の序の十　紫門独り掩うて、千聖も知らず。自己の風光を埋めて、前賢の途轍に負き、瓢を提げて市に入り杖を策いて家に還る。酒肆魚行、化して成仏せしむ(36)」。この境涯には衆生を救済する利他行の働きがある。方便が形破りであっても、不思議にその働きが自然に衆生を教化し、衆生の心の在り方を救っていくのである。禅におけるこの心の機は、修行によって身に備わった機である。心の機を日常行為上で作用していくところに、人は精神的余暇を享受するのである。ピーパーが考えた「精神的態度」と、禅が導く精神的余暇とは、このように心の機の作用面において差異があるのである。

　以上、余暇についての代表的な考え方を、カール・マルクス、スタンリー・パーカー、ジョッフル・デュマズディエ、ヨゼフ・ピーパー夫々の余暇概念にそって述べてきた。

　マルクスは「疎外された労働」からもたらされる人間疎外を克服するため、人間性回復の人間形成としての労働を考える。人間は「人間的な受動的苦悩〔Leiden〕」と「人間的な能動性〔Wirksamkeit〕」とを統合して余暇の心を享受し、自己形成を図って「全面的に発達した人間」へと成長するのである。

　パーカーは余暇について、時間内容と活動内容とが構成する「生活空間」の概念として説明する。「生活空間」に現象する労働と余暇との関係は、対極に労働と余暇とを位置付け、同時に「労働中の余暇」と「余暇中の労働」とを労働と余暇との統合の形として創り出すのである。パーカーは西洋型労働（余暇）観の延長線上にあり、労働と余暇との関係を対立的関係にとりながら「労働中の余暇」と「余暇中の労働」の形で労働と余暇との統合的関係を予測する

43

第Ⅰ部　労働と余暇との関係

のである。

　デュマズディエは余暇の考え方を非労働の立場から説明し、労働から解放された創造的な積極的活動として位置付ける。それ故、余暇活動においてこそ、資本主義社会がもたらす労働疎外や人間疎外を克服し、人間性の回復をもたらすことができるとする。人は自由な創造的活動において人格陶冶され人間形成されるのである。彼はこの教育的役割を余暇活動に求めたのであり、労働と余暇とが対極に位置するものの、夫々の領域を平衡的に調和する合理的な生活習慣を身に付ける一方で、「半余暇」の概念を提案し、労働と余暇とが統合する形態を認めている。

　ピーパーは余暇を「直観的な視る働き」の「精神的態度」として考える。それを実現するものは祝祭であり、「礼拝Kult」の宗教行為を継承する心の在り方である。労働と余暇との関係は対極に位置するのではなく、労働の日常性を水平線上と考えるならば、この水平線上に垂直に交叉する形で、余暇の非日常性が統合することになる。余暇は労働の日常性を基盤として、まったく異なる方向から垂直に交わる非日常性として関るのである。

　これらの考え方を踏まえたうえで、現代日本人は労働と余暇との関係をどのように考えるのであろうか。

（注）
（1）・（2）ヨゼフ・ピーパー著稲垣良典訳『余暇と祝祭』講談社（学術文庫）、1988年、序文——日本の読者のために、6頁
（3）・（4）同書、同序文、7頁
（5）・（6）Josef Pieper, "*Musse und Kult*", Koesel-Verlag Gmbh & Co., Muenchen, 1965（稲垣良典訳『余暇と祝祭』67頁）原書Josef Pieper, "*Muβe und Kult*", Verlag Jakob Hegner GmbH, München, 9. Auflage, 1995, s. 52
（7）ibidem, s. 23（同訳書、31頁）
（8）・（9）ibidem, s. 28（同訳書、39頁）
（10）ibidem, s. 30（同訳書、41頁）
（11）ibidem, s. 26（同訳書、35頁）
（12）ibidem, s. 35（同訳書、48頁）
（13）ibidem, s. 51（同訳書、65〜66頁）
（14）ibidem, s. 51（同訳書、66頁）

第四章　ヨゼフ・ピーパーの余暇概念

(15) ibidem, s. 47（同訳書、60頁）
(16) ibidem, s. 51（同訳書、66頁）
(17) ibidem, s. 52（同訳書、67頁）
(18) ibidem, s. 54（同訳書、69〜70頁）
(19)・(20) ibidem, s. 54（同訳書、70頁）
(21) ibidem, s. 55（同訳書、71頁）
(22) ibidem, s. 55（同訳書、71〜72頁）
(23) ibidem, s. 57（同訳書、74頁）
(24) ibidem, s. 56（同訳書、73頁）
(25)・(26) ibidem, s. 58（同訳書、74頁）
(27) ibidem, s. 59（同訳書、76頁）
(28) ibidem, s. 76（同訳書、97頁）
(29)・(30) ibidem, s. 77（同訳書、98頁）
(31) ibidem, s. 84（同訳書、105頁）
(32) ibidem, s. 82（同訳書、102頁）
(33) ibidem, s. 90（同訳書、110頁）
(34)「返本還源序九　本来清浄、不受一塵。観有相之栄枯、処無為之凝寂。不同幻化　豈仮修治。水緑山青坐観成敗。」（廓庵師遠『十牛図』柴山全慶訳『十牛図』西谷啓治・柳田聖山編『禅家語録Ⅱ』世界古典文学全集36B、筑摩書房、1974年、159頁）
(35) 同訳書、160頁
(36)「入鄽垂手序十　柴門独掩、千聖不知。埋自己之風光、負前賢之途轍、提瓢入市策杖還家。酒肆魚行、化令成仏。」（同訳書、160頁）

第Ⅰ部　労働と余暇との関係

第五章　現代日本人の余暇概念

　労働と余暇との関係についての現代日本人の考え方は、次の四つの型に纏められる。
　第一、余暇は労働時間の残りの自由時間（余暇時間）であるとする考え方である。生活時間の大半を労働に費し、生活＝労働という労働中心型の考え方である。自由時間（余暇時間）の活動内容はもっぱら休養や気晴らしのための消極的活動であり、明日の労働への準備活動である。
　ここでは、労働が余暇にも延長するという現象が生じる。労働条件が悪い状況では、自由時間（余暇時間）がもつ余暇機能も充分に発揮されず、勤労者はただ休養するだけという消極的な余暇活動になる。従来のモーレツ型社会人にみられる考え方、或は、勤労は美徳という慣習的な職業（労働）倫理観による考え方である。桝潟俊子（1947～）は創造的な余暇活動を実践し、余暇活動がもたらす人間性回復の価値を「余暇価値が身体化され[1]」と表現した。労働時間が自由時間（余暇時間）に延長する関係では、余暇価値を身体化することは実現できない。これは大工業制度自体がもつ問題でもある。なぜなら、「高度産業化社会では、本来、自由で自律した生活空間であることがのぞまれている余暇さえも、その維持・存続のために制度的・経済的システムのなかに組み込んできた[2]」からである。
　第二、労働と余暇とが共存できるように生活する考え方である。余暇の充実は労働の質を向上させる。余暇を積極的に有意義にすごすことができることによって、初めて本来の人間的な生活を取り戻すことができる。
　この考え方は、自由時間（余暇時間）を労働時間に対して相対化させることによって、余暇と労働との均衡を意図する。第二次世界大戦後に生まれた若者層に現象し、年々労働と余暇との両立型勤労者像を増加させている。この原因は、「休日や休暇が増えると余暇も含めた生活が変わる、そうした体験をとおして余暇価値が身体化され、余暇欲求や時短欲求がさらに高められていくためとみられる[3]」のである。

第五章　現代日本人の余暇概念

　労働と余暇との両立は、「ドライな『割り切り型』の仕事・余暇観の増勢がうかがえる一方で、それをたずねなおせば、ある意味で理想的もしくは理念的な『仕事もレジャーも力一杯』（尾高邦雄）という生き方が、少なくとも意識のレベルでは、若い世代を中心とした多くの人びとによって支持されていることがうかがえよう[4]」と結論することができる。即ち、労働と余暇との両立は、労働領域と余暇領域との異領域の統合という次世代の勤労者像を創り出す過渡的現象とみることができる。

　「これからの勤勉性にとって重要なことは、もはや労働か余暇かの二者択一ではなく、労働と余暇の両立である[5]」。この視点は、『平成元年版国民生活白書』でも勤勉性に関連して述べられ、勤労観の変化として考えるべきである。「伝統的な勤労観の変化としての勤労意欲の低下という一面的な見方をするべきではない。むしろ仕事以外の場でも充実した時間を求め、柔軟な生活時間構造のなかで生活全般にわたる満足感を達成するための意識の変化という評価ができる[6]」のである。余暇の充実は、「家族、地域の人々、友人といった職場を離れた人間関係を強めることにつながり、職場以外にも複数の生活のよりどころを創りだすという重要な役割を有している[7]」と考え、余暇が創り出す人間関係の多様性とそれらとの関係を通して育成される人間形成の意義を強調している。ここに余暇がもつ教育の課題を理解することができる。

　第三、余暇にこそ本来の人間の生活があるとする考え方である。余暇において人間の諸活動は充実し、自己実現の機会を創り出すという考え方である。余暇人生を謳歌するもので、労働は余暇を獲得するためにある。この考え方は、余暇を人生の価値あるものに位置付け、労働が人生の価値付けにならなかった時代、閑暇や有閑が人生の価値や社会的地位の象徴になった時代の考え方に類似している。

　しかし、古代社会、中世社会や前産業社会における閑暇は、奴隷や農奴或は下男下女の労働によって支えられた余暇であったが、現代の余暇は自己の労働によって支えられ、労働の結果として得られる余暇へと変化している。それ故、他者の労働に依存するのではなく、自己の労働を手段化することによって、自己の労働が積極的に創り出す余暇を自己目的的に活用する考え方とも言いうる。

　第四、余暇は労働に関係することなく独自に存在する精神的な自由領域で、

第Ⅰ部　労働と余暇との関係

人間の全時間領域に貫通しているとする考え方である。余暇は人間の精神的な領域を形成し、生活内容を豊富にすることは当然のこととして、労働時間とも一体化され、全生活領域を充実する結果となる。

尾高邦雄（1908～1993）は「仕事対レジャーの五つのタイプ[8]」として、①仕事一辺倒型、②レジャー一辺倒型、③一致型、④分裂型、⑤統合型を整理したうえで、第6番目のタイプとして、「『混合型』もしくは『中和型』ともいうべき…（略）…仕事の遊戯化と、レジャー活動へのビジネス活動の混入[9]」を挙げている。この第6番目のタイプは統合型から一致型への過渡期現象として現れるか、或は、一致型の分裂再統合として現れるかのどちらかであるが、前述した第四の労働と余暇との関係として考えられる。

労働に遊戯性が加わり余暇活動化されること、逆に、余暇活動がその創造性の故に仕事化されることは、労働に余暇をもちこむと同時に余暇を仕事にすることである。尾高邦雄の統合型が仕事対レジャーの対立的関係をもちながら、「生活のリズムの中でこの二つを有機的に統合しよう[10]」とするため、「強力な意志と人一倍の生活力が必要となるだろう[11]」と考えられるのに対して、第6番目のタイプは「仕事対レジャーの対立関係を特徴づけるタイプの一つとはなりえない…（略）…仕事とレジャーの区別は、究極的には存在しないことになる[12]」のである。この自由時間（余暇時間）と労働時間との総体的な一体化の考え方は、将来の労働と余暇との統合という理想的な労働（余暇）観を描くことになる。

労働と余暇との関係における人間形成を考える場合、教育の目的は、労働と余暇との統合的関係における人間形成を目標とするが、そこには労働と余暇との統合に向けての強靭な精神性が求められてくることになる。即ち、「仕事とレジャーの『統合型』の場合は、両者の循環的相互促進的な生活のリズムを維持するために、両者のあいだの不断の調整が必要となる。そしてそのためには、『割り切り型』とちがって、強力な意思と強力な生活力とを必要とするだろう。それはある意味で、訓練された自己統御力と積極的な行動力を備えた一種の禁欲思想を必要としている[13]」と考えられるのである。

つまり、労働と余暇との統合的関係の考え方を支えていく精神性は、新たな時代に対応する勤勉的精神なのである。賃金獲得のために、生活時間の大部分

第五章　現代日本人の余暇概念

を労働時間に費し、モーレツに働くことに価値を見出す効率優先の経済倫理としての勤勉性ではなく、これからは、「訓練された自己統御力と積極的な行動力を備えた一種の禁欲思想」の形で、新たな生活倫理としての勤勉的精神を身体化することが、今日の教育課題なのである。この労働と余暇との統合という課題は、桝潟俊子においても「労働と余暇の再統合[14]」として指摘されている。労働と余暇との関係は、労働と余暇との共存や両立ではもはやなく、社会現象として労働と余暇との統合への形態を既にもち始めているのである。余暇がもつ教育的課題は、労働と余暇との統合的関係において、それに対応できる勤労者像へと人間形成観の転換を図ることである。労働と余暇との両立においても、なお克服することのできない労働疎外や人間疎外の問題は、労働や科学技術そのものの在り方を変容することにも求められる。そのことは労働や科学技術と余暇との統合という在り方で、科学技術や人の心の在り方を変革していくのである。

　労働における人格陶冶の問題を突き詰めれば、それは、労働と余暇とが総体的に統合される形態を必然的に要請するものなのである。労働と余暇との統合は、活動内容の区別においても、或は労働時間と自由時間（余暇時間）との区別においても、分けて考えることの無意味化と両者を貫く強固な精神性を導く。その結果、労働と余暇との統合は、労働時間とも自由時間（余暇時間）とも称することのできる活動内容を示すことになる。労働と余暇との統合状態では、時間区分として労働時間と非労働時間とに区別する意味は喪失し、活動内容についても労働と非労働とに区分できない。労働と余暇との統合を意味付けるものは、活動内容を貫く精神性ということになる。つまり、労働と余暇とは活動内容の精神構造を統合によって一致させる。人は労働において余暇の精神を、余暇において労働の精神を身体化することになる。それ故、労働と余暇との統合は、労働時間と自由時間（余暇時間）との統合の形をとりながら、実は余暇の精神を生活の全領域において人に体得させることなのである。

　余暇の精神が日常生活全般に亘って貫通するためには、「訓練された自己統御力と積極的な行動力を備えた一種の禁欲思想」、表現を換えれば、行(ぎょう)の実践が必要なのである。「訓練された自己統御力と積極的な行動力を備えた一種の禁欲思想」を行(ぎょう)の実践と考えるならば、労働と余暇との統合の結果生じる精神

第Ⅰ部　労働と余暇との関係

性は、行の実践を通して体得する精神性を意味することになる。即ち、この精神性は行の実践を支える勤勉的精神から誘導されるもので、余暇の精神性である。つまり、労働と余暇との統合は、あらゆる日常行為を行として実践することを通して現実のものとなり、精神的余暇を導くものである。逆に言い換えるならば、人は精神的余暇を体得するために、あらゆる日常行為を行として実践し、労働と余暇との統合を実現するのである。

　日常生活における行の実践は、道を求める宗教行為の意味をもち、行の実践と宗教行為とを結び付けるものはその精神性にある。即ち、勤勉の精神は日常性と宗教性とを媒介する精神的役割を担い、日常行為（労働）を支える精神構造と宗教の道を求める精神構造とを統合するのである。私達は、宗教的視点に立った労働と余暇との統合的関係を考えることによって、統合的関係を支える勤勉的精神が人間形成に深く関る教育的意義を追究することができるのである。

（注）
（１）桝潟俊子「余暇の現在」『国民生活研究』第32巻第4号、国民生活センター、1993年、20頁
（２）同論文、29頁
（３）同論文、20頁
（４）松原洋三「産業化の進行と『労働・余暇』問題の変遷」『国民生活研究』第6巻第11号、国民生活センター、1967年、17頁
（５）㈱日立総合計画研究所編『産業労働における勤勉性に関する研究』『NIRA OUTPUT』総合研究開発機構、1985年、22頁、248頁
（６）経済企画庁編『平成元年版国民生活白書』大蔵省印刷局、1989年、202頁
（７）同書、203頁
（８）尾高邦雄『職業の倫理』中央公論社、1970年、281頁
（９）・(10) 同書、287頁
(11) 同書、286頁
(12) 同書、287頁
(13) 松原洋三「産業化の進行と『労働・余暇』問題の変遷」18頁
(14)「環境や人間への負荷を高めつつ高度に工業を推進してきた社会の底流では、余暇の無限の拡大ではなく、労働と余暇の再統合に向けての試行がすでに始まっているのである。」（桝潟俊子「余暇の現在」31頁）

第六章　宗教的労働観と精神的余暇

1　宗教的労働観とその精神構造

　従来、キリスト教の労働観[1]は、『旧約聖書』では原罪としての労働観、自然支配としての労働観、創造としての労働観、『新約聖書』では神への奉仕としての労働観、修道院制度では禁欲としての労働観[2]などが考えられてきた。
　原罪としての労働観は『創世記』3章1～24節で語られる人の楽園追放を根拠とする。男とその妻は神との約束を破り、善悪を知る木の実を食べるが、これを知った神は男とその妻がさらに生命の木の実を食べ神のように永遠に生きることを防ぐため、彼らを楽園から追放し、男に次のように語る。「おまえは妻の言うままに、あれほどわたしが食べてはならぬと言っておいた木（の実）を食べたゆえ、おまえのために土地が呪われる。そこから糧を得るのに一生おまえは苦労するだろう。生えてくる茨と薊に悩まされながらおまえは野の草をかじり、額に汗してパンを食べ、ついには土に帰るのだ[3]」。人は神との約束を破った罰として男は汗して労働することを、女は産みの苦しみを課せられたのである。罰としての労働観は人に労働との関係を対立的に考えさせ、人は労働から解放されるときにのみ人間らしく生きられると考える。
　自然支配としての労働観は、『創世記』1章28節と9章2～3節で語られる神の祝福の言葉に拠る。同書1章28節では、神は人を自らの像に創造した後、「産めよ、殖えよ、地に満ちよ。地を支配せよ。そして海の魚、空の鳥、地を這うすべての生きものを従わせよ[4]」と人を祝福する。この神の言葉は人の原罪前に語られるものであり、神の創造的働きの一環として位置するところに重要な意味がある。即ち、野尻武敏（1924～）が指摘するように、従来のキリスト教の労働観は「神の〈かたどり〉としての人格たる人間、その〈人格の働き〉としての人間労働、それらへの積極的な評価が欠けていることを示す[5]」。自然支配としての労働観は創造としての労働観と一体的である。
　同書9章2～3節では、神はノア一族を洪水から救った後、ノア一族を次

第Ⅰ部　労働と余暇との関係

のように祝福する。「産めよ、殖えよ、地に満ちよ。地のすべての獣、空のすべての鳥はおまえたちに対して恐れおののき、地を這うすべてのもの、海のすべての魚とともに、おまえたちの手中におかれるであろう。生きて動いているものは、すべておまえたちの食料となるであろう。緑草と同様に、これらのすべてをおまえたちに与える[6]」。神はこの契約の言葉に先立ち、独り言を次のように言う。「今後ふたたび人間のゆえに地を呪うことはしまい。人間の心の動きは、子供の時から悪いのだから。また、今度のように、すべての生命あるものを滅ぼすことも、ふたたびすまい。地のあらんかぎり、種まきと刈入れ、暑さと寒さ、夏と冬、昼と夜とがやむことはない[7]」。ノア一族は緑草に加えて地上の生物すべてを食糧として与えられたことになる。ノア一族はもはや神に呪われた地で労働するのではなく、収穫の保障された土地で労働に従事していくことになる。自然のすべての被造物は神と契約を結ぶ一方で、神とノアとの契約によって人の管理支配下におかれる。人は自然のすべての被造物を手中にし、自然支配としての労働観を形成しながら、あらゆる被造物と関る形で創造としての労働を実践する。

　このように、楽園追放に端を発する原罪としての労働の前後に人の自然支配としての労働と創造としての労働が神によって語られる。自然支配としての労働観と創造としての労働観は、罪を犯した人がノアの洪水によって神に許され、以後は神に祝福されながら働く労働観である。それ故、人は精神浄化として罪の贖いとしての労働観をもちながらも、環境（自然）と対峙しながら環境（自然）を創造していく労働を日常化する。自然支配としての労働観は人と環境（自然）との関係において人を教育し、人は創造の働きを為しながら環境（自然）によって自己教育されるのである。

　神への奉仕としての労働観は、福音書でイエス・キリスト（Jesus Christ, B.C. 4〔？〕～ A.D. 30〔？〕）の言葉を介して語られる。人は信仰心をいかに堅持し証をするかが、日常生活の重要な指標となる。労働をはじめ日常生活の目的や行動はすべて神の思召であり、人は神への道を歩むことになる。信仰心をいかにして日常的に実践するかが、人としての自己教育となる。労働は神と子と聖霊のみ名に奉仕することである。その労働結果は神の意志に委ねられ、人の努力や願望の程度によって報いられるものではない。つまり、神への奉仕

第六章　宗教的労働観と精神的余暇

としての労働は信仰としての労働である。宗教改革以降、召命としての労働観は神への信仰の証としての奉仕の労働観である。

　禁欲としての労働観は、「聖アウグスティヌス会則[8]」など修道院生活を律する規則に拠る。修道院領地を経営していくためには領地の生産性をあげねばならず、修道士は率先して農業に従事し、牧畜などを利用した食糧生産活動に努力したのである[9]。労働への従事は領民への農業技術や牧畜技術指導といった技術啓蒙性をもちながら、修道教育としての大義名分を必要とする。それが禁欲としての労働である。一日のうち一定時間を労働に従事することは、規則的な修行生活を習慣付ける意味で、生活習慣から修道士を律することになる。集団規則的な修道生活が修道士の怠惰性や肉体の誘惑を日常的に排除したのである。労働に対する積極的な肯定は労働に従事しながら、信仰に生きる合理的な生活習慣を形成し、後に、マックス・ウェーバー（Max Weber, 1864～1920）が指摘する勤勉的な職業倫理観形成に大きな影響を及ぼすことになる[10]。

　宗教における労働観として、禅の労働観とキリスト教の労働観とを比較すると、両者の労働の意味がより明確になる。禅には、原罪としての労働観はなく、寧ろ労働は、人が仏心を自覚するための道であり、仏道としての労働或は「農業則仏行なり[11]」、「何の事業も皆仏行なり[12]」と称される労働観である。労働は、人が仏心を自覚するための行である。禅では労働は仏行であり、行としての労働観を形成する。大乗仏教における仏道としての労働は、人間が自然を支配するのではなく、人間と自然とを統合する道、自然統合としての労働である。人間と自然とを即一的に統合する道は、労働をはじめとするあらゆる日常の諸活動を支える精神性であり、人の生活諸能力を活溌溌地に生かしうる働きそのものである。仏道としての労働は、人の生活諸能力を最大限に生かす知恵を身に付けさせる。禅の労働観は生そのものを生きる心の機の妙用を為すところから、生（知恵）としての労働[13]と考えることができる。

　禅では、人は自己の心内で仏心を自覚するため、奉仕としての労働は外なる神（外的超越者）へ向かうのではなく、自己の内面性（内的超越者）へ向かうことになる。自己は自ずと自然に含まれるものとして、環境（他者）へ奉仕することは自己と環境（他者）との間に人格的関係を構築することになる。キリ

53

第Ⅰ部　労働と余暇との関係

スト教における神への奉仕としての労働が神と人との直接的人格的対話的関係であるのに対し、禅における環境（他者）への奉仕としての労働は環境（他者）と人との直接的人格的即一的関係である。

　キリスト教において修道教育の一環として考えられた禁欲としての労働は、禅では行(ぎょう)としての労働である。キリスト教の修道院規則は禅専門道場の僧堂清規と対比でき、労働に従事する日課はともに修道の一環である。ただ、禁欲としての労働は静としての祈りと対比され、祈りの沈黙や観照を効果あらしめるための役割をもつ。キリスト教では、一般的に祈りにおける神との対話が重視され、動としての労働そのものが精神浄化を為しながら、人格を陶冶する考え方をもつことが少ない[14]。

　禅における行(ぎょう)としての労働は日常の諸活動を修行の実践面からみた労働観であり、禅専門道場の僧堂教育では作務労働として位置付けられる。活動中の正念工夫は静中の正念工夫以上に本来的自己を自覚する教育機会をもつ[15]。労働に従事し身心全体で環境（他者）と同一化することは身心一如の働きを経験し、自然の妙有を自覚することになる。静としての坐禅に対し、動としての作務は全身心的活動として自己本来の本性の自覚への契機になるのである。作務労働は禁欲のための労働ではなく、むしろ人の生活諸能力を人力を超越した自然力によって本来的に生かしめ、人間の本性を自覚させるための労働である。人は行(ぎょう)としての労働を実践し自己の仏心を自覚する形で自覚的人間へと自己を教育する。

　以上のように、宗教的労働観は日常生活における人間形成の過程に大きな影響を及ぼしている。これらの労働観は人の日常生活を広範囲に律しながら、日常の諸活動の精神的支柱を構成し、人間形成の精神構造に直接的に関るのである。以下において、宗教的労働観と人間形成との関係を考える中で、宗教的労働観の精神構造を明らかにしていく。なぜなら、宗教的労働観の精神構造は、人が自己を教育していく過程での人格陶冶の問題を充分に提起するからである。

　宗教的労働観と精神構造との関係を纏めたのが、表―1（55頁参照）である。表―1に基づき、宗教的労働観を構成する精神構造と自覚的人間の形成過程とを略図したのが、図―3（55頁参照）である。宗教的労働観は究極的人間像としての自覚的人間への形成の道程であることから、自覚的人間における精神構

第六章　宗教的労働観と精神的余暇

造は宗教的労働観の精神構造を引き継ぐことになる。

表—1　宗教的労働観と精神構造

キリスト教	禅	精神構造
原罪としての労働観 （労働と余暇との対立的関係）	仏道としての労働観 （労働と余暇との統合的関係）	求道的精神
自然支配としての労働観	自然統合としての労働観	調和的精神
創造としての労働観	生（知恵）としての労働観	自覚的精神
神への奉仕としての労働観 （直接的人格的対話の関係）	環境への奉仕としての労働観 （直接的人格的即一的関係）	奉仕的精神
禁欲としての労働観	行（ぎょう）としての労働観	勤勉的精神

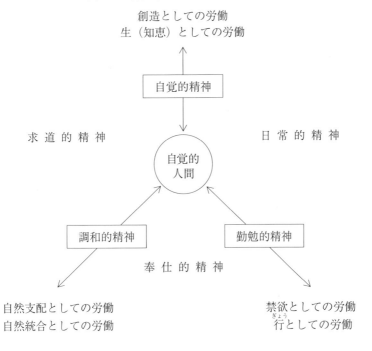

図—3　自覚的人間における精神構造

第Ⅰ部　労働と余暇との関係

2　信仰と労働との関係

　キリスト教にあっても、動としての労働に真の信仰の在り方を説く考え方がある。

　信仰を支える勤勉性と神への奉仕性は日常の諸活動でどのように具体化されるのだろうか。『ルカ福音書』10章38～42節の「マルタとマリヤ」の話[16]は、日常的に働くことが信仰とどのような関係にあるのかを考えるうえで適した事例である。特に、マイスター・エックハルト（Johannes Eckhart, Meister Eckhart, 1260頃～1328）は、神無しに生きる信仰の在り方を日常化しえたマルタと、神を求め神との合一を感性的に求める信仰をもつマリヤとを対比させることによって、信仰の真の在り方を教える。上田閑照（1926～）は、「『魂の根底』における根源的出来事が、肉身をもって現実世界に生きる実人生にとって何を意味するかという大きな問題に対するエックハルトの答をこの説教から読み取ることが出来る[17]」と述べる。人は神との合一を求め、信仰心を浄化する道を歩むことによって、終には神無しに生きる信仰の境涯へと、神も自己をも離脱していく。その離脱過程は日常生活を生きる生そのものである。人は信仰を勤勉に日常化することによって、徹底して自らを修練させ、生きる知恵を身に付けていく。信仰としての労働は日常行為を為すべきこととして、積極的に実践していく在り方において、行(ぎょう)としての労働を実践すること[18]であり、長く生きること自体を修行とするものである。

　「主のお足もとにすわってお話を聞いていた[19]」マリヤと、「あれこれのもてなしに忙しくしていた[20]」マルタとの比較対象の意味は、キリストの言葉「マルタ、マルタ、あなたはあれこれと心を配って落ち着かないが、無くてならぬものはただ一つである。マリヤはよいほうを選んだ。それを取りあげてはいけない[21]」に解説される。マリヤの信仰心を包括したうえでのマルタの日常の諸活動の義務遂行は、長年善く生きてきた人の働く姿そのものである。人は日常生活に生きる知恵を具体化し、神なき生活、即ち何の為にそして何故にと問うことなしに生きる境涯を得て、初めて神を離脱し神無しに生きる信仰心の在り方を身に備えるのである。マリヤの信仰が神との間に直接的人格的対話的関係を求める精神性にあるのに比較して、マルタの信仰は日常生活に生き、

第六章　宗教的労働観と精神的余暇

日常行為を行(ぎょう)として遂行する勤勉的精神にある。マルタにとって、日常行為に専心することが信仰の証であり、日常行為を通して自己の全身心を行ずること(ぎょう)が、神とともに生きることなのである。それ故、神は自身の身心にあり、自身の日常行為を為しうるのは神そのものなのである。つまり、マルタは信仰の在り方を日常行為を勤勉に実践する在り方において証するのである。

　上田は、マルタを人格的に陶冶している日常生活上の事柄を、三点に要約する。即ち、第一は「円熟せる年齢と徹底的に修練された根底(22)」という行(ぎょう)の精神、第二は「愛の命ずる究極に向って外的働きを正しくととのえつつ遂行する知慧の心得(23)」という心の機(はたらき)、第三は「愛する客人の高貴さ(24)」という精神的余暇である。日常の諸活動を勤勉に尽すことは、行(ぎょう)としての労働そのものである。エックハルトは、マルタの日常の諸活動に真の信仰の在り方を説いたが、その理由について、上田は次のとおり説明する。

　「マルタは長くそして善く生きて来た（実生活を経歴して来た）からである（wan si lange und wol gelebet hâte）。というのは生きるということ（実生活）は、最も高貴な認識を与えるからである(25)」。エックハルトは、神と人との合一を求める直接的人格的対話的関係の信仰の在り方から、さらに一歩進んで次の段階へ──神と合一した自己も神をも否定し尽す魂の内奥へ、日常生活での信仰の在り方へ──と信仰を日常化したのである。マルタは「主よ、姉妹がわたしだけにおもてなしをさせているのをお気にとめてくださいませんか。手伝うようおっしゃってください(26)」とキリストに依頼する。マルタの信仰心について、上田は「『神なしに』生から生を学ぶあり方(27)」の信仰として理解する。この視点は、マリヤの静としての祈りの信仰に対して、マルタの動としての労働の信仰の在り方を意味している。日常生活の煩わしさのなかで生きることは、日常行為を奉仕として為す労働であり、禅からみれば行(ぎょう)としての労働である。日常生活における奉仕的精神と勤勉的精神とが、人間をより人格的に陶冶するのである。人が労働に全身全霊を尽すとき、そこには宗教的精神性が含蓄されており、日常の諸活動の遂行そのものが、信仰としての労働、行(ぎょう)としての労働になる。

　日常の諸活動は力行することとして、宗教そのものであるとする考え方は、労働することのうえに宗教性を附加する意味ではなく、宗教性は労働するうち

57

第Ⅰ部　労働と余暇との関係

に実践される形で醸成される。ここで考えることのできる労働と宗教との関係は対立的関係ではなく、日常行為に奉仕する労働を勤勉に尽す形で、信仰の精神や行(ぎょう)の精神があり、全身全霊を尽した日常の諸活動に、自ずと宗教性が顕れるという統合的関係である。つまり、労働することが信仰心をもつこと以上に優位性をもつのでもなく、日常の諸活動が奉仕として勤勉に実践される刹那には、宗教的行為としての行(ぎょう)を実践していることになるのである。行としての日常行為は勤勉的精神と奉仕的精神とを基盤としており、宗教的行為即ち信仰としての行為そのものである。

　マルタが示す労働は生きる知恵を身に付けて、日常行為上でその知恵を働かすことのできる心の機(はたらき)の在り方を示しており、生(知恵)としての労働の在り方である。マルタの日常性の在り方はもはや日常行為を行(ぎょう)と為す意志を超越し、あるがままの、自ずと然なる在り方で日常性に専心できる境涯であり、生としての知恵を尽して生きる人の心の在り方を教えているのである。

3　精神的余暇と心の機(はたらき)との関係

　キリスト教の宗教的労働観では、人は自己の職業に対し勤勉に従事することによって生活諸能力を活用し、神への奉仕を実践する。召命としての労働観では、人は神への勤勉な奉仕によって信仰心の証をする。人は勤勉な生活倫理観を身に付け自己教育への道を歩むのである。この道は、人が神と直接的人格的対話的関係を築く信仰への道であり、人が労働することの内に余暇の心の在り方を自覚する形で、自覚的人間へと形成する道である。信仰としての労働は労働と余暇との統合を導き、人間形成のための精神構造を構築しながら、人を自覚的人間へと自己教育させるのである。人は生活諸能力を労働と余暇との統合の内に勤勉な奉仕性をもって実践活用し、精神浄化を為しながら信仰を深めていく。

　西洋型余暇観では、一般的に余暇は労働に対立するものとして考えられ、時間内容においても、活動内容においても、労働と分断した形で日常生活空間に位置する。労働と余暇との対立的関係は、生活時間の均衡的な時間消費配分や活動内容による合理的な生活習慣形成に寄与した。その一方で、宗教的視点からみれば、両者の対立的関係は日常行為における余暇の心の在り方を人に自覚

第六章　宗教的労働観と精神的余暇

させながら、勤勉な奉仕性を実践させ、精神的拠として信仰への道を歩ませるのである。つまり、労働と余暇との対立的関係は、信仰としての労働においては、常に労働と余暇との統合的関係へと心の在り方を導き、精神を浄化させるのである。

　労働と余暇との統合的関係から導き出される精神的余暇は、宗教的視点からみれば西洋或は東洋を問わず、信仰としての労働が人に涵養する精神的な心の在り方である。　西洋のキリスト教にあっても、或は東洋の仏教、特に禅にあっても、信仰を支える精神性は宗教的労働観を構成する精神構造であり、人間形成の精神基盤である。

　禅の労働観では、労働と余暇との統合的関係が導く精神的余暇は、余暇の心の状態からさらに一歩深く、心の機(はたらき)を日常行為上で具体化することを課題とする。即ち、精神的余暇は心の機(はたらき)を余暇と考える心の在り方なのである。

　無門慧開（1183～1260）は、機(はたらき)について次の公案を取り上げ説明する。
「八　奚仲(けいちゅう)、車を造る　月庵(げつたん)和尚、僧問う、『奚仲、車を造ること一百輻(ぷく)。両頭を拈却(ねんきゃく)し、軸を去却(こきゃく)して、甚麼(なにへん)辺の事をか明らむ』。無門曰く、『若し也(もまじき)た直下(げ)に明らめ得ば、眼、流星に似(に)、機、掣電(せいでん)の如くならん』。頌に曰く、『機輪(きりん)転ずるところ、達者(たっしゃ)も猶(な)お迷う。四維上(しいじょうげ)下、南北東西。』(28)」ここで指摘された「機」は「機根、機鋒、禅機などと熟語する。禅者の間髪を入れぬハタラキをいう(29)」と解釈され、「機、掣電の如くならん」の意味は「そのハタラキの素早さも稲妻のようであるに違いない(30)」と理解される。この公案は、車を構成する事物夫々に「ハタラキ」があり、それらの「ハタラキ」の統合によって初めて車そのものの「ハタラキ」が活かされることを意味する。車の「ハタラキ」は人間の「ハタラキ」そのものであり、万物普遍の「ハタラキ」に通じるものである。「機輪(きりん)転ずるところ、達者(たっしゃ)も猶(な)お迷う」と表現されるところは、技の達人といえども、「ハタラキ」を身に備えなければ、技以上の「ハタラキ」を具体化しえないことを意味する。ここで例示された禅機は、禅を通じて心の機(はたらき)を身体化し、身体全体の「ハタラキ」として具体化したものである。心の機(はたらき)は精神的な心の在り方であり、意図的作用的な客観的思考の在り方ではないのである。

　信仰としての労働は、余暇の心の在り方を身に備えさせ、それを心の機(はたらき)と

59

して日常行為上で具体化させ、人に精神的余暇を享受させるのである。キリスト教にあっては、もてる生活諸能力のすべてを神へ勤勉に奉仕することが、信仰の証であり、余暇の心を導く。禅にあっては、諸能力すべてをその時機に応じて、勤勉に尽力することは無論のこと、完全に活かしきること、働き尽すこと、それらのことが精神的余暇に繋がるのである。この心の機(はたらき)の在り方が、禅と日常的精神とを密接不可分にし、精神的余暇が日常生活のあらゆる日常行為上で経験される理由である。余暇の心と精神的余暇との差違は、実に心の機(はたらき)を備えうるか否かによるのである。人は行の実践を通して身に備えた心の機(はたらき)を、日常行為上で具体的に活かしながら、瞬時に生ききることを継続して、自己の本性を自覚し、生としての知恵を身に付けて自己を形成していくのである。

4 職人的労働観と精神的余暇

行(ぎょう)の実践を通して身に付けた心の機(はたらき)は、日常生活上でどのように具体化されるのだろうか。その実践例を職人的労働にみていこうと考える。なぜなら、職人は長期の修業過程を経験して技を身に付け、職人へと養成されるからである。それ故、職人が製作した製品には、職人の全人格が責任をもって表現される。職人は修業過程を経て、身に付けた心の機(はたらき)を製品の形で具体化するのである。職人にとって、修業過程は行道の日常生活であり、同時に心の機(はたらき)を身に付ける人間形成の道である。職人的労働は、骨(こつ)や勘といった無形の心の機(はたらき)を技という術で集約し、製品を作る。職人的労働において経験される精神的余暇は、心の機(はたらき)を自由自在の技の形で製品を創造する。職人は労働に従事しながら、精神的余暇を享受し、労働と余暇との統合的関係を体得するのである。それ故、職人的労働では、人間疎外の関係はなく、寧ろ労働のうちに宗教的なるものすら経験されるのである。職人は心の機(はたらき)を集約した製品に、自己を超越するものを感じ、使用者は製品に職人の技術以上の「ハタラキ」を読み取るのである。職人的労働には、宗教的労働観に通じる精神構造が考えられ、この精神構造が一人前の職人へと人間形成するのである。

クロード・レヴィ＝ストロース（Claude Lévi＝Strauss, 1908〜2009）は日本講演「未開と文明」で、日本の職人的労働観の宗教性を次のように説明する。

第六章　宗教的労働観と精神的余暇

「日本の伝統的技術のいくらかのものが、そのある過程について聖なる感情というか、ほとんど宗教的な感情を保持していることです。ご一緒に見た杜氏もそうですし、刀鍛治もそうでした。西欧の人間にとってこれはまったく驚きの種であり、示唆に富んでいます。労働の考え方がまったく違うのです。ユダヤ・キリスト教的視点からみると、労働とは人間が神との接触を失ったために額に汗して自らのパンを稼がねばならぬという一種の『罰』なのです。ところが日本では逆に、労働を通じて神との接触が成り立ち、維持され、保ちつづけられるのですね(31)」。クロード・レヴィ＝ストロースは、職人的労働の作業過程に残る「聖なる感情」、「宗教的な感情」を日本特有の職人的労働観として認識したのである。日本には神の罰としての労働観はなく、家や集団に対する使命や奉仕としての労働観、人間形成としての労働観、事に仕える勤勉な労働観などが特徴的である。

　職人的労働観の考え方は『荘子』における技能の体系において、精神集中するための熟練や斎の行、技能の達成と道の形成との合一などに考えられるところである(32)。斎の行は職人が労働する前の心構えを準備するものであり、精神集中から身心脱落、主客合一へと精神浄化するための行である。熟練を行として考えたのもこの点においてである。行は宗教行為としての求道的精神をもっており、職人的労働が宗教に深く関与することになる。職人は職人的労働を通じて主客合一の境地を体得し、自己ならざるものと出会い、超越的なるものと合一することによって真の自己を自覚していく。職人は主客合一の境地で仕事を全身心的活動のうちに為し、製品に自己を表現する。超越的なるものと自己との合一は、精神的余暇を職人に享受させる。職人は労働することの内に精神的余暇を享受し、仕事に生きている実感において、真の自己に目覚めるのである。職人は宗教的感情を余暇の心情と為し、自己の豊かな創造性を製品に具体化する。職人は精神的余暇において自己の存在を確認し、労働する自己を自覚する。職人にとって、精神的余暇は労働することの内にあり、労働と余暇とを統合する境地である。

　『旧約聖書』から導き出された労働観は労働に対立する余暇観を形成し、余暇は非労働を前提とする。職人的労働が導く余暇観は、職人的労働それ自体が行であることの結果である。職人的労働の行的性質が、職人的労働に宗教的な

るものを導くのである。職人的労働を勤勉にすることは、職人的労働がもつ宗教性や余暇性（遊戯性）を引き出す。それは職人に精神的余暇を享受させ、心の機(はたらき)で労働する喜びを導く。心の機(はたらき)で労働することは、職人に自由な創造的働きを促し、労働することの内に人格陶冶する自己を自覚させるのである。労働と余暇との統合は、自己の本性を自覚させる働きを為して、自覚的労働観を形成し、職人を自覚的人間へと自己教育させるのである。

　職人が作った製品の背後に、職人の信仰の姿を読み取ったのは柳宗悦（1889～1961）である。「どんな時代に、どんな地方に優れた製作が出来たかを省ると、その背後に信仰の生活が厚かったことを気づかないわけにゆかない。信仰にも高度のものから土俗的なものに至るまで様々な段階はあろう。だがいずれにしても信心は神に対し自然に対し伝統に対し、彼らを敬虔深くさせた。信心は彼らを厳粛にさせ真剣にさせた。何よりも信心は彼らの心霊を眠らせなかった。このことがどんなに彼らに想像力を与え、また仕事を誠実にさせたか知れない。宗教時代が工藝時代であったのは当然であった。土俗的信仰がまたどんなに農民工藝と密な関係があるかはいつも事実が示してくれる。今の時代の都市生活の弱みは、信心を失ったことではないか。懐疑は仕事を確実にしない。聖者たちは如何に信仰の力が大切であるかを繰り返し説いた[33]」。

　厚い信仰心は、人の生きる姿を真剣にし、人に道を形成させる。生きることへの真摯な人の取り組みは、自ずと職人的労働を勤勉にし、職人の仕事を大成していく。生きることの指針を信仰に委ねた結果、私心の無い美を備えた手工芸品が作られたのである。神や仏への信仰心は神仏に導かれた精神を形成し、生活全体をその宗教的精神の表現として考える。真面目な生活倫理は勤勉な職業（労働）倫理を生み出すのである。柳が「良い品物の背後にはいつも道徳や宗教が控えているのは否むことが出来ません[34]」と述べるように、正直な手仕事の美の背後には、職人の信仰心が秘んでいるのである。

　信仰心は、職人に超越的なるものに対して、畏敬の念を生じせしめ、信仰心の対象として神仏なり、絶対的なるもの、超越的なるものを想定する。自己の心奥にそれを見出すか、或は自己の外にそれを求めるかは宗教の性質に因る。いずれにしても、自己を超えるものに対する畏敬は、人間万能の人間中心主義を押さえ、自然の営為への謙虚さを職人に付与する。それは他者への尊敬であ

第六章　宗教的労働観と精神的余暇

り、他力の受容である。

　柳は、他力が作用する工芸の美を次のように説明する。「実用的な品物に美しさが見られるのは、背後にかかる法則が働いているためであります。これを他力(たりき)の美しさと呼んでもよいでありましょう。他力というのは人間を越えた力を指すのであります。自然だとか伝統だとか理法だとか呼ぶものは、凡(すべ)てかかる大きな他力であります。かかることへの従順さこそは、かえって美を生む大きな原因となるのであります。なぜなら他力に任せ切る時、新たな自由の中に入るからであります(35)」。

　左官職、池戸思楽(しらく)（生没年不詳）は、入江長八（1815 ～ 1889）の信仰心と一体化した仕事振りを次のように語る。「仕事ぶりは、内の仕事場の時は入口にシメ縄を張って閉じこもり、念仏を唱(とな)えながら——、外では袖着物に片襷(かただすき)という姿だったらしいですね。半天腹掛で身支度しても泥でよごれるのが多いのに、ホクロほどの土もはねかさなかったと言われています。五十六歳で奥さんを亡くしてからは、白衣に袴に袈裟(けさ)という格好だったそうですから、その真剣な心構えはもとより、仕事がどんなに手早く小ぎれいだったかが分かります(36)」。職人の技量が職人の信仰心といかに一体化しているかを推察できる。信仰の深さが労働する精神の浄化を進め、仕事に対する職人気質の精神を鍛錬する。職人気質の精神力が職人の技能を向上させ、仕事を大成させるのである。

　労働を含む日常諸行為に勤勉になることが、人間の諸活動そのものに内含する宗教性と余暇性（遊戯性）を表現的に具体化させるのである(37)。職人は技能の達成によって体得した宗教性と余暇性（遊戯性）によって、自己の仕事を生涯の仕事とし、職人道の形成へと自己を教育する。人間の諸活動を行(ぎょう)としての日常行為にすることが、日常生活に宗教性と余暇性（遊戯性）を呼び戻すのである。つまり、科学技術からの疎外や労働疎外を受け、人間疎外に陥っている現代人にとって、人間性を回復しうる一つの方法は、人間の諸活動を行(ぎょう)として為し、日常生活全体に宗教性と余暇性（遊戯性）を取り戻すことなのである。それを可能にしている具体的な実例は、職人が自己の労働を生涯的労働として位置付ける姿であり、自己の仕事に全力を尽して死にたいという職人道にみることができる。職人気質は、職人が自己の労働を通して、生涯的労働観をもつことによって形成される。職人道は、精神的余暇において労働する自己を自覚

63

第Ⅰ部　労働と余暇との関係

しながら、道を成していくことなのである。職人道は行としての道であり、行道を歩むことによって職人は自己を教育していく。この人間形成の在り方は、あらゆる日常行為を行と為して、道を求めて歩むという勤勉の精神に因っているのである。勤勉的精神は行道の起動力であり、人間形成の基本的な精神性である。

（注）
（1）野尻武敏は、キリスト教の労働観を三つに整理する。（野尻武敏「働くこととその周辺　——キリスト教の労働観をめぐって——」『アカデミア〔経済経営学編〕』第83号、南山大学経済学会・経営学会、1984年所収、32～34頁、37～38頁）

　　　第一、「人間は、そしてこの世では人間のみが、神のその神格を映すペルソナ（人格）となり、人間の働きはそうした人間の『人格の働き』（actus personae）となる」（同論文、32頁）。第二、「神からおかれた道を歩むものは、『労苦の実』を与えられ『繁栄と幸福』を受けるのである。だから、働くことにともなうこの労苦は『骨の折れる善』（bonum arduum）に属する」（同論文、33頁）。第三、「キリストに従おうとするものは、それぞれにキリストにならって十字架を負いキリストにならって真剣に働くのでなければならない。つまり、額に汗して働くことは『キリストに倣うこと』（imitatio christi）にもなる」（同論文、34頁）。つまり、「額に汗して働くその同じ行為が、神の似すがたたる人格の働きであるとともに人間の罪の償いであり、同時にキリストに倣う行でもある」（同論文、34頁）。

　　　彼は罰としての労働観はプロテスタントの労働観に近いと考え、むしろ「原罪に先だつ創造の教えからくるキリスト教労働観の積極的な側面、つまり神の『かたどり』として『地を従わせる』創造的な人間の労働の評価が閑却されている」（同論文、58頁）と指摘する。彼はプロテスタンティズムとカトリシズムとの労働観を比較し、カトリシズムの労働観にキリスト教の労働観をみる。なぜなら、「プロテスタントにおいてはもっぱら神の恩寵とそれをこい求める個人の心情が問題となるのに比して、カトリックにあっては恩寵とともに自然の秩序、個人格とともに共同体が問題とされる」（同論文、57頁）からである。

（2）マックス・ウェーバーはリチャード・バックスター（Richard Baxter, 1615～1691）の労働観を説明しながら次のように要約する。「労働は昔から試験ずみの禁欲の手段である。東洋はもちろん、ほとんど全世界のあらゆる禁欲僧の規律といちじるしく異なって、西洋の教会では、労働は古来そうした禁欲の手段として尊重されてきた。」（Max Weber, *Die protestantische Ethik und der* Geist 《des

第六章　宗教的労働観と精神的余暇

Kapitalismus", Gesammelte Aufsätze zur Religionssoziologie, bd. I, Tübingen,1920〔梶山力・大塚久雄訳『プロテスタンティズムの倫理と資本主義の精神』下巻、岩波書店〈岩波文庫〉、1962年、177頁〕）

　今野國雄（1923～）は修行の一環としてある労働の禁欲性について次のように説明する。「修道士の禁欲はこの神秘主義を体現し実践する手段であって、それは清貧、貞潔、沈黙、完徳、一所定住などの徳目として修道士の精神を鍛錬する重要な行為となる。労働もまた、それが知的労働であろうと筋肉労働であろうと、労苦と忍耐を伴う点では禁欲的な行為ではあるが、これは人間の生存にとって、より本源的な行為であり、自給自足を旨とした初期の修道院においては特に、修道士の日常生活を再生産し、物的施設としての修道院を維持していくのに不可欠のものであった。そればかりでなく、パウロが『働かない人は食べてはならない』と命ずる時、ベネディクトが『怠惰は魂の敵である。ゆえに修道士は一定時間労働しなければならない』と規定する時、労働は魂の純化を導く典礼的な意味さえもつものとなる。修道院で労働が古来重視されたのはこのためである」（今野國雄『修道院――祈り・禁欲・労働の源流――』岩波書店〔岩波新書〕、1981年、viii頁）。禁欲としての労働は肉体の誘惑を克服でき、精神を鍛錬する行為であり、行としての意味から心を精神浄化する働きをもつのである。

(3)　R・キッテル校注ヘブライ原典、"Biblia Hebraica"（中沢洽樹訳『旧約聖書』前田護郎責任編集『聖書』世界の名著13、中央公論社、1978年、『創世記』64頁）
(4)　同訳書、60頁
(5)　野尻武敏「働くこととその周辺―キリスト教の労働観をめぐって―」54頁
(6)　中沢洽樹訳『旧約聖書』『創世記』71頁
(7)　同訳書（8章21～22節）71頁
(8)　今野國雄は「聖アウグスティヌス会則」として「第一会則」、「第二会則」、「第三会則」、「修道女会則」を取り上げ、このうち「第二会則」のみが労働に関する条文をもっているとして、次のように指摘する。「第三条　朝から第六時（12時ころ）までは労働し、第六時から第九時（午後3時ころ）までは読誦に専念すべし。第九時には書籍を返却し、その後に食事をとり、〔食事が終ったなら〕あるいは庭で、あるいはどこなりと必要な場所で、夜の祈りの時間まで労働すべし。第九条　無駄な言葉をしゃべってはならない。朝から自分の労働のために席に着くべし。第三時の祈りの後も、同じように自分の労働に従うべし。もしそれが魂にとって有益なことでなければ、立ったまま話を続けてはならない。労働の席に着いている者は、仕事の必要上已むをえずある者と話をするのでなければ、沈黙を守るべし」（今野國雄『修道院―祈り・禁欲・労働の源流―』33～34頁）。
(9)　「僻遠の地を好み、労働を重視したシトー派修道士の行くところ、森林や荒蕪地は開拓されて緑野となり、その小麦、ぶどう、羊毛などの豊かな農業生産物はヨーロッパ新生の泉ともなった。彼らの経済活動もまた逸することのできぬ社会的

65

第Ⅰ部　労働と余暇との関係

貢献の一つである」(同書、139頁)。

「それまでの修道院が土地領主ないし裁判領主として取得していた封建領主的諸収入を自ら禁止し、小作地も、これを耕作する農奴も保有せず、従ってまた農奴に対しなんらの貢租も賦課しなかったシトー派修道院は、地代徴収者たることを自ら放棄したのであり、自らの労働によって自らの経済を営む道へ必然的に進むことになった。もちろん、修道士の労働力だけでは足りなかったから、助修士を積極的に採用してこの不足を補ったが、これら助修士は修道誓願をして修道院に入った者で、厳格で綿密に定められた『助修士規定』に服し、『生存中も死ぬ時も正規の修道士と同様に遇された』(『生涯小史』第15章)。俗人の雇傭労働者も用いられたが、初期にはその数は少なかったから、シトー派の土地は専ら修道士と助修士によって経営された。その意味ではシトー派こそ〔修道院経済〕の、その言葉の真の意味での最初の実践者と言えよう」(同書、141頁)。

(10) 禁欲としての労働はキリスト教の修道院生活における修行の実践と世俗社会の職業遂行とを勤勉的精神によって統合することになる。マックス・ウェーバーは勤勉的精神の基盤に修道院生活における禁欲としての労働観を次のようにみる。「»industria«という概念及びその尊重は、究極的には、いうまでもなく修道僧の禁欲から取り入れられたものであり、ジアノッツォの傳えるところによると、アルベルティ自らが僧侶の用語からとって使用したと言うmasserizia（家政）の概念もまったく同様である」(梶山力・大塚久雄訳『プロテスタンティズムの倫理と資本主義の精神』上巻、1955年、89頁)。

彼は、修道院生活における禁欲としての労働が世俗社会に浸透するに到って、職業生活における倫理としての労働観を形成したと考える。「世俗外的な修道僧的禁欲と世俗内的な職業禁欲とのあいだに連続関係がみられるということは、誰しも解しうるように、私の主張全体の一つの根本的前提をなしている。つまり、宗教改革は合理的なキリスト教的禁欲と組織的な生活態度を修道院から牽き出して世俗の職業生活のうちに持ちこんだ」(梶山力・大塚久雄訳『プロテスタンティズムの倫理と資本主義の精神』下巻、76頁)。人間形成に関する修道院の意義は、合理的な禁欲としての労働と組織的な集団生活習慣の二点においてである。即ち、「修道僧たちを──客観的には──神の国のための労働者として訓育するとともに、さらに──主観的には──彼らの霊魂の救いを確実にするものとなっていたのである」(同訳書、74頁)。

勤勉的精神は、『旧約聖書』ではどのように説かれているのだろうか。労働における勤勉的精神は、コーヘレス(生没年不詳)の著書『伝道の書』9章10節で、「何事も、自分でやれることは力いっぱいやれ、やがて行くべき陰府では、行為も思慮も知恵も知識もないのだから」(中沢洽樹訳『旧約聖書』『伝道の書』、292頁)と語られる。

勤労の勧めは、『伝道の書』11章6 〜 8節に、具体的な労働の在り方として語

第六章　宗教的労働観と精神的余暇

られる。「朝に種をまき、夕まで手を休めるな。これが実るかあれが実るか、あるいはどちらも同じようにうまくゆくか、おまえにはわからないのだから。…（略）…未来はいっさい空である」（同訳書、292～293頁）とあるように、「朝に種をまき、夕まで手を休めるな」は、一日の義務としての労働の厳しさや労苦を表現する。しかし、義務としての労働は労働の結果について問われることなく、労働の結果が成果を生むか否かは神のみわざであると考える。

　人が与えられている生活諸能力を充分に活用する勤勉的精神は、『マタイ福音書』25章14～30節の「タラントの譬え」話、及び『ルカ福音書』19章11～27節の「ミナの譬え」話でも考えることができる（ネストレ・アラント校本25版〔1963年〕、国際版『ギリシア語新約聖書』〔1966年〕〈前田護郎訳『新約聖書』前田護郎責任編集『聖書』世界の名著13、中央公論社、1978年、『マタイ福音書』351～352頁、『ルカ福音書』448～449頁〉）。

　富（財）と信仰との関係では、「富が危険視されるのは、ただ怠惰な休息や罪の快楽への誘惑としてのみであるし、富の追求がそうであるのも、他日煩いなく安逸に暮すためになされるばあいだけである」（梶山力・大塚久雄訳『プロテスタンティズムの倫理と資本主義の精神』下巻、188頁）。宗教改革以降、「近代資本主義の精神」（同訳書、上巻、77頁）が発達し、職業労働の義務遂行（結果としての利殖）は信仰の証になっていくのである。

(11) 鈴木正三『万民徳用』鈴木鉄心校訂並編者『鈴木正三道人全集』山喜房仏書林、1975年、68頁

　江戸時代の禅僧、鈴木正三は合本著書『万民徳用』で『武士日用』、『農人日用』、『職人日用』、『商人日用』を説き、それぞれの職業における修行の在り方を述べている。「世法即仏法」の考え方で、労働即仏行の職業（労働）倫理観を形成したのである。

(12) 同書、70頁
(13) 生（知恵）としての労働は、行道を実践して身に付けた心の機を日常行為上で具体化する妙用の労働である。生（知恵）としての労働を考えるうえで、荘子（Chuang-tzu, B. C. 369〔？〕～ B. C. 286）の考え方が参考になる。

　『荘子』第六大宗師篇第十二節、子来が病気になる話は、生（知恵）としての労働を理解するうえで重要である。「夫れ大塊は我を載するに形を以てし、我を労するに生を以てし、我を佚するに老を以てし、我を息わするに死を以てす。故に吾が生を善しとする者は、乃ち吾が死を善しとする所以なり。…（略）…今一たび人の形を犯して、《人耳、人耳》と日わば、夫の造化者は必ず以て不詳の人と為さん」（荘子, "荘子, 続古逸叢書"〔森三樹三郎訳『荘子』小川環樹責任編集『老子・荘子』世界の名著4、中央公論社、1978年、268～269頁〕）。

　ここで重要なのは、「我を労するに生を以てし」という考え方である。身体という形を与えられた人間は、労役し、労苦して働き続けることによって生を与え

第Ⅰ部　労働と余暇との関係

　　　られるのであり、労働することと生きることとは同意義なのである。幾ばかりか
　　　の労働から解放された生の楽しみは余生として老年に与えられる。老いることは、
　　　労働することからの解放であり、死への準備の生を生きることである。労働する
　　　ことを休止し、生きることに終止符をうつのが休息としての死である。荘子にと
　　　って真の余暇は道との合一であり、死をよしとすることであり、生そのものであ
　　　り、労働と対立するものではない。生きるがために労働するという生活の手段と
　　　しての労働は考えられず、人としての生き方と労働するための生き方とを統合し
　　　たところに荘子の生（知恵）としての労働観がある。即ち、労働すること自体を
　　　目的とするための生としての在り方に、人としての道の在り方や自己教育として
　　　の道があることを、荘子は結論する。労苦することが生きることの根源であり、
　　　同時に精神的安らぎを享受することであるという心の在り方を、私達は彼の労働
　　　（余暇）観から学び、人間形成の精神性にするべきなのである。
　　　　杉村芳美（1948〜）は労働する意味について、「労働は一義的に人間を自由に
　　　するのでも、人間から自由を奪うものでもない。自由と拘束の契機を各次元で二
　　　側面として含んで、生への応答すなわち責任の活動として労働はある」（杉村芳
　　　美『脱近代の労働観』ミネルヴァ書房、1991年、266頁）と述べる。彼は労働を
　　　「生としての労働」（同書、211頁）、「責任の活動」として定義する。彼にとって、
　　　生への勤勉な応答や責任としての勤勉な活動が労働する姿勢であり、労働する意
　　　味である。

(14)　しかし、キリスト教にあっても動としての日常の諸活動に精神浄化を認識し、
　　　労働を重視する信仰の在り方がある。『テサロニケ人への第一の手紙』を書いた
　　　パウロ（Paulos, ?〜A. D. 60〔?〕）、『聖ベネディクト会則』を作成したベネデ
　　　ィクト（Benedict〔Norcia〕, 480頃〜547〔550〕）、『聖アウグスティヌス会則』を
　　　作成したアウグスティヌス（Augustine, 354〜430）、神秘主義者のマイスター・
　　　エックハルトなどである。マイスター・エックハルトが神無しに生きる信仰の在
　　　り方を説いた例は、『ルカ福音書』10章38〜42節、「マルタとマリヤ」の話に関
　　　する解釈である（56〜58頁参照）。

(15)　「静かに坐禅するよりも、教典祖録を読むよりも、禅では作務労働が第一である
　　　とまでいって『人間の働く姿』を教えている。」（平田高士「作務・托鉢」講座
　　　『禅』第2巻、筑摩書房、1967年、179頁）

(16)　前田護郎訳『新約聖書』『ルカ福音書』428頁

(17)　上田閑照『マイスター・エックハルト』講談社、1983年、352頁

(18)　天台宗の十二年籠山行を遂行した光永覚道（1954〜）は行の実践について次の
　　　ように語る。「毎日同じところを同じ時間にお参りしなさい。これが行です。」
　　　（光永覚道『千日回峰行』春秋社、1996年、68頁）「毎日同じことを繰り返すのが
　　　行です。」（同書、120頁）

(19)〜(21)　前田護郎訳『新約聖書』『ルカ福音書』428頁

第六章　宗教的労働観と精神的余暇

(22)～(24) 上田閑照『マイスター・エックハルト』354頁
(25) 同書、357頁
(26) 前田護郎訳『新約聖書』『ルカ福音書』428頁
(27)「マリヤが神のもとで歓喜法悦から立ち上がって、神から離れ去ることをマリヤのために求めたのである。神に包まれた『自己自身と神』のあり方から、『神なしに』生から生を学ぶあり方に歩み出ることを求めたのである。」(上田閑照『マイスター・エックハルト』361頁)
(28)「八　奚仲造車　月庵和尚問僧、奚仲造車一百輻。拈却兩頭、去却軸、明甚麼邊事。無門曰、若也直下明得、眼、似流星、機、如掣電。頌曰　機輪轉處　達者猶迷　四維上下　南北東西。」(無門慧開編著"広園寺蔵板応永版無門関"〔西村恵信訳注『無門関』岩波書店〈岩波文庫〉、1994年、50頁〕)
(29)・(30) 同書、51頁
(31) 大橋保夫「神話から労働へ——レヴィ＝ストロースを囲むシンポジウム」『世界』第391号、岩波書店、1978年6月、380頁
　　クロード・レヴィ＝ストロース「未開と文明」(大橋保夫編三好郁朗・松本カヨ子・大橋寿美子訳『クロード・レヴィ＝ストロース日本講演集〔構造・神話・労働〕』みすず書房、1979年、118頁)
(32) 技能の修業過程は、『荘子』に編集された次の題材などから、その基本構造を明確にすることができる。
①梓慶（しけい）が鐻（きょ）をつくる話（『荘子』第十九達生篇第十一節〔森三樹三郎訳『荘子』422～424頁〕）
②痀僂（くる）の者が蟬（せみ）を承（と）る話（同書第十九達生篇第四節〔同訳書、414～416頁〕）
③庖丁（ほうちょう）が牛を解く話（同書第三養生主篇第二節〔同訳書、204～206頁〕）
④工倕（こうすい）が旋（めぐ）らす話（同書第十九達生篇第十二節〔同訳書、424頁〕）
⑤輪扁（りんぺん）の話（同書第十三天道篇第十一節〔同訳書、343～345頁〕）
⑥昭文（しょうぶん）、師曠（しこう）、恵子（けいし）の三子の話（同書第二斉物論篇第十四節〔同訳書、184～185頁〕）
⑦百家の衆技の話（同書第三十三天下篇第四節〔同訳書、513～514頁〕）
　　技能の発達段階は、1　熟練の段階から、2　斎の行、精神集中、3　身心脱落、4　主客合一、5　骨や勘の身体化、6　職人的道具観を形成し、7　名人の領域に達成、8　生涯的労働観を形成する過程を経て、9　自然の大道に合一する道の形成段階へと、その基本構造を体系化することができる。題材にした話は夫々の段階を顕著に説き、次のように要約できる。
①梓慶（しけい）が鐻（きょ）をつくる話は、仕事に入る前に身心を清める斎を行じて心を静め精神集中し、仕事に対する精神集中を通して人間と材料との関係を問題にする。
②痀僂（くる）の者が蟬を取る話は、熟練の方法から精神集中に入る。身心脱落の境地から主客合一への進み方を説き、心を集中して技を修得することを説く。

第Ⅰ部　労働と余暇との関係

③庖丁が牛を料理する話では、職人は道を求めるために技を磨き、名人の領域に達して職人道を形成しながら、自然の大道を会得する。
④工倕が施らす話は工人の倕の名人芸が説明される。「指は物と化して、心を似て稽えず」という表現は身心脱落の境地である。
⑤輪扁の話は技術の骨や勘が職人の仕事にとっていかに重要であるかを説明する。骨や勘は職人が長年の労働によって経験した無形の知恵を身体化したもので、その人固有の技能であり、その子供ですら伝承できない難しさをもっている。
⑥昭文、師曠、恵子の三子の話は名人の境地と聖人とを比較し、名人が技に優れていても道の在り方において道からいかに遠く離れているかを指摘する。
⑦百家の衆技の話では、職人的労働が特色とする技能は一方向に片寄った人間を形成するという戒めである。多くの工人は夫々の技能に優れ、社会的に有用であるが、その技能はすべてを兼ねるものではない。

　以上のように、『荘子』で説かれた技能の修業過程は職人的労働観の体系を示しているのである。『荘子』で説かれた職人的労働観と宗教的労働観とを比較し

表—3　『荘子』で説かれた職人的労働観と宗教的労働観との比較

『荘子』で説かれた職人的労働観		宗教的労働観と精神構造 （キリスト教と禅）
労働に求められる 教育課題	技能労働の修業過程の 基本構造	
(1) 行としての労働観	1　熟練 2　斎の行 　　精神集中	禁欲としての労働観 　（キリスト教）　　　　勤勉的精神 行としての労働観 　（禅）
	3　身心脱落 4　主客合一	自然支配としての労働観 　（キリスト教）　　　　調和的精神 自然統合としての労働観 　（禅）
(2) 自覚的労働観	5　骨や勘の身体化	創造としての労働観 　（キリスト教）　　　　自覚的精神 生（知恵）としての労働観 　（禅）
(3) 生（知恵）としての 労働観 —職人気質の形成—	6　職人的道具観の形成 7　名人の領域	
	8　生涯的労働観の形成	神への奉仕としての労働観 　（キリスト教）　　　　奉仕的精神 環境への奉仕としての労働観 　（禅）
(4) 人間形成としての労働観	9　道の形成	原罪としての労働観 　（キリスト教）　　　　求道的精神 仏道としての労働観 　（禅）

たのが、表—3（70頁参照）である。
(33) 柳宗悦『工藝文化』岩波書店（岩波文庫）、1985年、150頁
(34) 柳宗悦『手仕事の日本』岩波書店（岩波文庫）、1985年、31頁
(35) 同書、233頁
(36) 斎藤隆介『職人衆昔ばなし』文藝春秋、1967年、89〜90頁
(37) 尾高邦雄は、「仕事本位の職業観」（尾高邦雄『職業の倫理』236頁）を定義するなかで、人をして仕事そのものへ奉仕させるものは何かと問い、次のように説明している。「人びとを職業に向かって専心させるものは、特定の人間や人間的な秩序ではなく、仕事そのものであり、仕事の非人間的な秩序である。おそらく、このような非人間的な秩序の背後には、それ自身超人間的なあるもの、つまり『神』とか、あるいは東洋流にいえば『天』とかが予想されてくるであろう。…（略）…人びとの内奥にあるもっとも根源的な興味やあこがれがそれである、といってもよい。」（同書、237頁）

　ここで指摘されている「非人間的な秩序」には、神や天といった超越的なものと自己をとらえて離さない興味や憧憬といったものが考えられている。即ち、仕事それ自体が内含する宗教性と遊戯性に他ならない。つまり、仕事に奉仕するということは、仕事を勤勉にするということであるが、仕事自体がもつ宗教性と遊戯性を誘発し、それらの精神性がさらになお一層、勤勉に仕事をする活力を与え勤勉性を持続させ、結果として仕事への身心一如的な労働の姿を現象させていくのである。それ故、労働の起動力とは、勤勉性を通して仕事がそれ自体の内にもつ宗教性と遊戯性なのである。言い換えれば、勤勉性は仕事を為す人間の諸活動それ自体が秘める宗教性と遊戯性とに触発されて、継続されかつ現象されていくと要約することができる。このことは、職業（労働）倫理が、勤勉性を通じて宗教性と遊戯性に深く関連してくることでもある。職業（労働）観の精神性は、勤勉性と宗教性や遊戯性との関係に代表されることになる。

第Ⅰ部　労働と余暇との関係

第七章　鈴木正三における精神的余暇

あらゆる日常行為を行(ぎょう)として実践する行道の勤勉的精神は、宗教行為を行(ぎょう)とする勤行の精神と同義である。宗教行為としての行は道を求める精神性を支柱とし、行(ぎょう)の実践を宗教行為から日常行為へと展開して道の精神性を浸透させる。道の精神性は行の精神性として、日常行為を行と為す勤勉的精神へと具体化するのである。行(ぎょう)としての日常行為（労働）を仏道としての労働と考え、日常行為（労働）の精神性に勤勉的精神を見出し、勤勉的精神による行道(ぎょう)の日常生活を実践したのが、鈴木正三[1]である。正三は、仏道としての労働観を説くことによって、日常行為（労働）を行道として歩む修行の姿を教え、動としての日常行為（労働）が導く余暇の在り方を示唆したのである。彼は、行(ぎょう)としての日常行為（労働）の在り方から精神的余暇を導く形で、労働と余暇との統合的関係を説き、人間形成を実践していくのである。労働と余暇との統合的関係が、宗教の立場から人間形成の役割を担う実践例を正三の考え方にみることができる。

　禅における修行は日常生活の動中の正念工夫として実践される。人はあらゆる日常行為を行(ぎょう)と為して実践するとき、勤勉に切磋琢磨する自己を自覚する。この自己は私の心に囚われることなく、私の心を無にしたところから生じる自己ならざる自己である。人は尽力の過程で自己を超越するものと出会うとき、無上の至福感を経験し自己を包み込む自然の道理を理解する。人は日常行為（労働）に徹底し、精神集中から身心脱落を経て主客合一の境地を経験して宗教的なるものと出会い、精神的余暇において自己の本性を自覚し自己教育を実践する形で自覚的人間への道程を歩むのである。精神的余暇は静としての坐禅修行は無論の事、動としての日常行為（労働）への勤勉な奉仕的実践から生じる。禅は動中の正念工夫を静中の正念工夫よりも行的効果があると考える。なぜなら、動中の正念工夫は身心全体を労苦するところから導かれるもので、人としての実存的在り方が問われているからである。それに対し、静中の正念工夫は身体全体を労することがなく、観念的な考え方に陥り易いからである。労

第七章　鈴木正三における精神的余暇

働において動中の正念工夫を実践し、精神的余暇を導く形で、労働と余暇との統合的関係が形成されるのである。正三の精神的余暇は受容としての静ではなく、心の機（はたらき）として日常生活上で具体化されるところに特徴をもつのである。

彼は、徳川初期の時代にあって、職業の細分化と労働の分業化が発展するに応じて、職業（労働）の肯定と信仰とを結び付け、宗教的労働観の立場から人間形成を説いたところに重要な位置を占めている。彼は、職業（労働）倫理観において、職業（労働）の遂行が仏道であるという勤勉的精神を人間形成の精神的支柱として実践したのである。職業（労働）を勤勉に為すことが、仏道としての職業（労働）倫理であると説き、宗教倫理を職業（労働）倫理へと発展させて、人間形成の道程を導いたのである。

1　鈴木正三について

鈴木正三は石平道人と号し、正三和尚と呼ばれる。三河国加茂郡足助庄則定（のりさだ）村（現在、愛知県豊田市則定町）で、足助真弓山城（現在、愛知県豊田市足助町）の城主鈴木忠兵衛重次の長男として生まれる。母は今川家の家臣栗生筑前守永旨の娘である。

当時、この地域は塩道とも呼ばれ、信州の武田氏と国境を接するなど交通の要衝である。戦国群雄割拠の時代にあって、従属関係は松平氏→今川氏→松平氏へと従属離反を繰り返している。正三は、1590年徳川家康（1542～1616）の関東入国に従って、父重次とともに下総国塩古村（現在、千葉県八街市）に移り住む。彼は、1600年、関ヶ原の合戦では、父重次とともに本多佐渡守組に属し徳川秀忠軍に加わり、信州真田（現在、長野県）の戦いに初陣する。1615年、大坂冬の陣の後、彼は三河国加茂郡内に200石の地を賜り、四ッ松村、田振村、実栗村の一部（以上の村は現在の足助町）を知行する。彼は、初めて親から独立し、旗本となる。その後、家督を弟の三郎九郎重成に譲り、自分は高橋七十騎の内の一家を継ぎ、九左衛門、九太夫重三、九太夫正三などと称している。

1619年『盲安杖』を著し、その翌年（1620年）に出家する。得度の戒師は詳らかでないが、立会人は大愚宗築（1584～1669）である。正三は、臨済宗雲居希庸（1582～1659）、大愚宗築、愚堂東寔（1577～1661）及び曹洞宗万安英種（1591～1654）と交友があった。出家した正三は、行脚行を続けながら、

第Ⅰ部　労働と余暇との関係

　大和（現在、奈良県）の法隆寺で修行し、玄俊律師（生没年不詳）から沙弥戒を受け律宗の僧となっている。1623年頃には三河国に戻り、千鳥山（現在、豊田市千鳥町）で修行後、山中村（現在、豊田市山中町）の石ノ平に庵を結び荒修行を実践する。

　体調を崩し二年間程養生後、1632年に石平山恩真寺を建立し、ここを宗教活動の拠点とする。建立した寺院は、石平山阿弥陀堂（現在、浄心寺）、足助宮平に十王堂（現在、十王寺）、則定に心月院などがある。再興した寺院は押井（現在、豊田市押井町）の二井寺普賢院がある。修復した寺院は矢並（現在、豊田市矢並町）の医王寺などである。

　島原の乱（1637～1638）後、1642年に弟の三郎九郎重成が、天草の初代代官として任ぜられ、それに伴って天草に赴く。荒廃と化した天草の地にあって、キリスト教の影響を排除するため、神社を復旧し、32ヶ寺の寺院を建立する。この時、キリスト教の教義を批判する『破吉利支丹』を著し、各寺院に納めている。その後、弟の重成は天草の石高半減の上申のために、江戸屋敷で自害するが、二代目代官に正三の実子（出家のとき重成の養子になっている。）である伊兵衛重辰が任ぜられる。天草の地では重成、正三、重辰の三名を祭神とする鈴木神社が造営される。

　1648年には、諸僧の招きに応じ江戸へ出向く。翌年1649年に『四民日用』を刊行し、1650年に『三宝徳用』、1652年には『修行念願』を著し、それらを合本して『万民徳用』として纏める。1655年に『盲安杖』が刊行され、その後同年6月25日申の刻に逝去する。門人44人が参集する。禅風はすこぶる勇猛で、「二王坐禅[(2)]」を勧め、心の機を身に備えるための仏道を日常行為（はたらき）上で実践することを民衆教化の中心と為していく。

　神谷満雄（1925～2012）は、正三について次のような人間像を描く。「①武士、②僧（宗教者と哲学者の二面）、③仮名草子作者、④文芸評論家、⑤知識人あるいは社会経済評論家。これらの属性はそれぞれについて、①体制から離脱した武士（加藤周一のいう四つの典型の一つ）、②宗教者としては教派、教団の外にあって改革を志向した僧、哲学者としては四民のなかに生成されつつあった職業倫理を体系的に記述した僧、③近代小説につらなる浮世草子の先行的作品の創作者、④能という演劇や歌論に一家言を示した芸能評論家、⑤日本

第七章　鈴木正三における精神的余暇

のユマニスト、モラリストとして、人間存在を具体的、全体的にとらえる態度を持ち、仏教倫理治国のイメージを強く描いた人生教師、という特徴のある人間像となる[3]」。

　彼の近代性はどこに認められるのだろうか。第一は、彼の禅が無宗派的、超宗派的であること。彼は、禅の真理が人間の本性を自覚することにあるとして、宗派による教学体系に真理を求めなかった。彼は特定の師による宗教的権威を避け、宗派に固執するドグマを批判した。彼は禅以外の宗教も積極的に認め、特に浄土教を取り上げて念仏禅の修行方法を説いている。彼は曹洞禅の立場をとったにも拘らず、彼の批判的精神は永平道元をも批判するような自由独立の生活禅を民衆に教化し、日常生活の心の在り方を説いたのである。

　第二は、彼の自由精神が人倫に生きることであり、職業（労働）倫理を世俗社会における求道的精神と結合したことである。人倫に生きる自由とは、「己を忘て己を守べき事[4]」の言葉に表現されるように、真実の自己を自覚した生き方である。日常生活における自我意識の否定を媒介にして、日常生活に垂直に交叉する精神において自己の本性を自覚する契機を認めたのである。人間の本性を自覚する精神は、生活倫理としての職業（労働）を仏道として実践する日常的精神にあると、彼は考えたのである。

　第三は、「二王坐禅」と言われる如く、行動的な禅だったこと。坐禅弁道を中心とする静の禅から、「勇猛心[5]」と行道を重視する行動の生活禅へと展開した。

　第四は、職業（労働）倫理を説いたが故に、極めて生活倫理の在り方を強調した。彼は、職業（労働）を勤勉に為すことが、仏道を成就することであるという仏道としての労働観を説くことによって、人間形成の役割を担ったのである。

　それまでの禅は出家中心主義であり、世俗社会もまたそれが禅であると理解していた。禅林に居住し寺院で修行生活を実践しなければ、仏果を得ることはできないと考えられた。江戸初期にあって、在家者が成仏できるという考え方をもつには疎遠の社会状況だったのである。しかし、彼はこの考え方に対して、世俗社会の日常生活においてこそ禅の修行が実践されるべきであると主張したのである。彼は近代的精神をもって在家禅を日常生活の次元で実践しようとし

たのである。そのために、先ず世俗社会の労働観を宗教的、倫理的、教育的側面から考え直そうとしたのである。仏法を「渡世身すぎに使事[6]」で、日常生活の次元の「邪欲の心を除滅[7]」することができると考えたのである。また「身心安楽に使事[8]」で、日常生活に垂直に交叉する精神の次元の「諸の業障を滅尽して、一切の苦を去[9]」としたのである。仏法は「士農工商の上に用[10]」いられるべきであると、「仏世不二の説[11]」を説いたのである。「世法則仏法[12]」の禅を教化し、職業（労働）に仏道としての労働観を形成し、禅の作務精神を勤勉的精神の形で、日常行為を律する生活倫理へと、世俗社会に浸透させたのである。在家の修道者は、勤勉的精神を日常行為を行ずる精神性として、弁道の道を歩み、人格陶冶していくことになる。

2　勤勉的精神と精神的余暇

　宗教の立場からみれば、勤行の精神は求道的精神を支柱とし、行の実践を宗教行為から日常行為へと展開する。このことは勤行の精神が勤勉的精神として具体化し、日常行為を行として為す行の精神を導くことになる。つまり、在家の立場からみれば、日常行為を行として実践することによって行の精神を身に付け、求道的生き方を可能にするのである。それ故、宗教行為を支える求道的精神は道の精神性となり、勤勉的精神を媒介にして行の精神性に引き継がれるのである　また逆に、行の精神性は日常行為を勤勉に尽力することによって道の精神性へと深化されるのである。正三は、勤勉的精神を媒介にして、仏道としての労働を行としての日常行為（労働）と考え、日常行為（労働）を道としての宗教行為へと浄化したことになる。行としての日常行為と道としての宗教行為との関係は、図―4（77頁参照）のように略図できる。

　行としての日常行為を支える精神は勤勉的精神である。仏道の修行を支える精神は、仏心への飽くなき求道的精神であり、自己の本性を自覚する自覚的精神などである。これらの精神は日常行為（労働）を反復継続して、倦むことのない尽力の勤勉的精神を基盤とする。それ故、行としての日常行為と道としての宗教行為とを媒介するものは勤勉的精神である。勤勉的精神は日常行為を行と為す起動力であり、人に道の精神性を体得させ、日常行為（労働）と宗教行為との統合を導くのである。人は日常行為（労働）から宗教行為への転換を勤

第七章　鈴木正三における精神的余暇

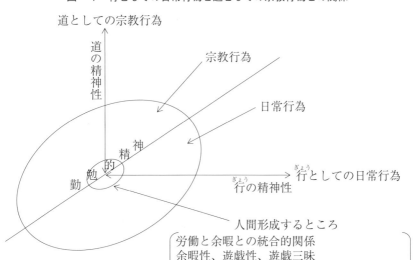

図—4　行としての日常行為と道としての宗教行為との関係

勉的精神において会得するところから、日常生活で経験する宗教的なるものの在り方を考え、生活倫理観を形成することが、重要な課題となってくる。「仏世不二の説」を説く彼にとって、宗教的なるものは世俗と共に在る仏法であり、出家の有無に分断されることなく、世俗の渦中に在る法なのである。それ故、仏法から誘導される心の在り方としての精神的余暇は、人間の本性を自覚することにあり、世俗の人が生活苦（労働苦）を克服するための自然の道理（天理）になっていく。彼は、禅の宗教的労働観が導く労働と余暇との統合的関係に、世俗の職業人の人間形成（人格陶冶）を関連させ、それを禅の宗教的労働観が担うべき教育的役割として明確にしたのである。

彼は宗教的なるものと職業（労働）との精神的統合を意図し、仏道としての労働と人間形成としての道とを同一軌道に考え、職業（労働）倫理と生活倫理との両倫理性において人間形成に関与する勤勉的精神を考えたのである。

この両倫理性を備えた勤勉的精神において、人は労働と余暇との統合的関係を体得し、精神的余暇において「自己の本源[13]」或は「本有の自性[14]」と出会う形で、自覚的人間へと成長する。それ故、労働と余暇との統合的関係は、

第Ⅰ部　労働と余暇との関係

職業（労働）倫理観と同時に生活倫理観をも形成するものである。寧ろ、職業（労働）を生活領域の一部として理解するならば、彼は日常生活の勤勉的精神を説くことによって、生活倫理観を説き、生活倫理観から職業（労働）倫理観を形成したことになる。

『万民徳用』で説かれた「三宝之徳用[15]」の10項目は、仏法を会得することによってもたらされる効能書きである。日常生活で仏法の心の在り方を活かす方便は、人の日常生活を律する生活指針となり、精神性においてより深化して、職業（労働）に従事する精神的支柱になっていくのである。

彼が説く勤勉的精神は、生活倫理観を構築する精神的支柱である。労働と余暇との統合的関係において、人は仏道としての労働を実践する内に、自己自身を仏として自覚する人間へと成長する。自然の道理（天理）に沿って、勤勉に日常行為に尽力することが、即ち仏道を歩むことになるという生活倫理観を導くことによって、彼は教育的役割を担ったのである。彼は、単に長時間に亘って従事する職業（労働）のみを是とする経済効率優先の経済倫理としての勤勉的精神性を説いたのではなかった。

彼が説く勤勉的精神は、物質的財や利益を追求するため、労働に生活時間の大半を割いて投入することではない。彼は勤勉的精神について、「身心を責め、業障を尽す[16]」心の在り方という意味に定義したのである。「身心を責め」ることは、人が日常行為を全身心的活動として、勤勉に尽力しながら、精神集中することによって、身心脱落の境地になり、人と環境（他者）との主客合一なる関係を体得することである。

彼は、「躰、羸（つかる）れば諸念なし、色躰安楽なる時は種種の念増長す[17]」と述べている。人が「身心を責め」るときは、全身心をもって活動に精神集中しているため、自己の心が諸念妄想に囚われることはない。しかし、「色躰安楽なる時」は、精神集中するべき活動を為していないために、心が諸念妄想の虜になり易い。或は「勇猛精進の心を以て修するは義なり、怯弱にして退屈を生ずるは不義なり[18]」である。「勇猛精進の心を以て修するは」勤勉的精神の実践であり、行（ぎょう）ずる心の在り方をもてないときは、退屈に陥るのである。つまり、彼が説く勤勉的精神は、行としての日常行為に専一になることによって、自己の心に生じる雑念妄想を遮断し、人の業障を滅尽することにある。彼にとって非

第七章　鈴木正三における精神的余暇

勤勉性とは、自己に精神集中して行（ぎょう）ずることなく、退屈を生じる心の機（はたらき）の弛みである。人は勤勉的精神を日常行為のうえで実践しながら、行の精神を清浄化して、自己ならざる自己、或は「自己の真仏(19)」と出会うことができるのである。

　それ故、人は勤勉的精神をもって、あらゆる日常行為上で正念工夫し、日常行為に自己の精神を集中させ、全身心的活動として尽力する形で、環境（他者）への奉仕的精神をも成就していく。人が「身心を責め」ることは自己の全身心を清浄化するためであり、その結果、人の「業障を尽す」のであって、物質的財や利益を得るためにのみ勤勉に労働に従事し、身体及び精神を疲労させるのではない。

　労働と余暇との対立的関係では、「色躰安楽なる時」は余暇である。しかし、彼は「色躰安楽なる時」を真の余暇とは考えず、寧ろ「種種の念増長す」るような精神的不健康なときと考えた。日常行為に精神集中を欠除した人は、心の在り方が散漫し、雑念妄想に支配され、求道的精神を喪失すると、彼は考えたのである。即ち、人が自己ならざる自己、或は「自己の真仏」を自覚するという形で、労働と余暇との統合的関係が導く精神的余暇を体得するには、人は自己を「色躰安楽なる時」におくのではなく、「身心を責め」る精神集中のときにおかねばならない。毎日の反復継続する日常行為（労働）に倦むことなく、その時その時の正念工夫に尽力することによって、日常行為（労働）を行（ぎょう）と為しうるならば、人はその精神集中の状態を持続し日常行為（労働）するうちに自己の本性を自覚できるのである。キリスト教では労働と余暇との対立的関係は原罪としての労働観を形成するが、禅では労働と余暇との統合的関係として、仏道としての労働観を形成するのである。彼にとって、勤勉的精神は労働と余暇とを統合させ、仏道としての労働観を形成するための重要な基礎的精神だったのである。

　彼の労働観を健康の視点でとらえ、健康から余暇の心を説明したのは山本七平（1921～1991）である。山本は、正三の余暇概念と人間形成との関係を健康の視点で考える。山本は、常に身心を動かしていることが健康に繋がると、正三の労働（余暇）観を理解する。しかし、山本はその健康的な在り方が、どのような心の在り方であるかまでは論じなかった。正三の余暇観は、労働に対

立する非労働を余暇概念の内容とするものではなく、精神的な心の在り方を余暇と考える。即ち、日常行為（労働）に身心をただ只管に責め、精神集中するときは心の機(はたらき)を生じるが、身心に精神的な隙のあるときは心の在り方を嫌怠すると、正三は考えたのである。心の機(はたらき)を身に備えずに、絶えず隙なく身心を動かすだけでは、心の在り方をただ散漫にするだけである。正三は非労働の時間を不必要な時間として、考えたわけではない。正三は非労働の自由時間（余暇時間）の意義を全く認めなかったのではなく、自由時間（余暇時間）における心の在り方について警告したのである。正三は「身に隙を得時は、煩悩の叢増長す[20]」と述べ、自由時間（余暇時間）における心の在り方を、人に考えさせたのである。つまり、正三は日常生活において、求道的精神を実践することがいかに困難であるかを考え、日常行為（労働）上で精神集中を日常的に継続するために、全身心的活動としての徹底を説いたのである。正三は長時間に亘る職業（労働）従事という活動のみを評価する勤勉的精神を考えたのではない。

　後で述べるように、彼にとって職業（労働）従事は日常生活の一部であって、彼は職業（労働）においてのみ人に勤勉的精神を求めたのではない。彼が考える生活倫理としての勤勉的精神は、あらゆる日常行為に関与し、日常生活全般を律していくものである。勤勉的精神に基づく日常生活への求道的精神の浸透は、人に仏道としての歩むべき道を結果として為さしめる。人は仏道を歩みながら自己を形成していく。信仰の成就は、人が日常行為を行(ぎょう)の精神をもって実践し、行(ぎょう)としての日常行為を道としての宗教行為へと昇華した後に自ずと成るものであって、人の有限的価値観によって左右されるものではない。人は日常行為に精神集中し、無私で勤勉に取り組む行(ぎょう)としての鍛錬を繰り返すことによってのみ自己の人格を陶冶し、自己ならざる自己を自覚できるのである。

3　宗教的余暇観と精神的余暇との関係

　「自己の本源」或は「本有の自性」を自覚し体得することこそが、正三の説く精神的余暇である。精神的余暇は労働するときも、非労働のときも、日常行為のうえでいかなるときにも、人が体得しうるものである。心の機(はたらき)を身に備え、それを日常行為上で活かしうる精神的な心の在り方なのである。彼の余暇観は、労働に対立する余暇観ではなく、労働と余暇とを統合する余暇概念である。

第七章　鈴木正三における精神的余暇

　宗教的立場から、余暇の心を導くのは聖なるときの在り方による。キリスト教における静としての祈りのときは非労働時間であり、余暇概念からみれば、静中における精神的な心の在り方であり、日常生活や労働から分離された分断的余暇のときである。禅の余暇観とキリスト教の余暇観とを比較検討すれば、これら両者の比較は、人が自覚的人間へと自己形成するについて顕著な差違を呈示することになる。

　正三にとって、祈りは念仏である。日常行為（労働）に従事しながら念仏すること、或は念仏に専心することが、精神集中を導く行(ぎょう)としての日常行為である。自己を即仏と信じ自己を信仰するところにおいて、人は日常生活を律し自己を形成していく。つまり、彼にとって、日常生活全般が行(ぎょう)としての日常行為のときである。行(ぎょう)としての日常行為は勤勉的精神を尽すことによって、道としての宗教行為へと昇華される。凡夫心に支配された者が、日常行為において求道的精神を放漫するのに対し、仏道を歩む道人は、あらゆる日常行為に精神集中し、自己の行(ぎょう)の精神を深化させていく。彼は労働時間から分断された非労働時間という自由時間（余暇時間）の享受を否定したのではなく、寧ろ日常生活が行(ぎょう)としての日常行為を実践する時間として、一貫する重要性を指摘したのである。自由時間（余暇時間）が心を弛緩する非労働時間であるが故に、心の機(はたらき)を緊張する労働時間に比較し、なお一層の求道的精神の集中が肝要なることを、彼は説いたのである。

　彼が非労働時間における日常行為の行(ぎょう)の精神性を指摘したのは、正三を位置付ける重要な鍵である。なぜなら、日常行為（労働）を行(ぎょう)として実践しながら、身に備えた心の機(はたらき)を、動中のみならず、静中においても活かしめるための枢要なときとして、非労働時間の教育的役割を考えたのである。労働時間のときに為す労働においても、或は非労働時間のときに為す日常行為においても、人が為す日常行為は、同一の行的意味をもち、行(ぎょう)の精神を人に涵養するのである。彼が説く精神的余暇は、日常行為のあらゆる状況において体得しうる余暇なのである。

　労働と他の日常行為とを比較するとき、人は労働において全身心を緊張した心の機(はたらき)に充実し、かつ非労働としての自由時間（余暇時間）においても、全身心を緊張した日常行為に尽力することになる。全身心的活動の必然として、労

81

第Ⅰ部　労働と余暇との関係

働への精神集中は取組み易いが、自由時間（余暇時間）において、精神集中を実践することは困難である。

　労働時間或は非労働時間に拘らず、日常行為（労働）における行(ぎょう)の実践を説いたところに、彼の余暇概念の特色がある。彼が考えた労働と余暇との統合的関係は、人に教育の理想的人間像である自覚的人間への道程を示し、生活倫理としての勤勉的精神を人間形成の重要な精神的支柱にしたところに特徴がある。

　宗教的余暇観を考えるに当たり、キリスト教の余暇観及び禅の余暇観として、正三の余暇観を考えたが、宗教的余暇観の特徴が形成する精神構造を整理したのが、表—2（82頁参照）である。

　以上のように、正三が説いた精神的余暇は、宗教的労働観及び宗教的余暇観が構築する精神構造によって、人間形成の役割を担うのである。精神的余暇は自覚的人間を教育の理想的人間像として、仏道の究極的人間像に合わせながら、人格陶冶による自己教育の道と信仰としての道とを同一軌道に成すのである。彼による仏道としての労働観は、労働と余暇との統合的関係を形成する。人はこの統合的関係において精神的余暇を享受し、身に備えた心の機(はたらき)を日常行為上で活かしうる自覚的人間へと、人間形成の道を歩むのである。

表—2　宗教的余暇観の特徴と精神構造

キリスト教	禅	精神構造
労働と余暇との対立の関係 （労働に対立する余暇観）	労働と余暇との統合的関係 （労働と統合する余暇観）	求道的精神
時間的行為的余暇	精神的余暇	自覚的精神
静中の工夫	動中の正念工夫 静中の正念工夫	調和的精神
静なるとき 聖なるとき 祈りのとき （直接的人格的対話的関係）	動なるとき 労働のとき 日常行為のとき （直接的人格的即一的関係）	奉仕的精神
縦断的余暇 （時間的行為的分断の余暇）	横断的余暇 （時間的行為的一貫の余暇）	勤勉的精神
非労働時間	労働時間 非労働時間	日常的精神

第七章　鈴木正三における精神的余暇

（注）
（1）長徳山慧中『石平道人四相』『鈴木正三道人全集』34〜35頁
　　　鈴木茂夫「正三の生涯」鈴木正三顕彰会編『今に生きる――鈴木正三――その足跡』鈴木正三顕彰会、1983年、1〜9頁
　　　神谷満雄『鈴木正三という人』鈴木正三顕彰実行委員会、1995年、9〜36頁、62〜68頁
（2）恵中編『驢鞍橋』上巻『鈴木正三道人全集』138頁
（3）神谷満雄「大知識人としての正三の人間像」『鈴木正三研究集録』第1号、鈴木正三研究会、1998年所収、16頁
　　　神谷満雄『徳川時代初期経済の発展・構造・国際化の研究』拓殖大学研究所、1994年、6頁
　　　「正三評価を整理すると、次のようになる。1 三河武士、旗本としての正三、2 宗派や教団の拘束から自由であった禅僧、3 啓蒙的、独創的な仏教思想家、4『万民徳用』を書いた人、5 徳川時代初期の知識人的存在、6 時代感覚の鋭い社会評論家、7 誠実な求道者、8 7種類の教科書を作った人、9 ベストセラーの仮名草子を書いた人、10 文芸評論、演劇評論を残した人、11 世界に通用する思想家、これらに加えて、12 天草では鈴木神社の祭神になっている人、13 恵中という後継者を育てた師匠、14 仏像が好きだった禅僧、15 二王禅の開祖、16 念仏禅の提唱者、17 謡曲を趣味とした人」（神谷満雄『鈴木正三の思想とその生涯』鈴木正三顕彰実行委員会、1995年、37〜38頁）。
（4）鈴木正三『盲安杖』宮坂宥勝校注『日本古典文学大系』83、岩波書店、1964年、242頁
（5）恵中編『驢鞍橋』上巻『鈴木正三道人全集』160頁
（6）鈴木正三『万民徳用』『日本古典文学大系』83、264頁
（7）同書、265頁
（8）同書、264頁
（9）・（10）同書、266頁
（11）長徳山慧中『石平道人四相』『鈴木正三道人全集』39頁
（12）鈴木正三『万民徳用』『鈴木正三道人全集』61頁
（13）鈴木正三『麓草分』『鈴木正三道人全集』83頁
（14）鈴木正三『万民徳用』『鈴木正三道人全集』71頁
（15）同書、62〜64頁
（16）・（17）鈴木正三『麓草分』『鈴木正三道人全集』77頁
（18）同書、76頁
（19）鈴木正三『万民徳用』『鈴木正三道人全集』71頁
（20）同書、69頁

第Ⅱ部　禅における労働と余暇との統合
　　　　―作務思想について―

　鈴木正三は日常生活における行道の在り方を仏道としての労働観において説いたが、日常行為（労働）を行として考える精神は、作務精神にその基盤をみることができる。なぜなら、作務精神は宗教行為を通して身に付ける求道的精神を日常行為（労働）においても究明できるものと考えられ、修行の場を叢林から社会へと展開させたからである。日常行為（労働）を行として実践することは、日常生活において行の精神を道の精神へと浄化することに他ならない。
　結果として、禅を変容することになった作務労働は、当初、叢林維持のために必然的に生まれた労働である。動としての作務労働は静としての坐禅に対し、坐禅の弱点を補完する以上の役割を果たしたのである。全身心を労することは自己の実存そのものを問うことになる。全身心を労する作務労働は自己究明の課題を担っていくのである。日常行為としての作務労働の精神は、宗教行為における勤行精神そのものである。勤行精神は具体的な勤勉的精神の形で日常行為（労働）を行と為していくのである。
　仏道としての労働は、日常行為（労働）を行として実践し、精神浄化を為しながら、行の精神を道の精神へと、求道的在り方を身に付けることなのである。正三はこの作務精神を勤勉的精神として説き、在家者を求道者へと導いたのである。それ故、彼が説いた労働と余暇との統合的関係には、作務労働と精神的余暇との統合的関係が継承されているのである。
　私達は、作務労働と精神的余暇との統合的関係が叢林の日常生活でどのように実践され、人間形成の役割を果たしたかを考えていきたいのである。

第一章　作務思想の成立

　禅に生産労働の思想が成立したのは四祖道信大医（580～651）の頃であったといわれる[1]。中国禅はこの作務思想を打ち立てることによって、インド禅から完全に独立し、中国民族独自の禅を完成するに至った。相対的な日常生活の過程を通して禅を極める立場を水平次元とするならば、作務思想は禅の絶対的な究極的真理の垂直次元の立場から水平次元への展開を可能にした。

　作務思想が何故にインド禅に生じえなかったのか。また、インド禅は中国の地に伝播されて後、何故に作務思想を受け入れることによって発展しえたのか。私達は、これらの点においてインド禅から中国禅への発展過程で、作務思想が果たした役割を知ることができよう。それは禅の矛盾を止揚した一段階であり、禅を質的に発展させた飛躍性をもち、相対的な日常性の水平次元と垂直に交叉する絶対的な精神の垂直次元との統合として位置付けられるのである[2]。

　しかし、この中国禅の変容はインド禅自体にその基底をもっており、禅の本質を示すもので、中国禅への発展契機を内含していたと理解すべきである。禅の矛盾がどの様な意味をもっていたのか。その矛盾を解決するためには、何故に作務思想を必要とせざるをえなかったのか。この問題は、私達が現代における教育の諸矛盾を考察し、これらの諸矛盾を解決できる何らかの指針を与えてくれるものと思われる。作務思想の成立には中国民族の民族性及びその土着信仰や儒教、道教を土台にしていることは明白である。この民族性や土着性は禅の思想に大きな変容を促すのである。

　作務思想はこの変遷のなかで成立する。作務思想の変容は、(1)民族性による要因、(2)経済的要因、(3)　(2)の問題と関連して宗教的性格の要因、(4)禅思想の要因など、この四点に集約できるものと考える。(1)と(2)の要因は主に日常生活を営むうえで水平次元からの問題として、(3)の要因は宗教的真理を探求する絶対的立場を垂直次元と考えるならば、垂直次元からの問題として、(4)の要因は水平次元と垂直次元が交錯する統合の場を現し、主体的な人間の実存的自覚と同時に、客体即主体としての世界的自覚とが交錯する場を意味する。この交錯

点において、作務思想は人間の本性を自覚することを問題とするのである。

1 民族性による要因

　中国人がインド禅を受け入れるにあたって、インド禅は、一方では隠遁を特色とする老荘思想と、また他方では現実主義を特色とする儒教と結合した。かくして、禅は超越的にして「思索的な傾向を代表する[3]」老荘思想の性格をもちながら、「シナ人心理の実践と積極主義を代表する[4]」儒教の性格をももつに至るのである。儒教の「社会秩序の保護者であり、合理主義及び人道主義の支持者[5]」的性格が水平次元を形成し、また老荘思想の「逃避主義・超越主義を鼓吹する[6]」性格が垂直次元を構成し、夫々大いに禅を中国化させるのである。とりわけ儒教の現実的な倫理は、仏教受容に対して諸々の中国的変容への態度をとらしめたのである。

　例えば、第一に、中国人の家族主義的な道徳倫理観は祖先崇拝の信仰をもっており、出家生活を説く仏教とは相容れない面をもっていた[7]。第二は、出家僧団の増大は国家の賦役を逃れる手段に使われ、民衆の間に不平等観をもたらした。このことは権力の宗教統制によって仏教徒弾圧を行う根拠にもなった。第三は、中国人は現実主義的な合理的精神から出家者の非現実的な不合理性に反対したと考えられる。インドにおける出家生活は、総ての衣食住の問題を在家者に背負わせた。合理的な現実主義をもつ中国人は、この意味では非宗教的でさえある。中国人が出家生活の不合理性を暴露したことは当然のことである。

　ここに仏教としての禅は、「宇宙大自然の中における存在としての人間の在り方[8]」という垂直次元の問題以上に、現実の社会的問題として「人間集団とその中における人間の在り方[9]」という水平次元の問題を突き付けられたのである。禅は世俗的道徳と倫理とをもつ在家仏教的性格をもたざるをえなくなった。また出家僧侶も当然の如く生産労働に従事せざるをえなかったのである。禅は儒教的思想を内含しながら布施に依存し、生産から遊離した消費本位の乞食生活から肉体労働に従事する生産生活へと、変革思想をもつに至ったのである。

　禅は世俗社会の生産労働と何ら変ることのない肉体労働に従事することを契機として、そこに特色のある中国禅を発展させた。出家者による肉体労働への

第一章　作務思想の成立

参加は、世俗労働に宗教的意味を浸透させ、在家仏教を肯定する方向へと発展したのである。中国人が民族性によって、禅の日常生活における在り方を工夫させたともいえよう。民族性による現実主義的かつ合理主義的な精神は、禅の実践力を養い禅思想の発展に寄与したといえる。

2　経済的要因

　初期の禅僧達は第三祖鑑智僧璨（生没年不詳）の頃までは、一衣一鉢の頭陀行者だったと考えられる。第四祖道信大医は中国雙峯山に三十数年定住したといわれる。そのため入道者が輻輳し、学道者の団体生活を余儀なくさせた。五祖黄梅弘忍（601～674）に至っては、「黄梅七百の高僧[10]」と言われる教団を形成した。何百人という僧が一山林に集輳してくると、どうしても托鉢のみでは食べていけず、僧自ら生産労働に従事することを必然化させたのである。

　その頃から叢林[11]を形成し、禅林としての自給自足経済が行われた。経済的要因によって必然化された作務は、中国禅をインド禅から飛躍させた。静慮を中心とする思索の禅から、般若波羅密多[12]を行ずる生活禅へと、一大転換したのである。静態面の「体」は、動態面の「用」に取って代られた[13]。山居修道の隠遁性を打破し、極めて生活の匂いのある修行形態を生み出すに至った。治生産業を戒律によって厳しく禁じたインド禅に対して、中国人は生産労働に従事し、肉体労働の行為の中に禅の妙用を体得する禅思想を形成したのである。肉体労働は、修行という一弁道[14]の手段にまで充実されたのである。

　ここに経済的要因は作務思想を考察するうえで、重要な日常生活の水平次元の問題を提起している。経済的必然性は大きな労働の負担を修行者に課せることになり、農耕生産労働との結び付きを必然化したのである。カール・マルクスが「最初の歴史的行為は…（略）…（衣食住）の充足のための諸手段の産出、物質的生活そのものの生産であり…（略）…あらゆる歴史の一つの根本条件である[15]」と論じるように、禅は作務という生産労働行為によって大きく変容したのである。人間の歴史が労働を根源的規定とするように、禅思想は作務を本質的規定とするのである。禅における作務思想の成立は、私達に人間性に対する労働の規定を如実に示してくれる。禅が作務思想によって変革された事実は、経済的要因による禅の変化を明示している。

第Ⅱ部　禅における労働と余暇との統合

　労働が「人間生活の永久的な自然条件(16)」であるという事実は、禅を垂直次元における人間性の自覚を追究すると同時に日常生活の水平次元との統合を深化させた。人間は意識において、自然を客観的に対象化させてはいるものの、その身体にあっては完全に自然内存在なのである。自然内存在としての飢えの問題は人間存在の基底である。人間性の主体的自覚を探求する禅にあっては、人間の自然内存在の問題は不回避な解決すべき問題であった。インド禅がこの問題を逃避的に解決しようとしたのに対し、中国禅は積極的に正面から解決することを試みたのである。この精神は叢林内の自給自足の精神を築き上げた。経済的要因に必然化された出家集団の生産労働は、禅の変容を必然化し、作務思想という労働観を形成したのである。

　ここで見落してならないことは、叢林が生産労働を必然化され、生産労働に従事できる土地所有を可能にしていたことである。その土地は叢林の僧団全員の最低限度の生活を支え得るに足る経済的価値を産出することができたのである。この事実は、叢林の土地所有を世俗社会が容認したという形で、叢林は世俗性をもっていたことを意味する。この点に関しては大土地を所有しない日本禅林の多くが、何故に政治権力と結び付かざるをえなかったのか、何故に土地所有が可能でなかったのか、といった問題を提起する。

3　宗教的性格の要因

　中国の禅教団は地方の山林に基盤をもち、「民族的な色彩の濃厚な特殊な隠遁者の集団(17)」より発展した。世俗的なものを嫌悪し、時代の権力との迎合を拒否するという外的権威の否定は、禅思想の自由な独立性を示している。権力支配の思想を否定し、真の人間性の自覚を得るために一般社会からの隔離を選択し、同志的団体を形成したのである。あらゆる権威を拒否し、自己否定による自己脱脚の精神をもった自主独立の精神は、禅を社会が規制する宗教的ドグマから救ったのである。

　社会から遊離した宗教団体生活で、人間性の主体的自覚を問うべき傾向をもったことは、自己究明という顕著な精神性を垂直次元として主張していくことになる。人間の本質が人と社会との関係総体にあるという日常生活の水平次元の問題に遊離しながら、日常生活そのものが修行であるという弁道において、

水平次元はかろうじて垂直次元と統合していたのである。求道生活を確立するためには、禅林生活の自給自足的経済は不可欠事である。独立自由な人間性の主体としての自覚は、経済生活の独立なくしてはありえない。

　この考え方からみれば、垂直次元のみにおいて、人間性の自覚を主張する日本禅は、重要な問題をもっていることになる。垂直次元による求道的精神を追究するあまり、垂直次元の己事究明のみを主張することは、体用の働きを重視する禅の在り方ではない。日常生活の水平次元における自然内存在としての解決と、垂直次元において本来の自己を自覚することとの統合が必要なのである。この両次元を統合しうるところにおいて、人は労働を媒介とする真の実存的自覚を体得しうるのである。生産労働は禅思想形成に重大な原動力を人にもたらしたといえよう。

　作務思想が成立したのは、一般社会からの経済的独立によってであり、それは取りも直さず世俗思想からの独立をも意味していたのである。（思想の成立が一般社会に負っていることは当然であるが、一般社会の思想もまた、支配思想によって形成されているとすれば、思想性の独立は人間性の主体としての自覚による以外、求められないのではないだろうか。）布施・行乞が人の喜捨の形をとり、人の精神浄化の役割を果たす一方で、他人の労働へ依存することが、他人の労働の剰余価値を収奪することにもなっている。禅僧は自ら生産労働に従事することによって、自らを活かしめようとしたのである。この背景には、中国人特有の隠遁的な性格を許容する個人主義が、徹底していたと考えられる。即ち、村落から遠く離れた山奥の開山を可能にし、山林での経済的独立をもって、隔離された宗教団体生活を世俗社会が認めるという土台があったのである。

　禅が老荘思想の影響を受け、垂直次元の超越的無の精神をもってはいても、老荘思想とは大いに異なった思想を形成することになる。なぜなら、老荘思想は、たとえそれが超世俗的生活を特色としていたところで、常に世俗的経済基盤の上に成立していたからである。この隠遁的傾向は、日本中世における精神的貴族（吉田兼好〈1283頃〜1352以後〉、鴨長明〈1155？〜1216〉、佐藤義清〈西行、1118〜1190〉など）に見られるとおりである。これに対して、禅思想は世俗社会との関りのなかで、個人を確立して生きる自由な人間性の自覚を思想としたのである。両者はともに分別知や価値的偏見を否定したにも拘らず、

第Ⅱ部　禅における労働と余暇との統合

老荘思想は静的な人の道の在り方を思索したのに対し、禅思想は人間性の諸矛盾を凝視し、人間の本来在るべき姿へと積極的解決を試みたのである。例えば、禅思想は人間性の諸矛盾を矛盾することなく、本来的在り方として解決するべき心の在り方について、公案の形で問うことになるのである。禅は般若思想の特徴である自主独立の精神をもって、一般社会の世俗性に埋没することのない垂直次元の超越性を、宗教的性格として位置付けることに成功したのである。老荘の無の思想を媒介にして、有無を統合しうる体用の働きによって、絶対無に至りえる人間の本性の自覚を可能にしたのである。

垂直次元の重要な視点は、水平次元を基盤にして求道的精神を浄化しうるということである。それ故、日常生活の水平次元に本質的に規定されながらも、本来の自己を自覚する契機を垂直次元にもつことになる。禅は、日常生活の水平次元における人間性を重視しながら、垂直次元における人間の本性の自覚を主張するのである。この垂直次元における主体的自覚を可能にするためにも、禅者は作務思想の成立に関り、積極的に作務の実践に対応したのである。作務は人と社会との関係を、本来の自己を自覚する形で解決する契機としての意味をもつに至ったのである。

4　禅思想の要因

北宗禅を代表する圭峯宗密（生没年不詳）の禅は、「宗密に至って完璧な形而上学的体系を築きあげ、絶対精神によってはそれ以上の発展が不可能な哲学体系となった[18]」。形而上学の限界を打破する要因が働いたのか、その後、北宗禅は衰微し、南宗禅が勃興することになる。形而上学の限界は反動的に禅に対し、現実の実存性を重視させることになる。その結果、南宗禅は、毎日の日常諸行為の真っ直中に禅を見出していくのである。冥想や分別的知識による禅を捨て、「手足や身体全部が働かなければならず、そうしてその働きが人間の生活に直接に関係するものでなくてはならぬ[19]」ような具体性のある禅を、中国人は作り出したのである。

存在と思惟とが分裂するところに、人間の主体的自覚はないという真実を、禅は教義体系の行詰まりの過程で獲得したのである。現実主義的な実践を重視する中国人において、禅は生活即仏法として、日常行為を重視する在り方に新

しい活路を開いていくのである。

五祖黄梅弘忍に関しては、『伝法宝紀』に「常勤作役、以体下人[20]」、『歴代法宝紀』には「常勤作務、以礼下人[21]」とあり、労働が修行としてとりあげられたことを示している。

六祖慧能（638～713）は「得法已後、なほ石臼をおひありきて、米をつくこと八年なり。出世度入説法するとも、この石臼をさしおかず。希世の行持なり[22]」と賞讃された。作務即仏法の思想は、禅が出家者のみならず、在俗男女の修道者をも含む在家仏教の可能性を開いた。戒定慧を中心とする修行方法ではなく、生産労働を媒介とする修行方法が強調されることになる。日常諸行為が即ち修禅であり、禅は概念的に世俗社会から遊離することを免れたのである。「思索は筋肉の動きの上に行われるべきであり、生命の躍動を離れては不可能になった[23]」。動中の工夫が弁道そのものとなり、作務が僧堂教育の一環となっていく。

私達は道を求める垂直次元がもつ課題 —即ち、禅が何故に作務思想を成立させたのか、また作務思想の成立を余儀なくさせたのか— 、つまり、日常諸行為を行道として実践する水平次元において、自覚的精神の体得を媒介として、作務思想が禅思想をいかに形成していったのかを前述の要因によって明らかにしえたであろう。

5　まとめ

作務は、日常行為が即ち修禅であるという考え方によって、弁道として確立した。永嘉玄覚（675～713）はこの考え方について、「行亦禅坐亦禅（行も亦た禅坐も亦た禅）[24]」と説明し、日常諸行為の総てが禅であると解いたのである。インド禅は中国に伝播し、形而上学のみならず、坐禅という冥想の修行の在り方までをも変化させられたのである。人間の本性の自覚という垂直次元の課題は、現実主義的な日常諸行為を課題とする水平次元を取り込み、両次元の統合の場に作務思想を成立させたのである。

作務は、「屙屎送尿、著衣喫飯、困来即臥[25]」といった日常生活そのものにおいて、弁道することと同様の精神をもつものである。作務は日常生活の次元における相対的な認識過程にありながら、しかも自己と環境（他者）との関係

第Ⅱ部　禅における労働と余暇との統合

のなかで、主体と客体との二元的認識の在り方を脱却する絶対的な精神の次元に位置しているのである。日常生活の次元において、自己と環境（他者）との関係から生じる対象化された主体性を目指すのではない。客体としての主体性を超越するため、道の精神の次元が求める人間の主体的自覚を目指しているのである。この両次元の統合の場は、労働的実存の立場を意味するのである。作務思想は人間性の主体的な実存構造をもつ考え方として、特色付けられる。

　人間性の実存的自覚を探求する問いは、禅の性格として作務自体に現れている。禅思想の特色は、「一切の宗教的表象の生活自体への全き解消[26]」として結晶する。私達は、日常生活の水平次元における客観的科学認識の立場と、絶対的精神の垂直次元における実存的自覚との統合的場を、作務という一つの労働形態のなかに見出しうるのである。水平次元の日常生活は、この統合的瞬間の連続によって質的に変容されるのである。私達は水平次元における歴史的特殊的な労働として、また垂直次元における人間の根源的本質規定としての労働として、両次元が統合する場に作務を見出しうるのである。労働が果たすべき教育の役割も、作務のなかに見ることができるのである。勿論、人間疎外のない労働は、水平次元における社会の制度的変革を不可欠とする。しかし、人間の本性の主体としての自覚は、水平次元における客体対主体の客観的科学認識過程を取る限り、体得することはできない。

　とすれば、水平次元に立つ限り、労働疎外やその結果としての人間疎外は無くならないことになる。ここに自ずと人間疎外克服のために、人間性の主体としての自覚の問題が生じることになる。人間性の主体としての自覚は、客観的科学認識の立場から客体としての自己を自覚するのではなく、実存の立場から本来の自己を自覚することを課題とする。客体対主体の客観的科学認識過程によるのではなく、客体と主体との両立場を取りながら、同時に両者を一体として統合する主体としての自覚を必要とするのである。主体としての自覚を体得しうる労働の実践こそが、作務労働に課せられた教育的役割なのである。

　カール・マルクスは「宗教はそもそものはじめから超越の意識であり、この意識は現実的な『ざるをえぬ』から出てくる[27]」と論じた。彼は、人間の社会における諸関係が自己に対立していく過程を分業として考え、自己が日常生活諸関係の作る概念に自縛され、自己を喪失すると指摘したのである。しかし、

第一章　作務思想の成立

　禅において垂直次元の主体としての自覚を課題とすることは、水平次元を基盤にしてこそ解決しうるものである。垂直次元はその始元を水平次元においており、水平次元から遊離してはいないのである。私達はこの両次元の統合的場として、修行の一形態としての作務労働を考えることになる。

　前述した諸要因以外にも一般的宗教の観点からみるならば、苦行的思想をもって作務労働を把握することもできる。労働は現実として苦悩である。このことは逃れることのできない事実である。労働が苦役であるからこそ、支配思想によって奴隷制が生じ、知的労働と肉体労働との分離が進んだのである。しかし、労働自体は楽をもともに統合する真理を内含するのである。労働における精神的余暇の在り方を自覚することが、作務労働の在り方であり、労働における本来的な心の在り方に繋がるのである。

　労働の苦行的傾向は、格好の修行形態を宗教において成立させることになる。キリスト教では、労働は神の掟を破った罰であり、聖霊に奉仕する汗の身体的活動である。奴隷は神の罰を背負った人間であった。これに対して、作務思想は人間性の問題として労働を実存的に見做したのである。

　カール・マルクスは、「あらゆる社会的性格は本質的に実践的である。観想を神秘主義へ誘うあらゆる神秘はその合理的解釈を人間的実践のうちとこの実践の把握のうちに見い出す[28]」と述べたが、実践を通して身に付ける心の在り方と、心の在り方が導く精神的余暇の働きに言及しなかった。作務思想は実践的活動を取り上げることによって、禅思想を神秘思想から救ったといえる。

　次章において、この禅思想によって生み出された作務思想が、中国禅のなかにいかに定着し、実践されていったのかを考える。

（注）
（１）平田高士「作務・托鉢」講座『禅』第２巻、筑摩書房、1967年、177頁
（２）市川白弦（1902～1986）はヨコ軸を量的弁証の路線、タテ軸を質的弁証の路線とし両線の折り結ぶところを原点とする。ヨコ軸に「世界における自己、体制、組織、機構のなかの自己」（市川白弦「作務と労働」中外日報、1962年4月26日）を捉える。世界における自己の自覚は、客体的主体＝枝末的主体の自覚と考えられ、この自覚に逆対応的一の構造をもつ根本主体＝絶対的主体のタテ軸が考察される。両軸の矛盾的統一は原点として、諸矛盾の集約の場であり、受動即能動と

第Ⅱ部　禅における労働と余暇との統合

して力学的なダイナミック性を内含する。市川は、ヨコ軸の主体性を相体的有的主体とし、タテ軸に絶対無的主体を考える。ヨコ軸に主体と客体との関係から一般的科学的認識知識を取るのに対し、タテ軸に般若直観による個人的内的体験から不可知的知識を取り上げる。

　市川は両軸の原点を社会倫理の仏教的基点として位置付け、原点的労働として作務を結び付ける。彼は原点的労働としての作務に、ヨコ軸とタテ軸の原点として、「絶対無の場所『主なき法界』（夢窓疎石）との逆対応的一を見ようとする」（市川白弦「禅と唯物論」稲葉襄編『仏教とマルキシズム』創元社、1966年所収、129頁）。

（３）・（４）鈴木大拙「禅と日本文化」『鈴木大拙全集』第11巻、岩波書店、1970年、88頁
（５）・（６）鈴木大拙「日本仏教」、同書、340頁
（７）同書、326〜327頁
（８）・（９）新田大作「禅と中国思想」講座『禅』第１巻、筑摩書房、1970年、96頁
（10）平田高士「作務・托鉢」177頁
（11）多くの修行者が和合して一ヶ所に住んでいることを樹木が集まって林をなしているのに譬えている。
（12）諸法の実相を照了しこれを窮尽する菩薩の大悲をいう。
（13）禅では静態面を「体」といい、動態面を「用」といい体用両面が相入することによって禅経験をするという。
（14）日常生活化された禅の修行
（15）"Karl Marx-Friedrich Engels Werke", Band3, Institut für Marxismus-Leninismus beim ZK der SED, Dietz Verlag, Berlin, 1958（真下真一訳『ドイツ・イデオロギー』大月書店〔国民文庫〕1965年、54頁）
（16）"Karl Marx-Friedrich Engels Werke", Band23, Institut für Marxismus-Leninismus beim ZK der SED, Dietz Verlag, Berlin, 1962（大内兵衛・細川嘉六監訳『資本論』『マルクス＝エンゲルス全集』第23巻第一分冊、大月書店、1965年、241頁）
（17）玉村竹二「禅宗の発展」岩波講座『日本歴史』７巻、岩波書店、1963年、282頁
（18）柳田聖山「禅思想の成立」『仏教の思想』７、角川書店、1969年、144頁
（19）鈴木大拙「百醜千拙」『鈴木大拙全集』第17巻、岩波書店、1969年、290頁
（20）柳田聖山「初期の禅史Ⅰ」『禅の語録』２、筑摩書房、1971年、386〜390頁
（21）同書、388頁
（22）大久保道舟編『道元禅師全集』上巻、筑摩書房、1969年、126頁
（23）鈴木大拙「禅堂生活の近代的意義」『鈴木大拙全集』第18巻、岩波書店、1969年、219頁、要約
（24）永嘉玄覚『永嘉証道歌』西谷啓治・柳田聖山編『禅家語録Ⅱ』世界古典文学全

集36B、筑摩書房、1974年、118頁
(25) 朝比奈宗源訳註『臨済録』岩波書店（岩波文庫）、1935年、52頁
(26) 柳田聖山「禅思想の成立」9頁
(27) K. Marx,「Ⅰフォイエルバッハから」(『ドイツ・イデオロギー』所収) 159頁
(28) K. Marx,「フォイエルバッハにかんするテーゼ」(『ドイツ・イデオロギー』所収) 25頁

第Ⅱ部　禅における労働と余暇との統合

第二章　『百丈清規』にみる作務思想

　作務は中国禅がインド禅から大転換することを実現させた。作務思想はいかなる規定をもって唐以後の禅に受け継がれていったのであろうか。作務普請という重労働の修行を弁道することによって、どのような意義と弊害が禅にもたらされたのであろうか。

1　『百丈清規』について

　『百丈清規』は禅宗初祖菩提達摩（Bodhidharma、生没年不詳）から9代目の百丈懐海（749～814）によって、810年頃成立したといわれる。この清規は散逸し、北宋の1004年に楊億（生没年不詳）が選述した序文によってのみ推測される。『百丈清規』の後、300年程後に選集された『禅苑清規』があり、この両清規には禅林機構の若干の差異はあるが、『禅苑清規』によって初期禅林の修行生活を推察することができる。

　『百丈清規』の成立要因は三つに整理される。第一は、四祖道信大医の頃には既に出家僧による僧団が形成されており、何百人という僧侶の団体生活を維持するためには、是非とも宗教生活を律する必要があった。第二は、都における禅宗の発展は同時にかなりの退廃をみせていた。有力者の寄進を受け大土地を所有する禅院にあっては、農奴を使用して独占的な企業形態すらもっていた。そのような風潮に対して禅教団の不純分子の増大を防ぐ意味で、修行生活を律する必要があった。第三には、このように僧団内部からの要求があったにも拘らず、禅宗は独自の戒律をもっていなかった。百丈懐海が禅院を律院から分離させるにあたって、禅院を律する清規を初めて定めたのである。

　この『百丈清規』の特徴は、「第一　大小乗の戒律規範を越えて禅独自の作善門を内含した生活規範をもっていること。第二　方丈・法堂・僧堂・庫院の主要建築物の配置による境内形式と建物独自の役割規範を定めたこと。第三　禅林の構成員が長老・主事・徒衆の段階的構造をもって共同生活が統制されたことなどがあげられる[1]」。

2　作務思想

百丈懐海は作務に関して「一日不レ作、一日不レ食[2]」という作務精神を表す金言を残した。この名言は「一日不作、百日不食[3]」、「一日不稼百日不食。一日不力作、一日食不足[4]」などの言葉を作り出した。『百丈清規』が大小乗の戒律をとらなかったが故に、インド禅が禁じていた生産労働を規則化しえたのである。作務普請の制度は、作務普請による弁道という修行形態を成立させた。礼儀三千、威儀八百を具備する禅仏法の修行から、作務普請による修行へと修行形態を変化させたのである。

百丈の「一日不レ作、一日不レ食」の精神は、「馬祖の侍者とありしより、入寂のゆうべにいたるまで、一日も為衆為人の勤仕なき日あらず[5]」という真摯な求道的修行生活の精神の結果である。作務精神は、日常生活の水平次元における「最初の歴史的行為はこれらの必要の充足のための諸手段の産出、物質的生活そのものの生産[6]」のみでは済ますことのできない垂直次元における主体としての自覚をもっているのである。しかし、主体としての自覚を体得した者は、垂直次元における超越する者としてのみでは決して自己を実現しえず、水平次元における日常諸行為を通して、日常行為のうちに自己を具体化する。

「雲巌『和尚、毎日区々たること阿誰が為にかする。』百丈『一人の要するあり。』雲巌『なにによってか、かれをして自ら作さしめざる。』百丈『他は家活なし。』[7]」百丈が「一人の要するあり」、「他は家活なし」と論じたのは、百丈の主体としての自覚を日常生活に具現化せんがためであった。「他は家活なし」とは実存的な人間の本性を表現したのである。垂直次元の超越性は、垂直次元における宗教心の深化を極めうるものの、垂直次元のみでは自然の道理になることはできない。垂直次元の深さは水平次元との関りをもって、初めて自然の真理として具体化するのである。主体としての自覚は水平次元における日常的精神を是非とも必要とするのである。

普請の制度については、「行普請法、上下均力」と規定されている[8]。「行は衆に同ず、故に門人の力役は、必ずその艱労を等しくす[9]」。普請は「普く請する」意味であり、大衆を召集して仕事をする作業と理解される。「上下均力」の精神は重要な意義をもっている。「原始仏教における僧伽共同体において私

第Ⅱ部　禅における労働と余暇との統合

有制度を否定し労働を僧伽成立の土台にした『一切衆生悉有仏性』の平等観[10]」が、作務精神に引き継がれたものと考えられる。

　禅堂生活の基礎は日常生活にある。現実と理念とは統合され、「百丈創建の禅堂精神[11]」は確立された。ここに私達は作務思想の精神構造を明白に知ることができる[12]。水平次元においては、「上下均力」の平等観による日常的な勤勉の奉仕的精神を、また、垂直次元においては、般若の究極である主体としての自覚による超越の自覚的精神を捉えることができる。作務が仏法修行の場として、統合の契機をもったことになる。両次元の統合の場所として、作務が位置付けられる。水平次元の相対的日常生活と、垂直次元の般若思想とを統合する場所が、労働を通して本来の自己を自覚する場所として、作務労働に求められるのである。「一切衆生悉有仏性」を根本とする人間の本性を主体として自覚することは、「作務と修証の場[13]」においてであり、安心立命の場を求道的精神に導かれた垂直次元において形成する。同時に、「上下均力」或は「門人の力役は必ずその艱労を等しくす」る平等思想を水平次元との統合的場にもつのである。

　「禅僧の手足は労働で鍛えた働く者の手足である[14]」と主張される禅思想は、人間存在究明の根本に作務を位置付ける作務思想を意味している。このことはマルクス思想の人間観に類似するものをもっている。但し、作務思想はあくまでも水平次元を基盤にしながら垂直次元の探求を中心課題とするものであるのに対し、マルクス思想は水平次元にあって客観的科学認識知の社会的人間性の自覚を意図する。この意味において両者は明らかに次元を異にしている。

　垂直次元を構成する般若思想が、水平次元での社会的発展を可能にできないのならば、垂直次元は単なる精神主義として埋没されざるをえない。垂直次元の超越性が自覚的精神を強調することによって、水平次元での弁道の在り方を見出しえないならば、主体としての自覚の体得は社会性のない精神主義に陥ることになる。人間の本性を主体的に自覚する場所は、日常生活の水平次元と求道生活の垂直次元とが共に統合される場所であり、その統合的場は労働と余暇とが統合される場所でもある。

　両次元の統合的場は諸々の社会思想が集約される場所でもある。作務は垂直次元における般若思想の平等観と、水平次元における社会正義の平等観とを統

合する過程で、超道徳と社会的道徳、超倫理と世俗的倫理との統合を可能にするのである。相対的平等観は絶対的平等観によって、相対的道徳は絶対的道徳によって、本来的在り方において克服できるのである。

禅林における作務思想は、儀式儀礼による禅堂の仕来りや日常生活における求道的精神の教訓の意味ではなく、人間性の本質に関る根本課題として、全人格的な人間形成の課題として取り上げられるべきなのである。禅林生活は、『百丈清規』によって僧堂を中心とし、意図的に組織化された禅独自の教育形態を成立させた。「教団の比較的意図的な僧侶の修行施設の開創をもって禅宗の教育史[15]」が始まるのである。無論、出家在家を問わず、人格陶冶する自律的な弁道生活に、教育的役割を見出しうるのはいうまでもない。

3 作務思想と教育について

清規によって禅宗の教育史が始まることは、即ち作務思想によって、禅林の教育思想が形成されたことを意味する。生産労働に教育の任務を課した事実は、画期的な事柄である。なぜなら、作務は、「日常茶飯の生き方を重視する禅僧の教育にとって修練の場[16]」を提供することになったからである。

清規による集団生活の維持体制は、集団内の自律組織を作ることになった。作務は狭義の意味においては肉体労働を意味するが、広義の意味においてはこの自律組織を支える指導者の役職も含まれることになる。肉体労働と精神労働との統合を、清規は修証の場として位置付けたのである。師家と弟子との直接的な触れ合いは、人間関係を極めて和合的精神でもって結合させ、実践的な教育形態を作り上げることになった。清規によって組織化された禅林は、実践的な修行経験を目的にし、「僧侶のみならず俗人も加わることのできる…（略）…普遍的意義[17]」をもつ教育形態になったのである。

「学問の修得も、坐禅の練習も、法眼の獲得も、固より大切は大切であるが、これらを得ても、作務の慣習がないと、禅僧の教育は完璧と云はれぬ[18]」。僧堂教育の作務による徹底は、私達が教育と労働との関係を考察するにあたって重要な示唆を与えてくれるものといえよう。「百丈懐海禅師が、『一日不レ作、一日不レ食』と云はれ…（略）…これを僧堂教育の上に応用して、『普請』の制度を立てられたことは禅師の達識である。この普請は単に『上下均レ力也』

第Ⅱ部　禅における労働と余暇との統合

と云ふ民衆的精神の涵養に止まらぬ、手足を動かし、身体を労して、人生に必要な資料を作り出すこと、又は生活の様式に秩序を立てて行くことは、人格の完成に不可缺底の喫緊事であることを忘れてはならぬ[19]」。「手や足を動かして生活に必需な物資の創造をやらねばならぬ。大地を離れては我等は一日も生活し能はぬ。そしてこれが今日の教育に缺けて居る、これが大なる缺陥である。僧堂教育は、特殊のものとして、大地と人間との関係を、その日常の課程に織り込んで、實地の上にこれを体得させん事を要する[20]」。

　ここに示される僧堂教育は、明確に水平次元を打ち出している。生活に必要な物資の生産は人間の歴史的行為の根本条件である。作務思想は人格の陶冶に不可欠の思想として重要視されている。「静かに坐禅するよりも、経典祖録を読むよりも、禅では作務労働が第一であるとまでいって『人間の働く姿』を教えている[21]」のである。僧堂教育の特徴が作務精神によって代表されているともいえよう。

　また、僧堂教育は集団生活を前提にし、団体生活を律する過程で、集団教育の機能的役割を発揮した。集団生活は和合の精神のもとで、全人格的な人間関係を可能にしたのである。作務精神は求道的精神に支えられた同志的結合をさらに一層強めたのであった。衆と共に行ずる規律的生活は、深遠な精神構造を形成していったのである。集団生活は弟子と師家との直接的な教育指導の場でもあった。人間の本性を自覚する道への求道心は、作務を通して特徴ある教育形態を展開した。作務は「上下均㆑力也」を根本的精神にして、師と弟子とがあらゆる肉体労働を行ずる弁道となったのである。彼らはその日常生活の実践の場において、労働を媒介として人間の実存の問題を商量し合ったのである。抽象的思弁ではなく、日常生活の具体的な具象性のある対象を媒介として、媒介そのものから人間の実存の追究、即ち人間の本性を主体的に自覚することを実践したのである。「師と弟子が茶摘みをしていると、此の茶の樹が問答商量の題材になる。又山や野を歩いていて、鳥や獣が目につくと、忽ちこれについて生きた問答が取り交はされる[22]」。現実の諸事象を課題として取り組む生活教育思想が、客観的科学認識知の水平次元とは異なった垂直次元で、実践されたのである。

　作務では、作務労働そのものが人間の本性の真理として問われた。作務労働

第二章　『百丈清規』にみる作務思想

自体が生きた人間の本質的な活動であり、作務労働は人間の本性の具体的場として表象された。かくして僧堂教育の理想的在り方が描かれた。「乞食托鉢のみに頼らずして、山林から薪を伐り出し、田地から野菜を収穫するやうにしたい。果樹園が出来たり、花畠が出来れば亦妙である。それから紡績や機織が出来て、自分の衣服を自分で作り上げられる仕組みになるも面白い。味噌や醬油・漬物などは、云ふ迄もなく、自家用に製造しなくてはならぬ。大工・左官・土工等の仕事も、時に応じこれに慣るるの風習を作るがよい。而してこれは僧堂の初年級から一定の規則として学生に課せられるべきものである[23]」。

　僧堂教育の一環として、作務教育が主張されたことは、卓見と言うべきである。大正時代の自由主義教育思潮以来、労働することの教育が問われながら、労働することの教育の本質はしばしば見失われてきた。労働を媒介にし、人間の本性を主体的に自覚することを通して人間形成を図る教育ではなく、根性主義的な、或は人格主義に偏重した精神主義の労働の教育が氾濫した。

　ここで問題とする僧堂教育は、現在の日本禅林における僧堂教育とは多少なりとも異なっている。前述の僧堂教育は禅林の理念、理想の在り方である。しかし、9世紀から13世紀の中国禅林では、歴史的事実として実現したのである。宗教思想の立場をとりながら生産労働の重要性を認識し、僧堂教育の過程で不動のものとし実践したのである。この歴史的事実を、私達は改めて再認識する必要があり、現代教育に提案することが小論の目的である。『百丈清規』は僧堂教育を組織化し、作務精神をもって根本思想としたのである。現代日本の禅林で理想とするものが、唐宋禅林では実践されたのである。唐宋禅の作務普請の内容は開墾、農耕、精米、柴作り、製炭、機織、製茶、製醋、製醬、土木工事など衣食住の総てに及んでいたのである。

　禅林における作務精神は、庶民の労働に対する考え方にどのような影響を及ぼしたのだろうか。叢林内の作務精神が、世俗社会の労働力向上に向け直接に指導した事実を指摘することは難しい。しかし、世俗社会の職業（労働）観の形成には寄与することになる。なぜなら、『百丈清規』の作務精神は日常行為（労働）を媒介にして、求道的生活を行ずることを示している。このことは世俗社会にあっては、職業（労働）に従事することを行として実践し、信仰を深める心の在り方を世俗社会における弁道としていくからである。作務精神は世

101

第Ⅱ部　禅における労働と余暇との統合

俗社会の職業（労働）観形成に間接的に影響を及ぼし、行(ぎょう)の精神である勤勉的精神を浸透させていくことになる。作務精神は禅林から一般社会へと、日常行為（労働）における尽力の精神を啓蒙していくのである。作務精神は禅林における僧堂教育の支柱として、積極的に教育の役割を果たし、他方で、世俗社会の職業（労働）観の精神的支柱を形成するのである。作務精神と職業（労働）観の精神とを統合するものは、尽力の精神である勤勉的精神や奉仕的精神である。作務精神は、世俗社会に勤勉的精神を浸透敷衍し、勤勉的精神による人格陶冶と職業（労働）倫理観の形成に重要な役割を果たしていくのである。

4　組織化の問題

　清規による組織化は僧団内の自律組織を成立せしめ、組織維持の分業をつくった。寺院経営を司る東班の知事（副寺・都寺・監寺・維那・直歳・典座）、また修行を司る西班の頭首（首座・書記・蔵主・知客・知殿・知浴）の構成をもった左右相称の寺院組織を作った。この組織化は寺院の官僚機構化への道を辿ることにもなった。宗教が個人的経験による個人生活から、集団生活に規定されていく思想をもつと、当然ここに「発展的教理を編み出し、集団組織を作り、人格を中心とした形態[24]」を成立させる。このことは、教団維持のための集団的統制を受容するという保守的な性格を露呈することになる。宗教の自由独立の精神は形骸化され、教義主義に縛られた教団を成立させることになる。このように、清規制定による反動面も免れることができなかったのである。

　清規の成立は禅林生活を組織化し、後代の禅の発展に重要な役割を果たした。しかし、日本の五山叢林の官僚機構を組織化したのも、実は清規であった。五山・十刹・諸山という禅院の位階制度は、禅を修道者の生活禅から、出家中心主義の教団維持のための禅へと、非常に歪めたものにしてしまった。勿論、それを是正する動きとして、庶民の禅を形成する積極的傾向をもっている[25]。清規による修行生活の規則化は、修行生活を律すると同時に、規則についていけない出家者を禅林組織外へ出すことになる。僧団内の生活を乱す者には諸々の処罰が与えられ、また叢林を去るという事実が指摘されている。清規の問題を考える場合、清規の規則化が集団生活を維持するためのものであったとはいえ、別の面からみれば、叢林の官僚制度化という弊害を生じさせたことも事実

である。清規は禅思想を大きく変容させる契機を両面にもったのである。

5 まとめ

修道者が求める人間の本性というものは、「我々人間が一切のものを生かしているところの真の存在又は生命とぴったり一枚になるような[26]」人間性を意味し、「一人の人がその内部にこのまぎれもない生命又は存在を如実に感ずる[27]」精神である。労働を媒介にして、人間の実存を自覚する垂直次元と、日常生活の水平次元との統合的場がここにある。人間の本性を主体的に自覚する者とは、「自然に全く融け込んで自然に成り切った人間である。自然から出て自然に帰入する人間であって然もそこに自分は自分として区別ある独自の自己意識をもつ者[28]」である。垂直次元において自覚する人間の本性は、水平次元を基底とする自然の精神、或は社会性の人間性を指し示すものである。このような本来の人間性を自覚することが、作務に課せられた教育的役割なのである。

作務精神がもつ革新性は、精神鍛錬する修行として労働を考えるだけではなく、人と環境（他者）との関係において、人間の実存が体得できるとしたことである。作務思想は垂直次元における般若思想の特色である不二の論理を受け継ぎ、万物一体観として、水平次元における人間と自然との対立的関係を統合し、自然の秩序を自ずと然なる在り方において道の思想へと形成することになる。つまり、全自然史が生物史、人類史、宇宙史を統合するものと考えるならば、天地与我同根、万物与我一体の思想は実存即自然史として考えうるものである。

作務思想は万物一体観として、水平次元の心の在り方を変容していくのである。人間が自然を対象化し征服するという支配の考え方を、作務労働はもたない。作務精神には、労働疎外によって生じる人間疎外はなく、むしろ人間疎外へと現象する心の在り方を根本の問題とするのである。日常行為（労働）を通して問答商量し、労働のうちに人間の実存の在り方、心の機(はたらき)を身に付けていくのである。現代の労働疎外を克服する心の在り方を、作務精神はもっているのである。修証の場としての作務は、客観的認識知から生じる自己意識を問題とするのではなく、平等不二の心の在り方において自覚する人間の本性を問題

第Ⅱ部　禅における労働と余暇との統合

とするのである。

　中村元（1912～1999）によれば、中国にみられる万物一体観の考え方は、「自然と一体になり、人間を宇宙自然の一部とみなす陶酔的な感情が支配的であるので、自然を人間に対立的なものと見なしてそれを実験的に観察する精神が弱かった[29]」と考えられる。しかし、作務思想は万物一体観から人間の実存を日常行為上で具体化するのである。作務思想は客観的認識知を発展させる科学や技術を直接的に発達させるのではなく、それらが人間に対してもつ疎遠な在り方を克服し、人間疎外を解決する心の在り方として重要な役割を担うのである（なお、この点の具体的な方途については今後の検討課題としたい。）。

　作務思想がもつ万物一体観は、自然と人間との統合であり、両者の平等不二の人間観である。人と自然との統合的関係は、人と自然との対立的思考をとる客観的科学認識知の水平次元のみではなく、万物一体の道に人間の本性を自覚する垂直次元の立場をもとることになる。それ故、自己と環境（他者）との間に統合的関係を形成する作務労働では、修道者は自己の労働から疎外されることなく、作務労働のうちに自然の道を体得するのである。なぜなら、作務労働は自己と自然との一体のなかで、自然と統合する弁道の在り方を基底にもっているからである。そのことは、庶民の日常生活において労働と弁道とが、深く結び付いていくことからも窺い知れるのである[30]。

　作務は般若思想を基底に、主体としての自覚を求める修証の場を提供し、人間の本性を自覚する自覚的人間形成の教育的役割をもつのである。作務精神は、水平次元における合理的科学的精神でもっては克服しえない問題を、人間性の本質として把握する。客体対主体の二元的な客観的知識では解決しえない人間性の問題について、作務労働は対立概念を統合する立場において、即ち主体としての自覚を追究する垂直次元の立場から本来の人間性を求道するのである。

　水平次元の立場では、自己の行動について思索的に検討することは、行動結果の解釈であり、科学的認識方法による自己検討である。それは自己の行動についての外的把握であり、自己と行動との間に自己疎外を生じさせる。しかし、水平次元と垂直次元とを統合する立場をとる作務労働では、人間の主体的な内的経験によって身に備えた心の在り方を媒介にして本来の人間性を探求するので、自己と労働との間に自己疎外は生じない。作務では、客観的立場を捨て、

第二章 『百丈清規』にみる作務思想

万物そのものの立場から実相への観入が可能なのである。禅が作務思想をもっていることは、主観的な知的直観から具体的な行為による直観へと、人間の本性の自覚をより深化させうるのである。このことは垂直次元の立場のみならず、水平次元の基盤を、禅自体が認識していることに他ならない。禅は、垂直次元のみの限界性を作務思想を導入することによって、克服しえたのである。そのことによって、水平次元において日常諸行為を行ずる弁道の精神を勤勉に実践することが、日常生活と弁道との在り方を統合して、垂直次元の求道的精神へと深化させることに繋がったのである。

清規による作務精神の定立は、禅を精神主義から救うことになったのである。清規によって、作務精神は後代の禅林に引き継がれていくのであるが、禅林の隆盛は作務精神が担うことになったと言っても過言ではない。後代の禅は、作務精神をいかに浸透して禅思想を発展させていったのであろうか。唐宋禅林で実践された問答商量を記録した語録によって、私達はこの実践課題を考えることができる。語録は禅林生活の生々しい新鮮さをもって、禅を説いている。それは、以後公案という新しい禅の教育形態を発達させることになり、同時に看話禅と称される弊害をも現すことになる。

(注)
（１）宮坂哲文『禅における人間形成』評論社、1970年、16〜21頁、要約
（２）鈴木大拙「百醜千拙」『鈴木大拙全集』第17巻、岩波書店、1969年、289頁
（３）・（４）中村元『日本宗教の近代性』『中村元選集』第8巻　春秋社、1964年、30頁
（５）大久保道舟編『道元禅師全集』上巻、筑摩書房、1969年、126頁
（６）"Karl Marx-Friedrich Engels Werke", Band3, Institut für Marxismus-Leninismus beim ZK der SED, Dietz Verlag, Berlin, 1958（真下真一訳『ドイツ・イデオロギー』大月書店〔国民文庫〕1965年、54頁）
（７）中村元『日本宗教の近代性』25頁
（８）鈴木大拙「禅堂生活の近代的意義」『鈴木大拙全集』第18巻、岩波書店、1969年、219頁
（９）柴山全慶「禅の修行」講座『禅』第2巻、筑摩書房、1967年、24頁、中村元『日本宗教の近代性』24頁
（10）市川白弦「涅槃経を起点として②」中外日報、1962年2月2日、要約

第Ⅱ部　禅における労働と余暇との統合

(11) 鈴木大拙「禅堂生活の近代的意義」221頁
(12)・(13) 市川白弦「涅槃経を起点として②」要約
(14) 平田高士「作務・托鉢」講座『禅』第2巻、筑摩書房、1967年、179頁
(15) 宮坂哲文『禅における人間形成』99頁
(16) 同書、91頁
(17) 鈴木大拙「禅堂生活の近代的意義」215頁
(18) 鈴木大拙「百醜千拙」288頁
(19) 同書、289頁
(20) 同書、294頁
(21) 平田高士「作務・托鉢」179頁
(22) 鈴木大拙「禅の研究」『鈴木大拙全集』第12巻、岩波書店、1969年、183頁
(23) 鈴木大拙「百醜千拙」293頁
(24) 鈴木大拙「禅の研究」183頁
(25) 禅林における官僚制度化は真の禅林機構を形骸化してしまった。それに反発する禅僧達は五山叢林を離れて地方の山林に移った。彼らは五山叢林における詩文などには関係せず、民衆を教化することに努めた。その教化の手段として、民衆のための仮名法語も生まれ、禅は民衆のなかに徐々に根をおろした。その意味で五山叢林の退廃は逆に地方における民衆の禅を発展させる契機にもなったのである。
(26)・(27) 鈴木大拙「禅の研究」24頁
(28) 同書、238〜239頁
(29) 中村元「東洋人の思惟方法2」『中村元選集』第8巻、春秋社、1961年、207頁
(30) 人間と自然との万物一体観は極めて力強い土着信仰を生み出すことになる。民衆の生産生活に根ざした信仰は山の神、田の神、生産の神などを祀ることになる。社会統治の圧政下にある民衆にとって、土着信仰は彼らの生産生活を支える信仰であり、彼らの心を代弁する信仰でもあった。その意味で人間と自然との万物一体観は民衆を自然と結び付け、生産と一体化する意義をもっていたのである。

第三章　語録にみる作務思想

　生活実践の問答商量からでてきた言葉は、実証することのできる「物質的諸前提に結びついた生活過程の必然的昇華物[1]」であることのみならず、その心の在り方に心の機(はたらき)をも内含し、人間性の普遍性を意味するものである。問答商量にみる作務思想は、具体的で主体的な教育形態をもつが故に、普遍性をもつのである。

　鈴木大拙（1870～1966）は作務労働を介して実践される師家と雲水との問答商量について、次のように説明する。

　「彼等は手ですること、心で為すことの何れを問はず、凡てそれらに深き意味の存することを十分に自覚してゐた……。彼等の考え方、彼等の感じ方には、二元的な分別がなされなかった。若し然らざれば、凡て是等の問答は、彼等が、或は野外にありて、或は寺内にありて働きつつあった時に、為されはしなかったであらう。問答は極めて密接に生活そのものに關聯してゐた。心臓の鼓動、手の動き、足の運び、凡ては極めて真面目な性質を帯びた思考を喚起した。何となれば、こは禅を学び禅を生活する唯一の道であるからだ。何ものと雖も、それが全身隈なく滲透して生動するに至らざれば、真の習得とは云はれない[2]」。

　禅問答の非論理性は、思弁によるよりも、中国人の具象的な事物をもって直観的に表現する飛躍性を示しており、心の機(はたらき)を自由自在に行為による直観として強調することにもよっている。禅問答は一般的命題の代りに、具体的で、日常的な経験豊かな事物や事象を提示して、哲学や思弁によって考えるのではなく、具象的・直観的・普遍的に人間の本性を自覚するのである。

　師家の説法や師家と雲水との問答商量を記録した語録には、作務労働を媒介にした多くの問答商量が残されている。作務労働は問答商量の教材として適した課題を提供したのである。全身心を労する作務は、人間の本性を自覚するための弁道であると同時に、人間の本性を真に活かしめ現成する日常行為なのである。日常行為を弁道とする修行の在り方が作務精神であり、作務精神は語録

第Ⅱ部　禅における労働と余暇との統合

に脈打っている。それ故、これから取り上げる問答商量は作務労働を介した問答商量であり、作務精神へと引き継がれた精神性を醸し出している。つまり、私達は作務精神の形成過程を辿りながら、修道者が自覚的人間へと形成される道を学ぶことができるのである。

1　『臨済録[3]』にみる作務思想

　臨済義玄[4]（？〜866）は「群に群せざるなり。その時の群は近代の抜群よりも抜群なり。…（略）…行業純一にして行持抜群せりという。幾枚幾般の行持なりとおもい擬せんとするに、あたるべからざるものなり[5]」と述べられるように、行の精神を日常生活において実践するという作務精神をもっていた。
　「黄檗大笑、乃喚侍者、將百丈先師禪版机案來。師云、侍者、將火來。黄檗云、雖然如是。汝但將去。已後、坐卻天下人舌頭去在。[6]」
　臨済は外的権威や伝承崇拝に対して、極めて拒否的な精神をもっていたのである。百丈懐海の法孫としての証拠も不必要とする自由精神をもちえた人物であった。

(1)　生活の匂い

　「師問杏山、如何是露地白牛。山云、吽吽。師云、啞那。山云、長老作麼生。師云、這畜生。[7]」
　禅者の具象的傾向ともいうべきか。露地の白牛を媒介にしての問答商量である。日常生活に密着した自然の在り方を考えることによって、禅思想を形成したのである。禅は人間の本性を自覚する求道的精神を強固にして、日常諸行為に尽力する弁道を基盤にしていたのである。
　「到大慈。慈在方丈内坐。師問、端居丈室時如何。慈云、寒松一色千年別、野老拈花萬國春。師云、今古永超圓智體、三山鎖斷萬重關。慈便喝。師亦喝。慈云、作麼。師拂袖便去。[8]」
　臨済は日常生活の一般的な活動のなかに、般若の知恵を活かす心の在り方を指摘するのである。世俗的な心の楽しみに甘んじることなく、日常行為のなかでも、動中の正念工夫と同様に静かに坐るときにあっても、正念工夫の弁道を求めたのである。逆の表現をすれば、日常生活の諸行為に尽力する心の在り

108

第三章　語録にみる作務思想

方にこそ、生としての知恵が活かされているのである。

(2)　飯頭について
「黄檗、因入厨次、問飯頭、作什麼。飯頭云、揀衆僧米。黄檗云、一日喫多少。飯頭云、二石五。黄檗云、莫太多麼。飯頭云、猶恐少在。黄檗便打。[9]」
　飯頭の仕事内容を問いながら、禅林の一日の食糧消費量を題材にして、仕事に対する尽力の奉仕精神を問うところである。

(3)　院主について
「師問院主、什麼處來。主云、州中糶黄米去來。師云、糶得盡麼。主云、糶得盡。師以杖面前畫一畫云、還糶得這箇麼。主便喝。師便打。[10]」
　院主とは寺の執事を司る長である。院主が街中へ黄米（玄米）を売りに行ったという商行為は、当時の叢林が米の生産をあげており、剰余物を他の物に交換し、日常生活の諸物資購入に充当していた事実を示す。商行為も日常化しており、禅林の作務は充分に世俗社会の生産労働に匹敵していたのである。この問答においては、院主の仕事が米を売る商行為も分担し、かつ商行為を成立させる物の在り方について心の機(はたらき)を商量したのである。

(4)　作務について
「師栽松次、黄檗問、深山裏栽許多、作什麼。師云、一與山門作境致、二與後人作標榜。道了、將钁頭打地三下。黄檗云、雖然如是、子已喫吾三十棒了也。師又以钁頭打地三下、作嘘嘘聲。黄檗云、吾宗到汝、大興於世。[11]」
　栽松の作務は、第一に禅林近辺の植林を表現していること。山門の境内に風致を添えるために、唐宋朝の禅林にあっては、植林労働が日常生活の中に取り込まれていたことを示している。木材の伐採労働のみならず、山林を保護する意味で、禅林自体が植林労働を実践していたのである。深山における植林労働は、作務精神が自然と統合する調和的精神を精神構造としていることを示している。山林の伐採と植林の労働は、調和的な自然観を意味しており、禅林生活の規則正しい自然と統合した生活観を知ることができる。また自然と和合する責任のある厳格な労働観が、形成されていくのである。

109

第Ⅱ部　禅における労働と余暇との統合

　第二に、植林の労働は松木の生長とともに、後人の標榜になりうる労働の具現化である。なぜなら、植林労働は他の生産労働が物資を生産するにも拘らず、一過性の如く消費されていくのに対し、松木の成長の形で、後々まで植林労働の結果を蓄積することができ、作務精神の真髄を松木を媒介にして伝えることができるからである。

(5)　普請について

「一日普請次。師在後行。黄檗囘頭、見師空手、乃問、钁頭在什麼處。師云、有一人將去了也。黄檗云、近前來。共汝商量箇事。師便近前。黄檗竪起钁頭云、祇這箇、天下人拈掇不起。師就手掣得、竪起云、為什麼卻在某甲手裏。黄檗云、今日大有人普請。便帰院。⁽¹²⁾」

　師弟共に肉体労働に従事する日常生活で、禅の問答商量は、自己の本性について自覚するという人間形成を、禅独自の教育機能として発達させることになる。師弟が共に生産労働に従事することは、「上下均_レ力也」の作務精神の実践である。師弟関係は全人格的な交わりを特色とし、禅林の教育的役割を大いに果たしたのである。禅林教育は肉体労働を集団的に行うべき作務普請を通じて、自覚的人間を輩出させるという教育効果を上げたのである。

　人格形成の役割をもつ教育にとって、禅林教育が実践した作務教育、清規に基づく集団生活、師弟の直接的な問答商量の三要素は重大な示唆を私達に与えている。なぜなら、この三要素は、禅林教育が現代教育に提起する重要な教育的役割なのである。作務における集団行動と、師弟関係による直接的な指導は人間の本性を自覚する契機となったのである。作務労働の実践は、水平次元において勤勉に奉仕する精神を鍛錬しながら、作務労働を媒介にすることによって、人間の本性を自覚する求道的精神へと涵養し、垂直次元を統合する場を作り出したのである。修道者はその統合の場において、自覚的人間へと人格陶冶されるのであり、労働と余暇とを統合する精神的余暇を享受することになるのである。

2 『碧巌録』にみる作務思想

(1) 生活の匂い

「…（略）…我首座牧牛也。⁽¹⁴⁾」（第六則評唱）

牧牛とは修行することを意味する。中国禅では、牛は修行の底を示すものとして特別の敬意をもって語録などに表現される。廓庵師遠（生没年不詳）は『十牛図⁽¹⁵⁾』を著作し、修行の過程を十牛図と頌によって説いたのである。『十牛図』は、①尋牛、②見跡、③見牛、④得牛、⑤牧牛、⑥騎牛帰家、⑦忘牛存人、⑧人牛倶忘、⑨返本還源、⑩入鄽垂手の構成によって、修行者が心牛を求め、人間の本性を自覚していく修行の過程を意味している。

⑤牧牛では、「前思纔起、後念相随。由覚故以成真、在迷故而為妄。不由境有、唯自心生。鼻索牢牽不容擬議。（前思纔かに起れば、後念相随う。覚に由るが故に以て真と成り、迷に在るが故に而も妄と為る。境に由って有なるにあらず、唯だ自心より生ず。鼻索牢く牽いて擬議を容れず。）⁽¹⁶⁾」人間の心の在り方が自覚の有無によって真実にもなり、妄想にもなることを示す。それ故、頌によって、「相将牧得純和也　羈鎖無拘自逐人（相将いて牧得すれば純和せり　羈鎖拘わること無く自から人を逐う）⁽¹⁷⁾」と説明し、修行によって身に備えた心の機が、日常行為上で活かされることを指摘する。牧牛は、修行者が心の機をしっかりと身に付ける一方で、いかにして自由無礙に日常行為のうえで心の機を作用しうるかという譬えなのである。

「僧云。如何是石橋。州云。渡驢渡馬。⁽¹⁸⁾」（第五十二則本則）

修行の底をはかるのに面前の事物の具体例を媒介とする。ここでは、具体的に獨木橋や漚麻池が題材となる。禅者の思惟的な文学表現にもよるのであろうが、当時の禅僧が世俗社会と同様の生産労働に従事し、日常生活の視点がそのまま弁道に活かされていたことを示している。生産労働を通して、自ずと世俗社会における世事の在り方を身に備え、心の機がそのまま世事の在り方に作用していくのである。

(2) 飯頭について

「雪峯在₂洞山會下₁作₂飯頭₁。一日淘ᴸ米次。山問。作ᴸ什麼₁。峯云。淘ᴸ米。山云。淘ᴸ米去ᴸ沙。淘ᴸ沙去ᴸ米。峯云。沙米一時去。山云。大衆喫₂箇什麼₁。峯便覆₂却盆₁。山云。子因縁不ᴸ在ᴸ比。[19]」（第四十八則評唱、但し第五則評唱に同じ話がある。）

典座の仕事に勤勉に奉仕する求道的精神は、次のようにも語られる。

「我在₂南方₁二十年。除₂粥飯二時₁。是雜用心處₁。[20]」（第八十則評唱）

飯頭は修行者一同の一切の食事を司る典座の仕事である。清規に基づく修行生活は厳格に役割分担され、秩序付けられていたのである。飯頭の職は典座としての位置をもち、職の重要性は、修行の進んだ者が役割についたことから理解できる。典座の仕事は、作務普請と同様に動中の正念工夫する機会を提供するのである。日常諸行為即ち仏道であるという水平次元における行(ぎょう)の課題は、求道的精神から自覚的精神へと深化する垂直次元の課題との統合の場を、弁道の形で成就していくことになる。米を淘ぐ場の問答は、米と砂とが共に微小であり、大宇宙の根源を極小の具体物にみるという独特の禅思想の課題である。他方、倫理的問題として、米一粒の重みは多くの農民の手によって初めて飯になるという衆生の恩に感謝し、報恩の心の在り方が求められる。辛苦の肉体労働によって生産された米は、米一粒によってその勤勉的精神や奉仕的精神を表現するのである。米と砂とを見分ける行為は、日常行為への行(ぎょう)としての精神を集中させるものである。作務精神は弁道としていかに精神集中を必要とするかであり、環境（他者）と自己との一体化によって主客合一の境地を体得できるかを課題とする。

(3) 園頭について

「在₂南院會下₁作₂園頭₁。一日院到₂園裏₁問云。南方一棒作麼生商量。穴云。作₂奇特商量₁。穴云。和尚此間作麼生商量。院拈ᴸ棒起云。棒下無生忍。臨ᴸ機不ᴸ讓ᴸ師。穴於ᴸ是豁然大悟。[21]」（第三十八則評唱）

園頭は農園の作業を司る仕事である。生産労働に従事する作業中にも、師弟の問答商量は実践され、心の機(はたらき)を以心伝心によって指導する人間関係が形成されたのである。全人格的な人間関係のなかで、作務労働を媒介にして修行者

第三章　語録にみる作務思想

が大悟していく事実は、作務労働が人間形成にあたって、本質的にもっている教育機能なのである。作務労働が禅林教育において何故に中心的役割を担い、修行者の人格陶冶に貢献してきたかを再考する必要がある。それは、作務労働が日常生活の水平次元の課題と、垂直次元における人間の本性を主体として自覚する精神との統合的場を形成し、労働と余暇との統合的関係を精神的余暇として人に享受させることができるからである。

(4)　作務について

洞山良价（807〜869）や趙州従諗（778〜897）の叢林にあっては、麻を植え麻布を織っていたのである。

「擧。僧問₁洞山₂。如何是佛。山云。麻三斤。[22]」(第十二則本則)

「擧。僧問₁趙州₂。萬法歸レ一。一歸₁何處₂。州云。我在₁青州₂作₁一領布衫₂。重七斤。[23]」(第四十五則本則)

趙州が「我在₁青州₂作₁一領布衫₂」と述べるように、布の生産労働は叢林では一般化していたのである。師家自らが生産労働に携わり、清規に基づく集団生活を維持していたのである。織物にする麻は湖北省の一産物である。洞山が庫下にあって漂白した麻を量っていたこと、生産労働が農業労働のみならず機織の技術をもっていたことなど、計画的な生産労働に従事していたのである。労働しながら問答商量する教育指導をここにおいても知ることができる。麻布を市街で売買することも一般化していたのである。

洞山や趙州の問答で解るように、観念論的な僧の問い掛けに対し、両師家は具体的な生産労働の生産物を媒介にして返答している。両師家は、自己の肉体労働を象徴する産物に託した心の機(はたらき)をもって応答したのである。垂直次元における主体としての自覚は水平次元への具体化によって普遍化する。主体としての人間の本性は、自己の超越性を肉体労働によって普遍化しえるのである。「一日不レ作、一日不レ食」の作務精神が、自覚的精神へと深化するのである。垂直次元における精神主義を克服するには、どうしても日常生活の水平次元に関り、身心を労する奉仕としての労働を経験しなければならないのである。

「此是涅槃和尚法正禪師也。昔時在₁百丈₂作₁西堂₂。開レ田説₁大義₂者。[24]」(第二十八則評唱)

113

第Ⅱ部　禅における労働と余暇との統合

百丈涅槃（生没年不詳）が弟子達と田を開拓し終って、後仏法を説こうといった。弟子達が田を開拓した後、仏法を請うと、師は大きく腕を広げたのみであった。百丈涅槃は百丈懐海の「一日不レ作、一日不レ食」の作務精神を引き継ぎ、開拓の肉体労働そのものに仏法をみるのである。人間の本性の自覚は、生産労働を含む日常行為そのものの身心的活動の過程で体得できること、水平次元における二元的な客観的科学的認識知では会得しえない自然の自ずと然なる在り方を、開拓という肉体労働を媒介にして説いたのである。

(5)　普請について

「擧。雪峯示レ衆云。盡大地撮來如二粟米粒大一。抛二向面前一。漆桶不曾。打レ鼓普請看。(25)」（第五則本則）

雪峯義存（822～908）は、大自然の真理を一粒の籾のついた米粒で表してみよと商量する。禅者は、極小で表現する具体的事例を、「毛呑巨海、芥納須彌(26)」といった論理で問答商量する。究極の自然の真理が知りたければ、皆で肉体労働をして会得してみよと問い掛けるのである。

「與。雲門示レ衆云。乾坤之内。宇宙之間。中有二一寶一。祕二在形山一。(27)」（第六十二則本則）

このように自然の真理はこの形山（肉体）にあると、禅者は考えたのである。人間の身体を通してのみ自然の真理を体得しうるとする身体観は、人間の本性の自覚に身心の弁道を不可欠とするのである。作務普請がこの身体観に基づく勤勉的精神や奉仕的精神を示すことは明白である。

「歸宗一日。普請拽レ石。宗問二維那一。什麼處去。維那云。拽レ石去。宗云。石且從二汝拽一。即不レ得レ動二著中心樹子一。木平凡有二新到至一。先令レ般二三轉土一。…（略）…一拽石二般土。(28)」（第四十四則評唱）

「拽レ石」とは石磨を曳くこと、「三轉土」とは三荷の土を搬ぶことを意味する。歸宗智常（生没年不詳）が示した石磨を曳く生産労働、或は木平（生没年不詳）が示した土を搬ぶ肉体労働は、「一拽石二般土」の作務精神を表現する言葉になっている。木平が新到あれば先ず土を搬ばしたという弁道は、禅林教育の斬新的な革新性を意味する。精神主義的な宗教の在り方はまったく禅林から霧散したかにみえるのである。

第三章　語録にみる作務思想

「又一日州掃地次。僧問。和尚是善知識。爲₋什麼₋有ﾚ塵。州云。外來底。又問。淸淨伽藍。爲₋什麼₋有ﾚ塵。州云。又有₋一點₋也。⁽²⁹⁾」（第五十二則評唱）

趙州從諗自ら庭作務に從事していたのである。彼は凡夫心を淸淨な境內に舞い込む塵に譬えて、問答商量したのである。

（注）
（１）"Karl Marx-Friedrich Engels Werke", Band3, Institut für Marxismus-Leninismus beim ZK der SED, Dietz Verlag, Berlin, 1958（眞下眞一訳『ドイツ・イデオロギー』大月書店〔国民文庫〕1965年、52頁）
（２）鈴木大拙「禅堂生活」『鈴木大拙全集』第17巻、岩波書店、1969年、368頁
（３）詳しくは『鎭州臨濟慧照禅師語録』という。臨濟義玄の説法を弟子の三聖慧然（生没年不詳）が集録したものといわれる。『臨濟録』を内容的に分けると上堂・示衆・勘弁・行録・塔記からなる。この内容は臨濟の寂後154年を経た北宗の宣和２年（1120年）に、福州鼓山円覚宗演（生没年不詳）によって重刻されたものが、今日に伝えられていて、それによる。
（４）臨濟は主として河北省にとどまり、鎭州すなわち河北省点定府の臨濟院に住して教化した。臨濟は地名であるが、コダ河の渡しに小院を構え、地名をとって臨濟院と称したことから、臨濟義玄と呼ばれるようになった。
（５）永平道元「正法眼蔵行持」（上）大久保道舟編『道元禅師全集』上巻、筑摩書房、1969年、136頁
（６）「黃檗大笑して、乃ち侍者を喚ぶ、百丈先師の禅版机案を持ち来たれ、と。師云く、侍者、火を将ち来たれ。黃檗云く、然も是の如くなりと雖も、汝但将ち去れ、已後天下の人の舌頭を坐却し去ること在らん。」（朝比奈宗源訳註『臨濟録』「行録」岩波書店〔岩波文庫〕、1935年、168〜169頁）
（７）「師、杏山に問う、如何なるか是れ露地の白牛。山云く、吽吽。師云く、啞する那。山云く、長老作麼生。師云く、這の畜生。」（同書、「勘辨」、143頁）
（８）「大慈に到る。慈、方丈の内に在って坐す。師問う、丈室に端居する時如何。慈云く、寒松一色千年別なり。野老花を拈ぢ万国の春。師云く、今古永く超ゆ円智の体、三山鑱断す万重の関。慈便ち喝す。師も亦喝す。慈云く、作麼。師、払袖して便ち去る。」（同書、「行録」、173〜174頁）
（９）「黃檗、因に厨に入る次で、飯頭に問う、什麼をか作す。飯頭云く、衆僧の米を揀ぶ。黃檗云く、一日に多少をか喫す。飯頭云く、二石五。黃檗云く、太だ多きこと莫しや。飯頭云く、猶少なきを恐るること在り。黃檗便ち打つ。」（同書、「勘辨」、130頁）

115

第Ⅱ部　禅における労働と余暇との統合

(10)「師、院主に問う、什麼の処よりか来たる。主云く、州中に黄米を糴り去り来たる。師云く、糴り得尽すや。主云く、糴り得尽す。師、杖を以て面前に画一画して云く、還って這箇を糴り得てんや。主便ち喝す。師便ち打つ。」（同書、「勘辨」、139〜140頁）

(11)「師、松を栽うる次で、黄檗問う、深山裏に許多を栽えて、什麼か作ん。師云く、一には、山門の与に境致と作し、二には、後人の与に標榜と作さん、と道い了って、钁頭を将って地を打すること三下す。黄檗云く、然も是の如くなりと雖も、子已に吾が三十棒を喫し了れり。師、又钁頭を以て地を打すること三下、嘘嘘の声を作す。黄檗云く、吾が宗、汝に至って大いに世に興らん。」（同書、「行録」、159〜160頁）

(12)「一日、普請する次で、師、後に在って行く。黄檗、頭を回して師の空手なるを見て、乃ち問う、钁頭什麼の処にか在る。師云く、一人有って将ち去り了れり。黄檗云く、近前来、汝と共に箇の事を商量せん。師便ち近前す。黄檗、钁頭を堅起して云く、祇、這箇、天下の人拈掇不起。師、手に就いて掣得して堅起して云く、什麼としてか却って某甲が手裏に在る。黄檗云く、今日大いに人有って普請す、といって便ち院に帰る。」（同書、「行録」、165頁）

(13) 雪竇重顯（980〜1052年）頌。圜悟克勤（1063〜1135年）評釈。中国禅家五家のうち雲門宗に属する雪竇重顯が、『伝灯録』1700則の公案の中から学人の弁道修禅の参考として、最も重要と思われる100則を選び、その一つ一つに宗旨を挙揚する頌古を加えた。後に臨済宗の圜悟がこの頌古に対して各則ごとに垂示・著語・評唱を加えた。

(14) 朝比奈宗源訳註『碧巌録』（上）岩波書店（岩波文庫）、1937年、100頁、101頁

(15) 廓庵師遠『十牛図』柴山全慶訳「十牛図」西谷啓治・柳田聖山編『禅家語録Ⅱ』筑摩書房、1974年、152〜160頁

(16)・(17) 同書、157頁

(18)「僧云く、如何なるかは是れ石橋。州云く、驢を渡し馬を渡す。」（朝比奈宗源訳註『碧巌録』〔中〕1937年、182頁、183頁）

(19)「雪峯、洞山の會下に在つて飯頭と作る。一日米を淘ぐ次、山問ふ、什麼をか作す。峯云く、米を淘ぐ。山云く、米を淘つて沙を去るか、沙を淘つて米を去るか。峯云く、沙米一時に去る。山云く、大衆箇の什麼をか喫せん。峯便ち盆を覆卻す。山云く、子が因縁此に在らずと。」（同書、152頁、153頁）

(20)「我南方に在つて二十年、粥飯の二時、是れ雜用心の處なるを除くと。」（同書〔下〕1937年、74頁、75頁）

(21)「南院の會下に在つて園頭と作る。一日院園裏に到つて問うて云く、南方の一棒作麼生か商量す。穴云く、奇特の商量を作す。穴云く、和尚此間作麼生か商量す。院棒を拈じ起して云く、棒下の無生忍、機に臨んで師に譲らず。穴是に於て豁然として大悟す。」（同書〔中〕72頁、73頁）

116

(22)「擧す、僧、洞山に問ふ、如何なるか是れ佛。山云く、麻三斤。」(同書〔上〕、168頁、169頁)
(23)「擧す、僧、趙州に問ふ、萬法一に歸す、一何れの處にか歸す。州云く、我青州に在つて、一領の布衫を作る。重きこと七斤。」(同書〔中〕、126頁、127頁)
(24)「此れ是の涅槃和尚は、法正禪師なり。昔時百丈に在つて西堂と作り、田を開いて大義を説く者なり。」(同書〔上〕、322頁、323頁)
(25)「擧す、雪峯衆に示して云く、盡大地攝し來るに、粟米粒の大さの如し。面前に抛向す。漆桶不會。鼓を打つて普請して看よ。」(同書、90頁、91頁)
(26) 朝比奈宗源訳註『臨済録』「勘辨」、134頁
(27)「擧す、雲門衆に示して云く、乾坤の内、宇宙の間、中に一寶有り、形山に祕在す。」(朝比奈宗源訳註『碧巌録』〔中〕252頁、253頁)
(28)「歸宗一日、普請して石を拽く。宗、維那に問ふ、什麼の處にか去る。維那云く、石を拽き去る。宗云く、石は且く汝が拽くに從す。即ち中心の樹子を動著することを得ざれと。木平凡そ新到の至る有れば、先づ三轉の土を般ばしむ。木平頌有り、衆に示して云く、東山は路窄く西山は低し。新到三轉の泥を辭すること莫れ。嗟す汝が途に在つて日を經ること久しきことを。明明たれども曉らず卻つて迷と成る。後來僧有り、問うて云く、三轉の内は即ち問はず、三轉の外の事作麼生。平云く、鐵輪の天子寰中の勅。僧無語。平便ち打す。所以に道ふ、一拽石二般土。」(同書、122頁、123頁、124頁)
(29)「又一日州掃地の次、僧問ふ、和尚は是れ善知識、什麼と爲てか塵有る。州云く、外來底。又問ふ、清淨の伽藍、什麼と爲てか塵有る。州云く、又一點有り。」(同書、184頁、185頁)

第Ⅱ部　禅における労働と余暇との統合

第四章　『永平清規[1]』にみる作務思想

1　永平道元と清規について

　我国が中国禅を受け入れる姿勢は二面性をもっていた。受動的態度と能動的態度である。前者は中国禅僧による移植であり、後者は日本求道者の僧侶による輸入である。渡来した中国禅僧の多くは、幕府の下に中国禅の修行形態をもって、直接に日本流布をはかったのである。後者による禅の伝播は、平安仏教の立て直しを意図するうえで禅修兼密を説いた者と、旧仏教との妥協や兼修によって禅を広めようとするのではなく、純一無雑の正法を説こうとした者とに分けられる。

　永平道元は、新古典主義者として長翁如淨の禅を正伝しようとした。禅を挙揚して妥協のないところは、「読経、念佛等のつとめにうるところの功徳をなんぢしるやいなや。ただ舌をうごかし、声をあぐるを佛事功徳とおもへる、いとはかなし。…（略）…口聲をひまなくせる、春の田のかへるの昼夜になくがごとし、つひに又益なし[2]」の言葉に、端的に知れよう。道元は、初期の布教説法では在家成仏・女人成仏を主張するが、旧仏教教団及び他宗派禅教団の迫害を受けて、越前に下向した後の弁道では、出家至上主義をとるに至る。出家者のみが真摯な修行生活ができると論じたことは、純粋な道元禅の求道者からなる同志的結合を要求したものと考えられる。それ故、道元が制定した清規は、厳格な意味をもち、清規によって団体生活を守ることを禅の正伝としたのである。

　道元は厳格な清規による日常生活の弁道を説きながら、垂直次元での修行精神の在り方をもっぱらとした。彼が仏法と王法との絶縁を説いたことは、つまり彼にとって水平次元での禅とは社会と離れた修行寺院内の日常生活を意味し、在家者の生業に明け暮れる日常生活を内含するものではなかった。「行持の至妙は不離叢林なり、…（略）…不離叢林の行持、しづかに行持すべし、東西の風に東西することなかれ[3]」と、彼は禅林の一般社会からの隔絶を主張したの

第四章 『永平清規』にみる作務思想

である。そうすることによってのみ、禅は正伝されるとしたのである。
　他の京都五山叢林の禅宗諸派が支配階級・貴族階級に迎合し、死後の成仏を祈願する性格を濃厚にもった修行生活をするのに対し、道元は古清規・禅苑清規に基づき、修行生活を律する弁道の清規を自ら制定したのである。京都五山叢林が清規によって官僚組織化していくのに対し、永平寺叢林は修行生活中心の禅林機構を、『永平清規』によって確立することができた。中国の禅林形態を純粋な意図でもって受け継いだといえる。私達は初期日本禅にあって永平寺叢林の修行形態に、中国禅の修行形態の移植をみることができる。（永平寺叢林が発展していく過程で、徐々に日本禅としての性格をもってくることは必然である(4)。）
　日本における初期の清規内容と永平寺叢林当時のそれとは大きな相違がみられる。前者は禅修行の精神を昂揚させようとした教訓や修行の在り方についての概説が多い。後者は、禅林の修行生活を律するための規範が多いことに、特色がある。前者は、教話を主体にした仮名文を特徴とする。清規の内容自体が変化することは、修行形態がかなりの変革を示したと考えられる。在家仏教から出家仏教への反動性をもつとはいえ、修行者の集団が独立的性格を堅持したことは、画期的なことだったのである。出家中心の求道的精神を重視し、日々の生業とは隔絶した弁道の精神を中心とする垂直次元の修行の在り方を成立させたのである。道元は、「こころざしのありなしによるべし、身の在家出家にはかかはらじ(5)」という弁道初期の水平次元を、捨ててしまったのである。
　道元禅が弁道の在り方に垂直次元での求道的精神の宗教の確立を求めたことは、修行生活の内容自体を極めて精神主義的なものにしていく。中国における唐宋朝禅林では修行生活から必要とされ、清規による集団生活であったが、永平寺叢林では清規に規律させられた修行生活の維持を意味する。同志的結合による修行生活は求道者の一員としての自覚を促し、祖師の生活規範を行履とする行持の思想を形成した。威儀作法即仏法という生活規律が、修行の集団生活を支えたのである。形骸化されやすい外形的な威儀作法に人間形成という教育機能を求めたのである。
　行(ぎょう)の精神は自らを型に嵌め込むことから身に備わるのである。集団生活の維持は個人をしていかに集団の中で自己形成するかという問題を修行者に投げ掛

けた。自律組織による統制作用は、集団精神を形成し和合による宗風を成立させた。和合精神は随順の生活と、克己的禁欲的修練による自己訓練との教育機能をもったのである。この和合精神の修行生活は、同時に修行者を個性的で自由闊達な自己形成へと教育的役割を果たしたのである。清規による集団生活は、私達に人間形成の場となる教育方法の実例を提起するのである。

2 『永平清規』にみる作務思想

「佛法には、修證これ一等なり。…（略）…すでに修の證なれば、證にきはなく、證の修なれば、修にはじめなし。[6]」（辨道話）

威儀作法即仏法の行履として行持が重要視された。弁道が強調され、修行生活の清規規範に積極的に随順することが求められた。日常諸行為がすべて弁道であった。作務精神は行持精神へと変容し自律訓練的な行(ぎょう)の精神を強く打ち出したのである。

「方‿令㆓教㆞法ヲシテ而等ナラ‿食ト、教ヘ㆓食シテ而法ト等ナラ㆒。是ノ故㆓、法若シ法性ナレバ食モ亦タ法性ナリ。法若シ眞如ナレバ食モ亦タ眞如ナリ。法若シ一心ナレバ食モ亦タ一心ナリ。法若シ菩提ナレバ食モ亦タ菩提ナリ。[7]」（赴粥飯法）

食事即仏法、食は成道のために受けるものである。飢えの問題を垂直次元の求道的精神によって克服しようとした。「行亦禅[8]」の弁道を通して、そこに根本的理法を求めようとしたのである。瞑想のみによる解脱ではなく、弁道の日常生活によって宗教的真理を捉えようとしたのである。

「齋僧ノ之法ハ、以㆓敬ヲ爲㆑宗ト。…（略）…これ天上・人閒の佛法を習學するなり。[9]」（示庫院文）

行持精神は教禅一致の教育形態をもって禅林生活を律した。行(ぎょう)が主張される修行生活においても、学の素地の必要性は認められた。学の素地なく行(ぎょう)への展開もありえなかった。大疑団の形成が学の面において要求された。大疑団の形成は知的作用に依るべきものとして考えられたのである。学行の一致は求道的精神の知的作用と、全身心を行ずる直観作用との統合のもとに、人間の本性を探求する方向をもったのである。このことは江戸期を通して曹洞宗の教学体系を発展させることになる。

教学の重視は原始経典を中心にして宇宙根源の真理を学ばしめた。行(ぎょう)の精神

第四章 『永平清規』にみる作務思想

は外的には清規規範によって、弁道として日常生活に位置付けられるとともに、内的には仏法の行履という求道心によって、行持精神として実践された。清規が出家主義を前提とするのに対し、行持は在家求道者にも可能な行(ぎょう)の在り方であるとした。行(ぎょう)の在り方は垂直次元の不完全さを突破するために、日常生活の弁道として主張されたのだが、曹洞禅にあっては仏法の行履という行持精神で、水平次元の行(ぎょう)の在り方を説くことになった。このことが垂直次元の教学体系を発展させる基盤になったのである。

(1) 典座について

「佛家ニ從リ本有リ六知事、共ニ爲シテ佛子ト同ジク作ス佛事ヲ。就テ中ニ典座ノ一職ハ、是レ掌ル衆僧ノ之辨食ヲ。禪苑清規ニ云ク、供養スルガ衆僧ヲ故ニ有リト典座。從リ古ヘ道心ノ之師僧、發心ノ之高士、充テ來ル之職ナリ也。蓋ク猶ヨル一色ノ之辨道ニ。若シ無クバ道心者、徒ニ勞シテ辛苦、畢竟無益ナリ也。禪苑清規ニ云ク、須ク運ラシテ道心ヲ隨テ時ニ改變シ、令ムベシ大衆ヲシテ受用安樂ナラ。(10)」(典座教訓)

　典座の仕事は六知事の中でも一番重要な仕事と考えられていた。典座が衆僧の飢えの問題を握っており、修行生活の要の役職を意味する。「古來有道ノ之佛祖ガ所ノ遺ス之骨髄ナリ也(11)」の作務精神を実践するのである。典座の衆僧への供養は、知事職にある者の勤勉な奉仕的精神を現す。役職者の行持精神でもって、僧堂教育が統制維持されており、作務精神を引き継いだ行持の在り方に、重要な教育的役割がある。

「淘ヨナギ米ヲ調ルニ菜等ヲ、自ラ手ヲ親シク見、精勤誠心ニシテ而作スベシ。不ル可カラ一念モ疏忽緩慢ニシテ、一事ヲバ管看シ一事ヲバ不管看ナル。…(略)…先ヅ看テハ米ヲ便チ看ヨ砂、先ヅ看テハ砂ヲ便チ看ヨ米ヲ、審細ニ看來リ看去テ不ンバ可カラ放心ス、自然ニ三德圓滿シ、六味倶ニ備ハラン。…(略)…如キハ有ルガ米砂誤テ淘リ去ルコト、自ラ手ヲ撿點スベシ。…(略)…取ルモ其ノ淘米ノ白水ヲ亦タ不レ虚シク棄テ。(12)」(典座教訓)

　典座の奉仕的精神は「精勤誠心」をもってなされるべきことなのである。「精勤誠心」の言葉で表現される勤勉的精神は、米を淘ぐ手の動作に精神集中する行(ぎょう)の精神を具現しているのである。米と砂とを見分けずに誤って淘ぎ去っ

121

てしまった自己の仕事に対して、自分の手を点検するという徹底した厳格な行(ぎょう)の精神が読みとれる。米の淘ぎ水も濫費せずにその活用を図るという心の機(はたらき)の在り方や清貧な物質生活を示している。

　道元が典座職の意義を認識したのは中国宋禅の禅林にあって、老典座の働く姿から人間の本性を主体として自覚する実存の発現を知ったからであった。この時の経験について、道元は次のように語る。

　「若キ下山僧在リシニ天童ニ時ノ上、本府ノ用典座充職セリ。…（略）…典座在テニ佛殿ノ前ニ晒スレ苔ヲ。手ニ携ヘニ竹杖ヲ、頭ニハ無シレ片笠モ。天日熱シ地甎熱シ、汗流俳個スレドモ勵シテレ力ヲ晒スレ苔ヲ。稍ヤ見ルニ苦辛ヲ。背骨ハ如クレ弓ノ、尨眉ハ似タリレ鶴。山僧近前シテ便チ問ヒキニ典座ノ法壽ヲ。座ノ云ク、六十八歳ナリ。山僧云ク、如何ガ不ルレ使ハニ行者・人工ヲ。座ノ云ク、他ハ不ズレ是レ吾ニ(アラズ)。山僧云ク、老人家如法ナリ、天日且カクノゴトク恁熱ス、如何ゾ恁地ナル。座ノ云ク、便ニ待ツベキ何レノ時ヲカ。山僧便チ休シス。歩ムレ廊ヲ脚下、潛カニ覺レリニ此ノ職ノ之為タルコトヲニ機要ニ矣。(13)」（典座教訓）

　作務は坐禅弁道よりも重要な好事と考えられ、次のような話がある。

　「山僧又問フニ典座ニ、座尊年、何ゾ不ルニ坐禪辨道シ、看セニ古人ノ話頭ヲ。煩シク充ツテニ典座ニ只管ニ作務スル、有ルニ甚ノ好事カ。座大ニ笑テ云ク、外國ノ好人未ダ了レ得セ辨道ヲ、未ダ知レ得セ文字ヲ在リ。山僧聞クニ他カクノゴトクノ恁地話ヲ、忽然トシテ發慚驚心セリ(ルコト)。(14)」（典座教訓）

　作務に従事するときの心の在り方について、道元は説法したのである。身心を労する弁道は、分別知を超えるところに意味があるのである。68歳の老典座が身心の労苦をいとわず、面前の作業に寸暇をいとわず尽力する弁道の在り方に、道元は行(ぎょう)の精神を自覚したのである。典座の職は心の機(はたらき)を体得するに適した作務である。

　「凡ソ諸ノ知事・頭首及ビ當職、作事作務ノ之時節ニハ、可キレ保ニ持ス喜心・老心・大心ヲニ者也(モノナリ)。(15)」（典座教訓）

　道元は作務に従事するときの心の在り方について、「喜心・老心・大心」の心の機(はたらき)を説明する。

第四章　『永平清規』にみる作務思想

(2)　園頭について

「園頭ノ一職ハ、最難極苦ナリ矣。有ニ道心ノ者ノ勤メ來ル職ナリ也。無ニ道心ノ人ハ不レ可レ充ルレ之職ナリ。常ニ在テ二菜園ニ一、隨テレ時ニ種栽ス矣。佛面祖面、驢脚馬脚、如クニ農夫ノ一、如シニ田夫ノ一。終日携テ二鋤鍬ヲ一、而自ラ畊キ自ラ鋤キ、擔ヒレ屎ヲ擔テレ屎ヲ、不レ怕レ生根ヲ、唯ダ待テ二熟爛ヲ一不レ可カラレ失スレ時ヲ。…（略）…夜間ニハ眠リ息ス菜園ニ矣。供過・人力、隨テレ時ニ替換ス。是レ乃ノ直歳ノ之所ナリ二差排スル一也。(16)」（知事清規）

作務労働に従事する姿が、農夫の如く、田夫の如しと述べられている。衆僧と行動をともにし、夜間も菜園に在って眠る精神集中が求められる。永平寺叢林は健全な作務精神を残していたのである。不離叢林の意向をもって山奥に住した修行者達は、日常の作務弁道に務めたのである。「一日不レ作、一日不レ食」の作務精神は、少なくとも道元時代には堅持されたのである。作務精神は学行一致の教育形態と、どのような関係をもったのだろうか。肉体労働が役職者のみならず、普請によって衆僧に実践されたことからみて、「ことさら修練を自稱して、供養をむさぼることなかれ(17)」と、消費本位の修行生活を戒めたのである。「唯待熟爛不可失時」の言葉に表現されるように、時を惜しんで弁道する日常生活の在り方が問われたのであり、水平次元における行(ぎょう)の日常行為に甘んじることなく、垂直次元への自覚的精神の求道心を説いたのである。

(3)　監院について

「監院ノ一職ハ、總二領ス院門ノ諸事ヲ一、…（略）…逐テレ年ヲ受用スル齋料ノ米麥等、及ビシデ時ニ收買シ、并ビニ造ルコトハ二醬醋ヲ一、須ク依ルニ時節ニ一。及ビ打油舂磨等、亦タ當シニ經レ心ス。…（略）…如キハニ請スルガ下街坊化主・莊主・炭頭・醬頭・粥頭・街坊・般若頭・華嚴頭・浴主・水頭・園頭・磨頭・燈頭ノ之類ヲ上、應二係カケテシ助二益ス常住ヲ一。(18)」（知事清規）

斎料としての米麦が受用、収買されるということ。農耕による生産物は衆僧を供養するには足らないということ。剰余物を生み出す程の生産量を確保していないこと。行持精神を中心とする修行生活は、作務精神による生活禅から後退せざるをえないのである。しかし、頭首の種類が多く、日常生活に密着した自律組織の特質をもっている。生活物質の生産に直接携わる分野が多かったの

第Ⅱ部　禅における労働と余暇との統合

である。

　叢林の肉体労働は商品生産のための労働ではなく、生産量を上げるための労働でもなく、自己発現として人間の本性を自覚するための労働である。永平寺叢林にあっては、作務による教育機能を充分に果たしていたのである。行持としての作務は、求道者に行の精神を積極的に鍛錬したのである。

　「監院ノ之體ハ、當ニ尊ビ賢容レ衆ヲ、上和下睦ジク、安ニ存ス同事ノ大衆ヲ、當レ得シム歓心ヲ。(19)」(知事清規)

　行事の遂行にあたって師及び衆僧を煩わさないように、監院が諸知事と協議して寺院経営にあたっていたことが、次のように語られる。

　「監院之職ハ、爲公是レ務ナリ。所ル謂爲公トハ者、無キナリ私曲_也。無シトハ私曲_者、稽古慕道ナリ也。慕テ道ヲ以テ順フナリレ道也。先ヅ看テ清規ヲ而明ラメニ通局ヲ、以テ道ヲ爲レ念シ而行フベシ事。臨ム行フニ事時、必ズ與ニ諸知事ト商議シ、然シテ後行事スベシ。事無ク大小ト與レ人ト商議シテ而乃チ行事スルハ、則チ爲公ナリ也。(20)」(知事清規)

　監院のもとで自律的な生活機構が営まれていたのである。衆僧と役職者とを統卒する和合の精神が実践されていた。このように、永平寺叢林がかなり強力な自律組織を維持し、修行生活を確立させていたことは、その結果として、叢林経営を着実なものとし、永平寺下の地方発展を可能にした。「堂中の衆は、乳水のごとくに和合して、たがひに道業を一興すべし(21)」の僧堂教育は、永平寺派の教団組織を強固にしたのである。

　「所以ニ大衆若シ坐スレバ、隨テ衆ニ而坐シ、大衆若シ臥セバ、隨テ衆ニ而臥ス。動靜一如シ大衆ニ、死生不レ離レ叢林ヲ。拔テ群ヲ無シ益、違スルハ衆ニ未ダ儀ナラ。此レハ是レ佛祖ノ之皮肉骨髄ナリ也、亦乃チ自己ノ之脱落身心ナリ也。(22)」(辨道法)

　大衆一如の精神は道元禅の基底である。大衆の動静を一如に和合した集団生活の規律化は、決して個人を集団に埋没させることはなかった。個人は集団生活のなかで自己の主体性を問い、自由独立の自己形成に努めたのである。個人の集団からの離脱は戒めることになる。現代教育に関連する多くの問題が、僧堂教育から提起されるのである。僧堂教育は日常生活と密着し、日常行為と結合した宗教教育である。

第四章　『永平清規』にみる作務思想

(4)　維那について

「動衆普請ニハ、除テ_寮主・直堂ヲ_、竝ビニ須ク_齋ニ_赴ク_。住持人除テ_疾病官客ヲ_、輒スナハチ_不ル_レ赴カ_者ハ、侍者出衆スベシ_。(23)」(知事清規)

普請の制度は「動静一如大衆」の精神のもとに実践されたのである。和合の精神は作務精神を積極的に行履の精神として、徹底することができたのである。しかし、一面では作務自体がもつ思想性を見失わせてしまったのである。なぜなら、作務精神は人間の本性を自覚する弁道から、行持としての行ぎょうの精神へと変容されてしまったからである。作務が媒介する垂直次元と水平次元との統合的場は、日常生活において実現が難しくなっていくのである。作務は弁道の一手段として、垂直次元の只管打坐を中心とする精神性に規定され、垂直次元から水平次元への働きかけをなくしていくのである。そのことによって、作務精神がもつ革新性は薄められていくのである。行履としての行持精神を説く道元禅の特色である。

「維那ノ_之職、…（略）…顧_愛シ_方來ヲ_、慈_育ス_雲水ヲ_。衆心ヲ_爲シ_自心ト_、道念ヲ_爲ス_自念ト_。所下_以ナリ_能ク_親トシ_其ノ_親ヲ_、能ク_子トスル_中其ノ_子ヲ_上也。(24)」(知事清規)

和合精神で調和する集団生活は独特の宗風を成立させることになる。衆僧の恩は父母の恩に勝るとまで言った集団生活の人間性を知ることができる。父子的擬血縁の団体精神ともいえよう。師弟関係に基づく実践的な教育形態が、日常生活の密接な生活経験に根ざしているのである。禅林教育における生活に即した教育機能である。

(5)　直歳について

「直歳ノ_之職ハ、凡ソ_係ルガ_院中ノ_作務ニ_竝ビニ_主ツカサドル_レ之。所レ_爲ス、院門ノ_修造、寮舎ノ_門窓・牆壁、動用ノ_什物、逐テ_時修換嚴飾シ_、及提_擧ス_碾磨・田園・莊舎・油房・役糯・鞍馬・船車・掃洒・栽種ヲ_。巡_護シ_山門ヲ_、防_警ス_賊盗ヲ_。差_遣シ_人工ヲ_、輪_撥ス_莊客ヲ_。竝ビニ_宜シク_公心ヲモテ_勤力シ_、知リ_時ニ_別ツベシ_宜ヲ_。如キハ_有ルガ_大ナル_修造、大ナル_作務ヲ_、竝ビニ_禀マウシテ_住持人ニ_矩劃スベシ_。及タ_與_同事ト_商議セヨ_、不レ_得_專用ヰルコトヲ_己見ヲ_。(25)」(知事清規)

直歳の職は衆僧のための務として特に公心を要求された。衆僧の作務がある

第Ⅱ部　禅における労働と余暇との統合

故に要請された役職であり、次のようにも説明された。

「修ᴼ換シテ什物ヲ、乃チ嚴オゴソカニ乃チ飾ラシム。爲メ百姓ノ爲メ火客ノ、以テ公ヲ爲シレ心ト、以テ私ヲ莫レ心トスルコト。清規ニ云ク、爲メノ衆僧ノ作務ノ故ニ、有リト直歳ㇾ。⁽²⁶⁾」（知事清規）

現在の禅林には見られない程の多くの作務内容をもっている。鎌倉期に実践された作務内容は、当時の世俗社会の生産労働と殆ど類似していたのである。労働内容が前近代的な形態であるが故に、山奥の叢林でも実践化しえたのである。何故に、叢林内の生産労働は技能的な労働に終止したのだろうか。なぜなら、作務労働は生産向上が目的ではなく、寺院経営を目指して労働改善を試みたわけではない。飽く迄も、弁道としての作務労働なのである。

『永平清規』に規定された普請の制度は、「動衆普請、除寮主・直堂、竝須斎赴。住持人除疾病官客、輒不赴者、侍者出衆」に要約される。『百丈清規』にみられた「行普請法、上下均力⁽²⁷⁾」、「行は衆に同ず、故に門人の力役は、必ずその艱労を等しくす⁽²⁸⁾」の作務精神は、『永平清規』に受け継がれたのである。『永平清規』の「動静一如大衆、死生不離叢林。抜群無益、違衆未儀。此是佛祖之皮肉骨體也」の集団精神は、作務をなお一層のこと、仏祖の行履という行持精神として実践することになったのである。道元禅が只管打坐のもとに正伝の仏法を伝えようとしたことは、却って禅を垂直次元に硬直させることになったのである。永平寺叢林の禅は坐禅の弁道を基礎にして、弁道の日常生活実践を説いた。鎌倉期の禅は中国宋朝禅林を忠実に模倣したのである。修行生活の清規化は、その意味では宗団組織の形成に一役を担ったのである。永平寺派宗団の江戸期における禅発展の礎となったのである。

しかし、道元禅は垂直次元と水平次元とを統合する作務精神を希薄化していく。永平寺叢林では日常諸行為における弁道の根本が、仏祖の行履としての行持精神であると主張していくからである。普請の作務精神は人間の根源的な本性を自覚することによって支えられていたが、仏祖の行履としての行持精神と比較すると両者の実践精神はかなり相違している。『百丈清規』が水平次元の労働観をもって、垂直次元の般若思想の知慧を求道しようとしたのに対し、『永平清規』では、作務はもっぱら行持の一手段になったのである。このことは日本禅林が、『百丈清規』にみられる作務思想に匹敵しうる作務思想を構築

第四章 『永平清規』にみる作務思想

できなかった理由である。『永平清規』にみられる作務は、日常生活の水平次元を変容する契機を失い、飽く迄も垂直次元に止まる精神的な弁道へと変化するのである。中国禅にみられる水平次元における実存としての身体観は影を潜めることになる。『百丈清規』の作務思想が、人間性の究極的な真理を全身心活動としての肉体労働に見出したのに対し、『永平清現』はそれを只管打坐の行(ぎょう)的鍛錬に、或は日常生活の行持精神に見出したのである。現代禅林にあって、作務労働が極めて小規模程度にしか実践されていないのもこのためである。『百丈清規』の作務思想が実存的労働の立場から、求道的精神を追究したのに対し、『永平清規』のそれは仏祖の行履の立場から、求道的精神を堅持したのである。

　このような視点を踏まえながら、作務精神がもつ行(ぎょう)の精神を禅林から世俗社会の職業(労働)の勤勉の精神へと発展させた具体例を考えていくことにする。それは江戸初期の禅僧、鈴木正三の仏道としての労働観にみることができる。正三は、水平次元において禅の作務精神を世俗社会の職業(労働)倫理へと、そしてまたその職業(労働)倫理から垂直次元の自覚的精神へと求道的精神を深化させる弁道の生き方を民衆に教化したのである。

（注）
（1）日本曹洞宗の開祖である永平道元が創設した叢林生活の規律を集めたもの。『永平清規』は、「典座教訓」、「辨道話」、「赴粥飯法」、「衆寮箴規」、「対大己五夏闍梨法」、「知事清規」などによって構成されている。
（2）永平道元「辨道話」大久保道舟編『道元禅師全集』上巻、筑摩書房、1969年、733～734頁
（3）永平道元「正法眼蔵行持」(上)、同書、上巻、128頁
（4）永平寺叢林では三代目に論争が生じ、飽くまで道元の意志を貫き、民衆へ教化するのではなく禅林の社会からの隔離を主張した集団と、民衆の教化に新しい禅を求めようとする集団との論争が生じた。後代になって、後者の禅が曹洞禅を支配するに至る。
（5）永平道元「辨道話」『道元禅師全集』上巻、741頁
（6）同書、737頁
（7）永平道元「赴粥飯法」、同書、下巻、348頁
（8）永嘉幻覚『永嘉証道歌』西谷啓治・柳田聖山編『禅家語録Ⅱ』世界古典文学全

第Ⅱ部　禅における労働と余暇との統合

　　　集36B、筑摩書房、1974年、118頁
（9）永平道元「示庫院文」『道元禅師全集』下巻、359頁
（10）・（11）永平道元「典座教訓」、同書、295頁
（12）同書、295〜296頁
（13）同書、298頁
（14）同書、299頁
（15）同書、301頁
（16）永平道元「知事清規」、同書、328〜329頁
（17）永平道元「重雲堂式」、同書、306頁
（18）永平道元「知事清規」、同書、331〜332頁
（19）同書、332頁
（20）同書、333頁
（21）永平道元「重雲堂式」、同書、304頁
（22）永平道元「辨道法」、同書、313頁
（23）・（24）永平道元「知事清規」、同書、340頁
（25）・（26）同書、345頁
（27）鈴木大拙「禅堂生活の近代的意義」『鈴木大拙全集』第18巻、岩波書店、1969年、219頁
（28）柴山全慶「禅の修行」講座『禅』第2巻、筑摩書店、1967年、24頁

第五章　鈴木正三の作務思想
――『万民徳用[(1)]』にみる職業（労働）倫理――

　作務思想の水平次元への変容は、世俗社会における職業（労働）倫理を考えるに及んで明らかである。職業（労働）倫理と作務精神との関係について考えていくこととする。

　尾高邦雄は、労働と職業の区別について、労働は「ある一定の時間内になんらかの目的でおこなわれる作業のこと[(2)]」であり、職業は「生活活動であり、人びとが継続的に、毎日それに従事している活動[(3)]」を意味する。職業が目的とするものは、「第一には『個性の発揮』、第二には『連帯の実現』、第三には『生計の維持』[(4)]」と考えられ、労働の目的と一致する。

　次に、職業倫理は固有の職業ごとに求められる倫理と、職業人一般に求められる倫理とに大別される。職業人一般の職業倫理は、「あらゆる人びとがその職業活動においてそれを守ることを社会的に期待されている心構えのことである[(5)]」。この心構えとは、「人びとの勤労あるいは労働に対する心構え、精神、気風などである[(6)]」と定義でき、「職業一般の倫理は、これを『勤労の倫理』と呼びなおす[(7)]」こともできる。つまり、職業倫理は労働の倫理でもある。このことは、働くことを内面的精神性において支える勤勉的な生活態度となり、或は表現を換えれば、人間の諸活動の精神性を労働に対する勤勉的な精神性として、倫理化することでもある。この人間の諸活動の精神性が、生活倫理としての勤勉的精神である。

　人間の諸活動を内面的精神性として支える勤勉的精神は、労働を媒介にしてどのような職業（労働）倫理観を形成していくのだろうか。この小論では、職業（労働）倫理について、資本主義の発展に貢献する精神形成という意味ではなく、教育的役割を担うことのできる生活倫理の形成、及び人格陶冶の精神形成として考えることにする。職業（労働）において宗教的意義を見出すことは、職業（労働）における垂直次元の求道的精神を追究することである。職業（労働）に生活倫理の形成の場と人格陶冶の場とを共に見出すことは、職業（労

第Ⅱ部　禅における労働と余暇との統合

働）において作務精神が実践され、労働と余暇との統合的関係を意味する。

　鈴木正三によって実践された行(ぎょう)の精神は、勤勉的精神の形で職業（労働）倫理の精神として教化される。この意味で正三の職業（労働）観は人間形成に深く関り、生活倫理の形成と人格陶冶に積極的な意義をもち、教育的役割を果たしたのである。禅林内で実践された作務精神は、彼を通して世俗社会における職業（労働）の勤勉的精神へと発展するのである。水平次元での職業（労働）倫理を説く過程で、その精神を垂直次元における求道的精神へと深化させたのである。作務精神と職業（労働）の勤勉的精神との統合は、職業（労働）における行(ぎょう)の精神の実践から日常諸行為における弁道の心の在り方へと深化させ、精神的余暇を人に享受させるのである。私達は、労働と余暇との統合の場を、生活倫理の形成と人格陶冶との教育的役割が、真に実践される場として認めることができるのである。

1　『万民徳用』にみる職業（労働）倫理

　『万民徳用』は、『修行念願』（1652年、74歳）、『三宝徳用』（1650年、72歳）、『四民日用』（1631年、53歳）──『武士日用』、『農人日用』、『職人日用』、『商人(あきひと)日用』──の著作を集め、1652年、74歳のとき合本として纏められた。『修行念願』は修道者が弁道を実践するときの心の在り方（心構え）を説く。『三宝徳用』は、修道者が身に備えた心の機(はたらき)をいかにして日常行為のうえで作用しうるか、心の機(はたらき)を日常生活上で役立てる方便を教える。ここでは、『四民日用』に説かれた職業（労働）観の精神構造を中心として述べていくこととする。『四民日用』─『武士日用』、『農人日用』、『職人日用』、『商人(あきひと)日用』─ は、武士、農民、職人、商人を対象としており、その範囲は男性を中心とするもので、主に士農工商の社会制度に対応した区分になっている。仏道としての職業（労働）観を説き、各々の職業（労働）の倫理的価値は平等であるという視点[8]を、心の在り方（心構え）として、或は人間形成の問題として取り扱ったのである。

　彼が『四民日用』の著作を通して、士農工商の職業（労働）観を説いたのには、当時の時代における経済発展の社会的影響を受けているからである。神谷満雄は、徳川時代初期経済の特徴を三点に要約する。「第一に、新たに成立した幕藩体制は、政治価値を最優先させてゆくという統治者の哲学によって組み

第五章　鈴木正三の作務思想

立てられていたということである⁽⁹⁾」。第二に、「統治者（権力）の意図とは別のところで、人びとが新しい価値をつぎつぎに形成しはじめたことである⁽¹⁰⁾」。「第三は、徳川時代初期の経済環境のなかで、人びとは人間の意識と現実とを対比させて考えることに目を開かれたことである⁽¹¹⁾」。これらの経済発展の影響を受けて、庶民は政治的価値とは無縁のところで、庶民の日々の暮らしを支えていく精神的価値を求めたのである。幕藩体制に枠組みされた社会状況下で、人間存在の価値意識に目覚め、自己目的的に生きる心の在り方を日常生活上で実践していくのである。その精神的な指導の役割を担ったのが宗教であった。その範疇には仏教のみならず、儒教があり、或は神仏儒混合の在り方や土着信仰などが考えられる。ここに自覚的人間像に至る近代的な個人像が生まれつつあり、実存的自己を追究する心の在り方が、生活倫理観を形成していくことになるのである。

　神谷は、『四民日用』を特色付ける四つの考え方を次のように指摘する。

　第一は、「人間存在の本質を『自己把握』すべきであることを強調し、そのように努力する個人の心の在り方を、あらゆる人間行動の出発点として位置づけたことである。それが、仏法による人間完成への途（宗教的救済）であると考えた⁽¹²⁾」。第二は、「その思想が世俗社会に深く結びつく構造をもっていることである。正三の思想の社会性といってよかろう。…（略）…第三は、正三がわが国で初めて、『四民日用』のなかで、職業倫理（職業という行為にともなう心構えや行動基準）としての勤勉と禁欲と余暇（仕事以外の時間）の構造を説明したことである⁽¹³⁾」。第四は、「わが国で最も早く、利潤の倫理化、正当化について書き記した⁽¹⁴⁾」ことである。

　第一の点について、仏道としての労働観は日常行為を行（ぎょう）として弁道する求道的生き方と、人格陶冶としての人間形成の道程とを同一軌道にすることになる。人は求道的生き方を通して、人としての心の在り方を身に備え、身に備えた心の機（はたらき）を日常行為上で作用しうる自覚的人間へと自己教育していくのである。

　第二の点について、「世法則仏法也⁽¹⁵⁾」の考え方によって、正三は在家禅を説き、行（ぎょう）としての日常行為を義として実行することにこそ、真の修行の在り方があると主張したことである。彼にとって、出家することは目的ではなく、真に求道する者が修道者であり、禅林の作務精神と日常生活の勤勉的精神や奉仕

131

的精神とを統合する場に、他者を利する利他行があると考えたのである。

第三については、禅林の作務精神を行(ぎょう)の精神として世俗社会の職業（労働）観の精神的支柱としたことである、勤勉的精神や奉仕的精神が職業（労働）倫理観を形成していくことになる。正三は、仏道としての労働観がもつ人間形成的役割と生活倫理形成の勤勉的精神との結合を図り、弁道として為す行(ぎょう)の精神を勤勉的精神と考えたのである。職業（労働）を自己目的的に捉えたところに、正三の特色がある。即ち、「正三は人間として完成をめざすことこそ、勤労の本当の意味であると考えたのです[16]」ということになる。彼が説いた勤勉的精神は仏道としての労働観に基づいているが、求道的精神に裏付けられている点において、プロテスタンティズムの勤勉的精神に類似する。しかし、前者は飽く迄も人間の本性を自覚するための労働観であるが、後者は神の召命に基づき、神に喜ばれるために信仰の証として、神の欲する労働の在り方を実践する[17]意味において、両者の勤勉的精神には差異がある。

第四について、商人の利潤と武士の俸禄とを平等の視点においたもの[18]で、商業の発展とともに生み出される商人の利潤を、結果として承認する利潤承認論となっていく。商人の活躍は、利潤承認論によって社会的に容認されていくのである。その思想形成の役割を担ったのが、職業（労働）肯定の立場をとった正三であり、『四民日用』の考え方だったのである。

以下、『四民日用』を構成する『武士日用』、『農人日用』、『職人日用』、『商人(あきひと)日用』の順に従って、行(ぎょう)の精神が仏道としての労働観を導き、生活倫理の形成と人格陶冶を為しながら職業（労働）観の精神構造を構築していく過程を述べることとする。

2　『武士日用』について

当時、武士道の精神性を堅持するものとして、儒教が応用され一般化されていく。その風潮から、武士は、「仏法世法、車の両輪のごとしといへり。雖レ然仏法なくとも、世間に事闕べからず、何ぞ車の両輪に譬たるや[19]」と問うことになる。武士は武士階級の指導的原理になりつつあった儒教倫理をもっぱらとし、それ以上に仏法を求める必要がないと考えられたのである。儒教倫理の世俗における合理的適応によって、人間関係は維持できると考えられたので

第五章　鈴木正三の作務思想

ある。正三はこの問に対して、「仏法世法二にあらず、仏語に、世間に入得すれば、出世余なしといへり、仏法も、世法も、理を正、義を行て、正直の道を用の外なし[20]」と答えている。彼が説く「正直の道」とは、日本古来からの主観的心情である清明心を発展させたもので、儒教の根本概念である誠に通じる道を意味した。「一切有為の法は、虚妄幻化の偽なりと悟て、本来本法身、天然自性のままに用を真の正直とす[21]」るとした。一般社会での正直を「理をまげず、義を守て、五倫の道、正して、物に違ず、私の心なきをば世間の正直とす[22]」るとして、求道的精神に正直の道を求めたのである。水平次元における日常諸行為の行(ぎょう)の精神が、人間形成の契機を含むものとして、垂直次元への道の精神性になりうると考えたのである。彼は、「夫凡夫は大病人なり、仏は大医王なり。凡夫は先病をしるべし[23]」と説き、主体としての自覚を促しながら、自己意識を覚醒させる近代的な考え方を示したのである。

「仏道修行の人は、先勇猛の心なくして、難し叶[24]」と、修行に対して「勇猛の心」の発奮を説いたのは、求道的精神と義の実行との合一でもって、修行が実践されると考えたからである。彼は、水平次元での弁道の実践を通してこそ、垂直次元における自覚的精神を保持しうるとしたのである。行(ぎょう)としての日常行為を媒介にすることによって、行の精神から道の精神への精神浄化を体得できるとしたのである。

彼は、武士の勇気について論じる場合も、煩悩から生じる勇気を「血気の勇を励す人、一旦鉄壁を破る威勢ありといへども、血気終に尽て変ずる時節あり[25]」とするのに対し、仏道から生じる勇気を、「不動にして、変ずる事なし[26]」と表現している。

水平次元と垂直次元との統合的場に彼の禅思想が位置し、その場は、世法と仏法とが統合される場所なのである。水平次元における煩悩による自己意識は、垂直次元における主体としての自覚への契機になっている。「修行の道、千差万別なりといへども、肝要は、唯身を思念を退治するの外なし。苦の根源は、己、己を思一念なり[27]」である。自己意識への自覚こそが本来の自己を自覚するための導きとなる。自己への意識は本来の自己を自覚することと統合するのである。彼は、水平次元の日常諸行為を通して垂直次元へ昇華する人間の本性をみたのである。

第Ⅱ部　禅における労働と余暇との統合

　宗教に対する彼の理解は、合理的な認識過程を踏まえていたのである。彼は、世俗一般の生活倫理を説くとき、世事となっている事柄に対して相対立する概念をもって統合し、解決していく心の在り方で彼独自の職業（労働）倫理観を形成していくことになる。

　「凡夫心に、物に勝て浮心あり、物に負て沈心あり。浮心を用は、仏界に入門なり。沈心を用は、獄中に入道なり(28)」。武士の生活倫理に「浮心」の心の在り方を説き、「此身を主君に抛心(なげうつ)(29)」など十七の心の機(はたらき)を取りあげる。「沈心」として十七の心の在り方を例示し、「浮心」と「沈心」とを対比して、武士の心の在り方を諭していくのである。彼は「浮心」の心の在り方を武士の心の在り方とするのである。しかし、「浮心」と「沈心」との関係は武士のみならず、総ての人に対して説かれた心の在り方である。彼は仏法を士農工商のうえに用いるとは説いたが、士農工商の身分階級性については容認し言及していない。幕藩体制の枠組みの中にあって、彼の国家観は仏法倫理による統治を精神的支柱とする仏法倫理治国論なのである。

　武士の職業（労働）は、国を治めることであり、義の実行を行(ぎょう)の精神性にすることである。私の心を滅すること、身命を捨てることが武士の倫理であった。身心脱落を説く禅思想が武士の生活倫理に活用されている。仏法が士農工商のうえに用いられるという意味では、武士もまた勇猛堅固な求道心と勤勉な奉仕的精神が求められ、「遊山活計観〔歓〕楽の心(30)」は「沈心」として退けられたのである。

3　『農人日用』について

　農民の問い、「後生一大事、疎ならずといへども、農業時を逐て隙なし、あさましき渡世の業をなし、今生むなくして、未来の苦を受べき事、無念の至なり。何として仏果に至べきや(31)」は、農業労働があさましき渡世の業であるという労働蔑視の思想を示している。上層階級による肉体労働への蔑視思想が、権力下にある農民の日常生活に反映しているのである。正三は、「農業則仏行なり、意得悪時は賤業也。信心堅固なる時は、菩薩の行なり(32)」と答えている。農業労働即仏行は作務精神そのものである。心の在り方によって、日常行為は煩悩心による行為にもなり、仏心の行為にもなるのである。彼は職業（労

働）に求道的精神を求めることによって、職業（労働）を行と考え、仏道としての労働観から職業（労働）倫理観の形成へと導いたのである。農民に農業労働に従事する心の在り方（心構え）を説いたのである。作務精神の労働による根本的な人間の本性への自覚は、仏道としての労働観において充分に展開されたのである。

　彼は農民の心の在り方を説くことによって、農民の自己意識への向上を意図することになる。「かならず成仏をとげんと思人は、身心を責て、楽欲する心有て、後生願人は、万劫を経るとも成仏すべからず。極寒極熱の辛苦の業をなし、鋤鍬鎌を用得て、煩悩の叢茂 此身心を敵となし、すきかえし、かり取と、心を着てひた責に責て耕作すべし。身に隙を得時は煩悩の叢増長す、辛苦の業をなして、身心を責時は、此心に煩なし。如此四時ともに仏行をなす、農人何とて別の仏行を好べきや[33]」。農業労働が辛苦の肉体労働であるが故に、身心を労する行の効果を体得することができるのである。彼は辛苦の農業労働に道としての宗教性を認め、水平次元から深化する垂直次元への求道的精神に人間形成の教育的役割を認識したのである。

　農業労働に対する積極的な評価の考え方は、農民の勤勉的精神を昂揚し、農業生産の効果を高めたのである。石高制の重圧下にある農民が、小農として自立経営に踏み出した時代にあたり、農業労働の意義を信仰面において認め得たということは、農民の日常生活に自己意識への覚醒の道を開くことになる。

　身心を責めての生産労働は勤労としての苦闘性を示している。忍耐苦心の労働に対し、彼は仏行という道を認めたのである。「農業を勤者には不覚功徳そなはれり。三宝を供養し、神明を祭て、国土万民、世を持事、唯是農夫の徳なり[34]」。彼の無宗派的性格はここにおいても神仏融合を説いている。当時における民衆の日常生活には、無視することのできない土着信仰の息衝いた生活があったのである。「夫農人と生を受事は天より授給る世界養育の役人なり。去ば此身を一筋に天道に任奉り、かりにも身の為を思はずして、正天道の奉公に農業をなし、…（略）…一鍬一鍬に、南無阿弥陀仏、なむあみだ仏と唱へ、一鎌一鎌に住して、他念なく農業をなさんには、田畑も清浄の地となり、五穀も清浄食と成て、食する人、煩悩を消滅するの薬なるべし[35]」の言葉には、農業労働における弁道の姿が描かれている。農民が農業労働において奉仕的精

第Ⅱ部　禅における労働と余暇との統合

神を実践しうることは、農業労働を行の実践として位置付けたことを意味する。一鍬一鍬が行なのである。

同時に、彼は念仏禅による行を主張する。念仏禅は農民の不断の精進を要求する仏行を意味することになる。労働内容が反復的であり、単一的連続的作業であることは、勤労主義の特色である。「夫人間の一生涯は、夢の中の夢なり。楽、身にあまるとも、楽、はつべきにあらず、偏に一大事の理を知て、後世菩提に思入、勇猛の念仏間断なく、一念の中に農業をなさば、不ₗ覚誠の心極て、離相離名の徳そなはり、大解脱、大自在の人と成て、尽未来際極楽浄土の快楽を受べき事、是をよろこばざらんや、信得せよ信得せよ[36]」と、彼は農民に対し念仏禅を説く。農民の土着信仰を認め、極楽浄土を祈る浄土教を禅に取り入れたのは、農民の生活がそれらを必要としたからである。念仏即ち禅であると説いたのである。農業労働に積極的な行の精神性を認め、それを念仏行の形へと結合しながら勤勉的精神を支柱とする職業（労働）倫理観を形成したのである。

彼は肉体労働によって体得する身心合一の緊張した精神性を強調することによって、知識的分別知を克服する知行合一の知恵を、現実的な実践力として農民に説いていくことになる。農民の生産労働に対する心の在り方（心構え）の形成は、農民意識の成長であり、賤民として位置付けられた農民の思想的解放となり、近代的人間像へ向けての人間形成への道程となる。農民一揆の形態が農民闘争へと変化する時代を迎え、彼が説いた農民の職業（労働）倫理観は生産労働を肯定し、生産労働を通して自己形成をはかる形で合理的精神をもっていたのである。

4　『職人日用』について

職人の問い、「後世菩提大切の事なりといへども、家業を営に隙なし、日夜渡世をかせぐ計なり、何としてか仏果に到べきや[37]」は、農民の問いと同じ内容をもっている。即ち手工業や家内工業が発達の段階に入り、職人意識が職人気質を形成しつつも、人々はなお労働を賤しいものと考える労働観をもっていたのである。「何の事業も皆仏行なり。人々の所作の上にをひて、成仏したまふべし。仏行の外成作業有べからず。一切の所作、皆以世界のためとなる事

を以しるべし⁽³⁸⁾」。正三は、社会における職業は総て仏の為す現れであると説き、総ての職業（労働）は即ち仏行であると主張したのである。「鍛冶番匠をはじめて、諸職人なくしては、世界の用所、調べからず。武士なくして世治べからず。農人なくして世界の食物あるべからず、商人なくして世界の自由、成べからず。此外所有(あらゆる)事業、出来て、世のためとなる。天地をさたしたる人もあり、文字を造出たる人も有、五臓を分て医道を施人もあり⁽³⁹⁾」。

彼はここで士農工商に分けられた分業論を展開する。農業の辛苦的労働を重視したとはいえ、農業を他の職業に優れるものとはしなかった。世界の職業を総て仏の所作として、職業平等論を説いたのである。総ての職業に夫々の意義を認め、総て仏行であると教化したのである。「後世を願といふは、我身を信ずるを本意とす。誠成仏を願人ならば、唯自身を信ずべし。自身を信ずるといふは、自身則仏なれば、仏の心を信ずべし⁽⁴⁰⁾」。

彼は、究極の人間の真理を自己の心内に認め、仏心の心の在り方を自己を信じることに求め、自己究明の求道心を促したのである。個人としての自覚的精神は、彼の近代的精神を示している。彼は、「自身則仏」の心の在り方を身心に備えることを説いたのである。彼は、自己が即ち仏であるという自覚を職業（労働）の実践の内に会得しうると教化したのである。なぜなら、職人労働は職業のなかでも、特に自己の技能によるところが多く、技能の習得は仏行そのものだからである。何人にも替え難い技能を身に備えることによって、職人は一人前の職業人になりうる。修業過程と職人形成の道程とが同一軌道をなしているのである。技能の熟練習得過程は、修道者が心の機(はたらき)を身に備える弁道と同じ道を意味する。技能を製品に活かすことは、心の機(はたらき)を日常行為上で活かすことなのである。修業過程を通して、自己の内に仏の技ともいうべき心の機(はたらき)が備わってくるのである。

5　『商人日用(あきひと)』について

商人は、「たまたま人界に生を受といへども、つたなき売買の業をなし、得利を思念、休時なく、菩提にすゝむ事不叶、無念の到なり。方便を垂給⁽⁴¹⁾」と問う。正三は「売買をせん人は、先得利の益(ます)べき心づかひを修行すべし⁽⁴²⁾」と答えている。当時、商業都市が発達しつつあり、商業資本の蓄積や商業資本

第Ⅱ部　禅における労働と余暇との統合

家が台頭し始める時代に入っており、彼の主張は、利潤肯定と利潤拡大の精神を表しているともうけとれる。しかし、「其心遣と云は他の事にあらず。身命を天道に抛て、一筋に正直の道を学べし(43)」と述べているように、彼の真意は、「正直の道」としての商人の職業（労働）倫理を説くことにあったのである。

「私欲を専として、自他を隔、人をぬきて、得利を思人には、天道のたたりありて、禍をまし、万民のにくみをうけ、衆人愛敬なくして、万事、心に不ㇾ可ㇻㇾ叶ㇷ。貴賤、上下、貧福、得失、命の長短、皆是先世の因果なり。私に名聞利養を願ども、更にしるし有べからず(44)」。その利益追求は決して私欲でもって商売をしてはならず、「正直の道」を実践する結果として利益は得られるものである。人間を取り巻く諸現象を因果論で説くことによって、定められた生から回生する心の在り方を諭している。

彼は人倫の道に即して、既成の概念にとらわれず生きることを自由と考えたが、自由の概念は禅の般若思想による独立創造の考え方である。彼は、求道的精神から自覚的精神への深化によって、精神的余暇としての自由の境地を体得しうると考えたのである。

「有漏の善根、楽べきにあらず。又無漏善といふは、是菩提の因縁也。…（略）…売買の作業、則無漏善となすべき願力を以、幻化の理を守て信心をはげまし、此身を世界に抛て、一筋に国土のため万民のためとおもひ入て、自国の物を他国に移、他国の物を我国に持来て、遠国遠里に入渡し、諸人の心に叶べしと誓願をなして、国々をめぐる事は、業障を尽すべき修行なりと、心を着て、山々を越て、身心を責、大河小河を渡て心を清、漫々たる海上に船をうかぶる時は、此身をすてて念仏し、…（略）…一切執着を捨、欲をはなれ商せんには、諸天是を守護し、神明利生を施て、得利もすぐれ、福徳充満の人となり、大福長者をいやしみて、終に勇猛堅固の大信心発て、行住坐臥、則禅定と成て、自然に菩提心成就して、涅槃の妙楽、すなはち無碍大自在の人となりて、乾坤に独歩すべし(45)」。

商人は国土のため万民のために商売することによって、仏行を為すと考えられたのである。商売は奉仕的精神を尽力する修行である。利を楽しむことを戒めて禁欲を説くが、公利や利他のための無漏善であれば、結果としての実利蓄

積も評価される。水平次元における有漏善によるのではなく、垂直次元の無漏善において商売することを説くことになる。商売の職業（労働）においても、仏法の真理が活かされているのである。彼が結果としての資本蓄積を認め、利潤追求の職業（労働）と仏法とを結合し、商業の発展と信仰心とを結び付けたことは、後の商人道の心の在り方を導くことになる。

彼が試みた職業（労働）倫理観の形成は、彼の無宗派的性格の故に、当時の宗教組織には受け入れられず、宗教の民衆化としての役割を担うことになったのは後代になってからである。後代の白隠慧鶴（1685～1768）の仮名法語に若干の職業（労働）即仏行の考え方をみることができる。

「この正念工夫、不断坐禅の正路を指す。諸侯は朝勤国務の上、士人は射御書数の上、農民は耕耘犁鋤の上、工匠は縄墨斧斤の上、女子は紡績機織の上、若し是れ正念工夫あらば、直ちに是諸聖の大禅定。此の故に経に曰く資生産業、皆与実相不相違背と。[46]」

(注)
(1)『万民徳用』は『修行念願』、『三宝徳用』、『武士日用』、『農人日用』、『職人日用』、『商人(あきひと)日用』の合本よりなっている。当初、ある武士の依頼によって『武士日用』を書き、ついで『農人日用』、『職人日用』、『商人(あきひと)日用』を加えて『四民日用』とし、1650年『三宝徳用』、1652年『修行念願』を書き、これらを纏めて『万民徳用』とした。
(2)・(3) 尾高邦雄『職業の倫理』中央公論社、1970年、346頁
(4) 同書、344頁
(5) 同書、22頁
「職業という行為にともなう心構えや行動基準を私は職業倫理と呼ぶ」(島田燁子『日本人の職業倫理』有斐閣、1992年、20頁)。島田燁子（1936～）は、職業一般の倫理について次のように説明する。「日本の勤労者すべてに期待され、また社会的規範として重視されてきたのは、『勤勉』であること、『正直』であることである。これはあらゆる職業について根底にある社会的期待である。その上で各職業が必要としている行動基準をそれぞれに身につけているのである」(同書、28頁)。
(6)・(7) 同書、23頁
(8)「徳川時代初期においては、公権力によって営利活動や蓄積という行為が倫理外に排除されていたので、そのような行為が存在する限り、人びとは、権力の存在

とは無関係の場で、その倫理化を図らなければならなかった。それをすることのできたのは、たとえば鈴木正三のような仏教思想家であり、18世紀にはいっては、生活の場のなかで儒教思想を取りあげた石田梅岩のような思想家であった。ここに例示した二人は、百年の期間をへだてて思想的なつながりをもっている。この二人は、武士が忠勤を励み、町人が仕事に精励して利得を得ることは全く同じであるということを、心の在り方の問題、自己実現の課題として唱道した思想家であった」（神谷満雄『徳川時代初期経済の発展・構造・国際化の研究』拓殖大学研究所、1994年、195頁）。石田梅岩（1685～1744）

（9）同書、193頁
（10）同書、194頁
（11）同書、196頁
（12）同書、152頁
（13）同書、153頁～154頁
（14）同書、155頁
（15）鈴木正三『万民徳用』鈴木鉄心校訂並編者『鈴木正三道人全集』山喜房仏書林、1975年、61頁
（16）神谷満雄『鈴木正三という人』鈴木正三顕彰実行委員会、1995年、42頁
（17）カルヴァン（Jean Calvin, 1509～1564）は、神の召命としての労働が報酬を目的として行われてはならないこと、神から与えられる報いが個人の功績に応じて与えられるのではないことを、次のように説明する。

「主はこのたとえにおいて、出会う限りのすべての人を自分のぶどう園の手入れに送り込む主人に、御自身をなぞらえたもう。ある人はその日の一時間目に、他の人は二時間目に、他の人は三時間目に、またある人は実に十一時間目に送られた。そして、夕方になって、すべてのものに等しい賃銀を支払うというのである（マタイ20：1）。このたとえの解釈は——それが誰であるかはともかく——アンブロシウスのものとされている『異邦人の召しについて』という書物をあらわした古代の著作家によって、簡潔に・また真実になされた。わたしは、わたし自身のことばよりも、むしろこの著作家のことばを用いよう。かれは言う。『このようなたとえを尺度として、主は、多種多様な召しが、しかもひとつなる恵みにかかわることを示したもう。そこで、十一時間目にぶどう園に送りこまれて、丸一日働いたものと等しく扱われたものは、主が恵みの卓越性を明らかにするために、日の衰えるとき、人生の結尾に、神的な寛容をもって贈り物を与えられた人の運命を表わす。主はかれらの労働に報酬を支払いたもうたのではなく、行ないなくして選びたもうたものらに、御自身のいつくしみの豊かさを注ぎたもうたのだ。それは、長時間労働して、最も遅く来たものの受けた以上を受けなかった人たちが、それをかれらのわざに対する報いとしてでなく、恵みの賜物として受けるということを理解するためである』（第1巻、第5章）。最後に、このことが

第五章　鈴木正三の作務思想

注目に価する。永遠の生命は行ないに対する『報い』である、と言っている〔すべての〕個所において、われわれがこれを単純に、浄福な不死にいたるために持つ神との交わり──すなわち、神がわれわれを〔世継ぎとするために〕父としてのいつくしみをもって、キリストのうちに受けいれたもうときの交わりである──ととってはならない。これは、浄福の所有、ないし、いうところの『享受』ととらなければならない。」(Johannis Calvini, "Institutio Christianae Religionis", Liber Tertius, ParsSecunda, 〔Cap XIV-XXV continents〕 Editio Japonica Secundum, Recensionem, 1559〔渡辺信夫訳『カルヴァン・キリスト教綱要』Ⅲ／２、カルヴァン著作集刊行会、1964年、75～76頁〕)

マックス・ウェーバーはピュウリタニズムの信徒であるリチャード・バックスター（Richard Baxter, 1615～1691）の考え方を紹介する。ピュウリタニズムによれば、労働する能力がありながら労働するべき時間を遂行できない者は、その分神の意思に反していることになる。「明白に啓示された神の意思によれば、その栄光を増すために役立つものは、怠惰や享楽ではなくて、行為のみである。したがって時間の浪費がなかでも第一の、原理的にもっとも重い罪なのである。人生の時間は、自分の召命を『確実にする』ためには、限りなく短くかつ貴重である。…（略）…時間がかぎりなく貴いというのは、その失われた時間だけ、神の栄光のために役立つ労働の機会が奪いさられたことになるからなのである」(Max Weber, "Die protestantische Ethik und der》Geist《des Kapitalismus", Gesammelte Aufsätze zur Religionssoziologie, bd.I, Tübingen, 1920〔梶山力・大塚久雄訳『プロテスタンティズムの倫理と資本主義の精神』下巻、岩波書店〈岩波文庫〉、1962年、169頁〕)。

(18) 神谷満雄『徳川時代初期経済の発展・構造・国際化の研究』155頁

宮本武蔵（1583～1645）は、士農工商の生きる道を「四つの道也」として、次のように語る。

「凡そ人の世を渡る事、士農工商とて四つの道也。一つには農の道。農人は色々の農具をまうけ、四季転変の心得とまなくして、春秋を送る事、是農の道也。二つにはあきないの道。酒を作るものは、それぞれの道具をもとめ、其善悪の利を得て、とせいをおくる。いづれもあきないの道、其身其身のかせぎ、其利をもつて世をわたる也。是商の道。三つには士の道。武士におゐては、道さまざまの兵具をこしらゑ、兵具しなじなの徳をわきまへたらんこそ、武士の道なるべけれ。兵具をもたしなまず、其具々々の利をも覚えざる事、武家は少々たしなみのあさき物か。四つには工の道。大工の道におゐては、種々様々の道具をたくみこしらへ、其具々々を能くつかひ覚え、すみがねをもつてそのさしづをたゞし、いとまもなくそのわざをして世を渡る。是士農工商、四つの道也」（宮本武蔵『五輪書』渡辺一郎校注『五輪書』岩波書店〔岩波文庫〕1985年、15～17頁）。

(19)～(23) 鈴木正三『万民徳用』宮坂宥勝校注『万民徳用』『日本古典文学大系』

141

第Ⅱ部　禅における労働と余暇との統合

83、岩波書店、1964年、267頁、鈴木正三『万民徳用』『鈴木正三道人全集』64頁
(24)〜(26) 同書、268頁、『鈴木正三道人全集』65頁
(27) 同書、269頁、『鈴木正三道人全集』66頁
(28)・(29) 同書、270頁、『鈴木正三道人全集』66頁
(30) 同書、271頁、『鈴木正三道人全集』67頁
(31) 同書、273頁、『鈴木正三道人全集』68頁
(32) 同書、273頁、『鈴木正三道人全集』68頁〜69頁
(33) 同書、273〜274頁、『鈴木正三道人全集』69頁
(34)・(35) 同書、274頁、『鈴木正三道人全集』69頁
(36) 同書、275頁、『鈴木正三道人全集』69〜70頁
(37) 同書、275頁、『鈴木正三道人全集』70頁
(38) 同書、275〜276頁、『鈴木正三道人全集』70頁
(39)・(40) 同書、276頁、『鈴木正三道人全集』70頁

　　宮本武蔵は、職人の仕事に対する心の在り方を兵法の心の在り方と同一にみて、次のように語る。
　「大将は大工の統領として、天下のかねをわきまへ、其国のかねを糺し、其家のかねを知る事、統領の道也。大工の統領は堂塔伽藍のすみがねを覚え、宮殿楼閣のさしづを知り、人々をつかひ、家家を取立つる事、大工の統領も武家の統領も同じ事也。…（略）…果敢の行き、手ぎわよきといふ所、物毎をゆるさざる事、たいゆう知る事、気の上中下を知る事、いさみを付くるといふ事、むたいを知るといふ事、かやうの事ども、統領の心持に有る事也。兵法の利かくのごとし」
　（宮本武蔵『五輪書』渡辺一郎校注『五輪書』18〜20頁）。

(41)〜(43) 鈴木正三『万民徳用』『日本古典文学大系』83、277頁、『鈴木正三道人全集』71頁
(44) 同書、277頁〜278頁、『鈴木正三道人全集』71頁
(45) 同書、278〜279頁、『鈴木正三道人全集』72頁
(46) 白隠禅師『遠羅天釜』『禅林法話集』有朋堂文庫、1919年、385頁

第六章　まとめ

1　垂直次元の課題

　永平道元は次のように述べている。「典座在リテ佛殿ノ前ニ晒ス苔ヲ。手ニ携ヘ竹杖ヲ、頭ニハ無シ片笠モ。天日熱シ地甎熱シ、汗流俳個励シテカヲ晒ス苔ヲ。稍ヤ見ル苦辛ヲ。背骨ハ如ク弓、尨眉似タリ鶴ニ。山僧近前シテ便チ問ヒキ典座ノ法壽ヲ。座ノ云ク、六十八歳ナリ。山僧云ク、如何ガ不ル使ニ行者・人工ヲ。座ノ云ク、他ハ不ニ是レ吾ニ。山僧云ク、老人家如法ナリ、天日且ツ恁ク熱ス、如何ゾ恁地ナル。座ノ云ク、更ニ待ツベキ何レノ時ヲカ。⁽¹⁾」
　この「他ハ不ニ是レ吾ニ」の言葉は、他と我との比較や差異を論じたのではなく、他は他であり、吾は吾であるという実存的な自覚が、表現されている。その吾は決して観念的な自己への執着などではなくて、我執を超越した本来の自己の自覚、主体としての自覚なのである。作務における主体としての行道の展開は、まさに作務思想がもつ実存との統合である。唯一主体としての自己を通しての仏心の具現であり、作務における修証の実践的場が、真実の自己を現成している。「行ズレバ乃チ證在リ其ノ中ニ⁽²⁾」なのである。作務は、自己の身心を通して環境（他者）に奉仕し、自己と環境（他者）とが一体となる境地の自覚へ導くのである。「更待何時」は、時間的空間的な次元の超越であり、非時間の場における根源的な本来の自己の自覚を意味する。
　百丈禅師が説いた「一日不ル作、一日不ル食」の言葉は、精神主義的な勤労精神のみを意味するのではない。勤労に内含される動中の正念工夫とも言うべき妙用大用の機を説く百丈禅師の作務精神がある。自己の労働による実存的自覚である。衆僧と普請し作務する思想のなかに人間を人間たらしめている本質があり、人間の労働による実存の自覚がある。日常の諸行為を行ずる作務において、人間の本性を吐露し発現しえる意味を示したのである。「百丈云く、一切の語言文字、倶に皆宛轉して自己に帰すと⁽³⁾」、百丈をしていわしめる実存である。

第Ⅱ部　禅における労働と余暇との統合

　「雲厳に『和尚毎日駆々たること阿誰の為にかする』と問われて、百丈は、『一人の要するあり』と答えた⁽⁴⁾」。自己の食分を自己の作務によって作り出すこと以上に、百丈は彼の作務に自己の実存を行じたのである。彼は自己の実存を主体としての自覚において行じたといえる。百丈禅師にとって、「独坐大雄峯⁽⁵⁾」の自己本来の面目である。禅における垂直次元の自覚的精神に他ならない。

　垂直次元の求道的精神は禅修行の精神性であり、人間の本性への超越性を含んでいる。それ故、水平次元における人間疎外状況への絶対的批判になると同時に、それを克服する方途を示している。作務における求道的精神は禅と実存とを統合させ、同時に自覚を求める主体としての自己を経験させる。禅における実存、「他不レ是ニ吾ニ」は般若思想による実存的自覚を意味する。禅にあっては肉体ですら「儞、箇の夢幻の伴子を認著すること莫れ⁽⁶⁾」であるが、実存は飽く迄も身体的存在でありつつ、同時に「無形無相、無根無本、無住処⁽⁷⁾」の存在であり、個我をも超越する存在である。禅は、有無の相対性を完全に統合した主体としての自己を説く。

　禅における実存は、「赤肉団上に一無位の真人有り⁽⁸⁾」という自覚した主体としての人間性を説き、個我以上に具体性をもつ。般若の空思想による即非の論理のなかで、実存を形而上的なものにしていると同時に、形而下的考え方を統合している。禅が垂直次元と水平次元との統合的場に作務精神を位置付けるところに、禅の社会性と人間の本性とを統合する場がある。主体としての自己を自覚する回帰的で還相的な慈悲の思想を、水平次元を基盤とした垂直次元の極めて深い場所で説くのである。日常生活の水平次元で当然のこととしてある事象は、常に懐疑を含んでおり、懐疑を問題として否定し尽すところに相対的在り方を捨て、絶対的な在り方を自覚できるのである。言い換えれば、水平次元と垂直次元とは作務精神によって、この両次元の統合の場をもつことになる。この統合性故に、禅思想は、「逢仏殺仏、逢祖殺祖、逢羅漢殺羅漢、逢父母殺父母、逢親眷殺親眷、始得解脱⁽⁹⁾」と説かれ、飽くなき人間の本性への自己究明を試みられるのである。

　現存在が、即ち主体としての自己を自覚する実存である。実存としての人間は、決して形而上的人間のみではなく、形而下における受肉をした実在であり、

諸矛盾を表現した人間存在のなかに、自主独立の根源的な創造的自由の精神をもつ人間である。「用処 蹤跡無きが為なり[10]」の自由である。

　禅の実存は形而下的な人間の本性を追究するが故に、作務の形態をもつのである。形而上的問題に対して、作務は肉体労働による行道の実践として、身心合一の経験を重視し、空間的時間的に赤肉をもった実存として、人間の本性を把握する。肉体労働を説く作務は、実践における知の体認であり、思弁的認識を肉体を通して根源的に主体化させる。禅の実存は形而下的実存、下へ超越する実存なのである。形而上学的解決の主体は大地と密着した具体的人間にある。

　垂直次元と水平次元との統合的場をまさに作務自体がもち、また中国禅林以来から作務に要求されてきたことである。なぜなら、作務は人間の本性の探求に重要な契機をもっているからである。作務は僧堂教育の基礎として、禅林独自の教育形態を形成することになる。作務思想の教育的意義は、禅のみにおいて論じられるのではなく、教育と労働との関係における人間形成を考えるうえにおいても、問われるべき課題である。作務精神がもつ教育的役割は、単なる垂直次元のみの精神鍛練主義でもって片付けてはならず、労働疎外と人間形成との関係を考えるうえで、重要な示唆を私達に提起しているのである。

2　水平次元の課題

　叢林における作務は社会的共同形態をもっている。作務の生産手段の所有形態は社会的共同所有形態であり、生産方法もまた社会的共同形態＝普請制度である。生産手段と生産関係との間には何ら矛盾は生じない。この矛盾から生じる労働における人間の自己疎外は、作務では生じないことになる。作務にあっては、彼の諸能力は彼自身の統制下にあり、彼の単なる個人的生存の手段に堕していない。寧ろ集団的生存のための労働を、修行者は自己の諸能力の統合として具現化するのである。それ故、修行者の自己発現は集団の発現でもあり、社会的発現になりうるのである。作務は普請の制度による共同作業であり、私的な作業を意味しない。生産物も私的な個人的享受ではなく、集団的な享受を意味する。労働の生産物からの疎外もないことになる。世俗社会の賃労働が資本体制下の私有制度のもとで、生産手段と生産関係とを分離され、労働における自己疎外を経験することとは異なっている。

第Ⅱ部　禅における労働と余暇との統合

　作務が垂直次元と水平次元との統合的場にあるとすれば、作務は労働の二重性 ― 具体的有用労働と抽象的人間労働― に、分離しないことになる。作務には労働力の商品化は生じない。なぜなら、叢林生活における求道的精神が、人間の物件化を絶えず徹底的に拒否するからである。資本主義による、労働者と資本家とを同時に疎外する商品の物神崇拝主義をとらないからである。労働者があらゆるものから疎外されている社会状況とは異なり、修行者の作務は次のように考えられる。作務は生活物資を生産するが、営利目的とする商品を生産する労働ではない。作務は労働力を商品化することによって賃金を得る労働ではない。作務が労働商品の根本的な矛盾を含んでいないのは、作務自体が手段的労働ではなく、目的的労働であるからである。作務労働には修行者を人間形成する精神性において、貢献しうる役割があるからである。修行者が叢林内にあって労働の本質を知り得るならば、そのことは社会で労働から疎外された人に、克服しうる心の在り方を導くことであり、疎外された状況下にある賃労働者の苦悩を、作務精神の心の在り方によって克服できるよう導くことなのである。（修行者が作務精神を身に付けていない段階では、修行者にとって作務労働は疎外状況をつくりだしている。なぜなら、修行者は、作務労働に本来の自己を具体的に現成していないからである。道元の言葉によれば、「若シ無クバニ道心ニ者、徒ニ勞シテ辛苦ス、畢竟無益ナリ也(11)」である。修行者は自己疎外の現実に対し、その事実を修行の糧、問答商量の課題とするのである。）

　修行者が作務精神でもって社会の職業（労働）倫理観を形成していくならば、当然そこには人間救済としての社会的役割への発展契機をもつことになる。生活倫理観形成の還相面は、作務精神がもつ禅の利他行であり、人間形成の教育的役割である。作務精神が垂直次元の観照的傾向をもち、精神力のみを鼓吹する鍛練的苦行道としてのみ終始するならば、作務思想は禅思想を変革する動機にはなりえなかったのである。結果として、禅思想は独自の展開をすることになる。なぜなら、作務思想がもつ革新性は、叢林の独自的な労働形態＝自給自足経済の貫徹に、歴史的な積極的意義をもったからである。

　修行者は作務労働を実践することによって、人間の本性を自覚する。現代における課題は、作務精神の心の在り方を賃労働者の働く精神性へと発展させることによって、作務労働と賃労働との連携を構築することである。このことは、

第六章　まとめ

また出家者と在家者との関係を修道者の概念をもって統合することになる。修行者が作務労働の実践を通して自覚した本来の自己は、修行者個人のうちに止まるものではない。本来の自己は、修行者の身心をかりて、日常行為上に具体化されるのである。修行者は人間の本性を自ずと然なる在り方で日常行為上に発露し、他を感化するのである。修行者が身に備えた心の機(はたらき)は、日常行為(労働)を通して他者を利する働きをする。それ故、その働きは日常行為(労働)上で具体化され、他者の心の在り方を変容するのである。他者は自ずと然なる在り方で、自己の意思によることなく、自己の本来的な在り方へと導かれるのである。修行者の利他行は、修行者が身に備えた心の機(はたらき)を通して、修行者のみならず他者をも自覚的人間へと導くことになる。作務精神は利他行の精神であり、人格陶冶の精神なのである。

人間は本性的に水平次元のみならず、垂直次元への求道的精神をも有している。そしてこの両次元を結合するものが禅の作務精神である。現代が課題とする人間と科学技術との関係においても、作務精神は技術疎外から人間を救済するものである。なぜなら、作務労働にあっては、人は技術と対立することなく、調和することを課題とするからである。技術エネルギーが人間を翻弄させる生産関係の在り方を再考せねばならない。経済効率優先の生産的思考は、往々にして人間性を軽視した生産関係を作り上げてきた。人間性回復のための労働は、技術エネルギーを人間の手中で管理できることである。人間を主体として維持できる生産関係が求められる。そのためには、労働が新たな物を生産するだけでなく、人格を陶冶する機能をもつことを再認識しなければならない。労働が作り出すものの重要性は、生産物にあるのではなく、人づくりにある。その意味で、人間形成を目的として実践された作務労働が重要なのである。それは、作務労働が技術優先の立場を取るのではなく、飽く迄も自覚的人間の形成を目指す人間優先の考え方をもつからである。そのことは、作務の原始的な生産形態が科学技術信仰への注意を促すことになる。修道者が自己の生産力をそのまま自己の存在と関りをもっていることは、物質的生活の産出と自己表出とが統合されていることを意味する。作務労働は自己表出活動として実践されるからである。

私達は、作務思想に次のような積極的な意義を教育的役割として考えること

ができる。①人間形成としての教育的役割をもつ。②観念的傾向の垂直次元を水平次元の即事性・即物性へ対応させ、知識的分別知を克服する。③自己と環境（他者）との合一は日常の諸行為を自然なるものと調和させ、心の機(はたらき)を身に備えさせる形で、精神的余暇を享受させる。④垂直次元における主体としての自覚と水平次元における客体対主体の認識の在り方を統合しうる。⑤水平次元との統合をもつことによって求道的精神をより一層深化させ、人間の本性を自覚させる。⑥垂直次元と水平次元とを統合する媒介の精神は、自己究明としての勤勉的精神である。

　作務精神が導く心の在り方は、日常生活の水平次元にあって常に行(ぎょう)の精神を道の精神へと浄化することである。日常行為（労働）に疎外されることは、日常行為（労働）上で本来の自己を具体化できないことを意味する。真の自己を自覚しえない現実は、その事実を通して人を人間疎外へと追いやる。人は疎外された日常行為（労働）を介して、逆に現実の自己を否定し、現実ならざるものに本来の自己を追い求める。ここに、求道的精神が導かれる余地がある。人は日常生活の水平次元を否定し、垂直次元の絶対的なるものへと願望するからである。人は日常生活に苦悩すればする程、生活を退廃させるか、或は求道的生活を堅固にするかの道を歩むのである。

　しかし、作務精神が教えるものは、道の精神は苦悩する日常行為（労働）そのもののうちにあるということである。人は日常生活の水平次元を離れては、絶対的なるものの垂直次元を経験することはできないのである。つまり、逃避したくなるような日常行為（労働）に止まってこそ、人は絶対的なるものの存在を体得できるのである。それ故、人は日常行為（労働）を通して精神的余暇を享受できるのである。労働と余暇との統合的関係は、人を人格陶冶し、自覚的人間へと形成する。作務精神は労働と余暇との統合的関係を導き、生きる知恵を身に備えた心の在り方を、人に自覚させるのである。そのことは、作務精神が現代人に為すことのできる教育的役割である。

（注）
（１）永平道元「典座教訓」大久保道舟編『道元禅師全集』下巻、筑摩書房、1970年、298頁

第六章　まとめ

（２）永平道元「辨道話」同書、上巻、1969年、254頁
（３）朝比奈宗源訳註『碧巌録』（下）岩波書店（岩波文庫）、1937年、149頁
（４）中村元『日本宗教の近代性』春秋社、1964年、25頁
（５）朝比奈宗源訳註『碧巌録』（上）、307頁
（６）・（７）朝比奈宗源訳註『臨済録』岩波書店（岩波文庫）、1935年、61頁
（８）同書、28頁
（９）同書、88頁
（10）同書、113頁
（11）永平道元「典座教訓」『道元禅師全集』下巻、295頁
　　修行者は労働者のように、労働の商品化によって自己発現の場を見失う労働行為はしない。しかし、修行者は作務をすることによって新たな生産物を生産することになり、自己と対象物との関係は自己と他者との関係として必然となる。ところが、禅ではこのことが自他一如を導く修行の課題となるのである。

第Ⅲ部　鈴木正三における労働と余暇との統合

　鈴木正三は、修行者が身に備えた作務精神を勤勉的精神へと、仏道としての労働において具体化し、人づくりを実践した。彼は、職業（労働）に一心不乱に専心することが、煩悩心を遮断し、行(ぎょう)の精神を浄化すると考えたのである。人は職業（労働）に全神経を集中し、念仏を唱えながら行道と為し、その生き方を職業（労働）倫理としたのである。在家者は日常行為（労働）を行(ぎょう)と為すことによって、出家者の修行に類似した行の効果を享受できるとした。なぜなら、行(ぎょう)としての日常行為を繰り返すうちに、心の機(はたらき)を身に備え、日常行為上で心の機(はたらき)を具体化する心の在り方を体得できるからである。人は心の機(はたらき)を通して、日常行為に生き生きと生きる本来の自己を自覚する。即ち、人は職業（労働）を行道として実践しながら、本来の自己に出会い精神的余暇を享受するのである。正三は、人が仏道としての労働を通して精神的余暇を享受することを行道の目的とした。

　日常生活の行道を支えた精神は、出家者にあっては作務精神であり、在家者にあっては勤勉的精神である。勤勉的精神は宗教的労働観を構成する諸精神——日常的精神、奉仕的精神、調和的精神、求道的精神、自覚的精神——とともに自覚的人間の形成に深く関与する。

　彼は、行(ぎょう)の日常化を説き、禅の他に念仏行を日常生活に取り入れた。彼の念仏行は職業（労働）に従事しながら、「南無阿弥陀仏」を唱え全神経を日常行為に集中する行であった。在家者にとって、念仏行は専心し易い行だったのである。行(ぎょう)の日常化は、求道的精神の堅持を日常生活に求める。つまり、自覚的人間の形成には、行の精神を日常的な心の在り方として、堅持することが重要なのである。

　このため、彼は、行道を通して身に備えた心の機(はたらき)を充分に生かし切る心の在り方を説くことになる。煩悩心に振り回される人に対して、本来在るべき心

の在り方を示し、本来の自己を信じて生き抜くことを教えたのである。彼は、煩悩心から生じる様々な心の概念を心の機(はたらき)を通して、本来の心の在り方へと統合し、精神的余暇を人に導いた。人は行道を実践することによって心の機(はたらき)を身に備えるのであるが、換言すれば、心の機(はたらき)を身に備えること、そしてそれを日常行為上で具体化できることが、行(ぎょう)の目的である。人は心の機(はたらき)としての精神的余暇を通して、自己を全人格的に陶冶し、自覚的人間へと成長するのである。

　以下、正三は行道を通して労働と余暇との統合的関係を説き、自覚的人間の形成にいかに深く関与したかを述べていきたいのである。

第Ⅲ部　鈴木正三における労働と余暇との統合

第一章　行(ぎょう)と人間形成

　労働と余暇との統合的関係は、精神的余暇のうちに人を人格陶冶し自覚的人間へと形成する。精神的余暇は、垂直次元においては作務精神によって、水平次元の日常生活においては勤勉的精神によって人に享受される。なぜなら、作務精神は行の精神として日常行為（労働）を実践する勤勉的精神へと具体化されるからである。そして行の精神は、日常生活上で人を人格陶冶する教育の役割を担うのである。

　日本における精神史的、文化史的特徴と考えられたものは、行の日常化[1]である。このことは、人間の諸活動のあらゆる領域において、日常行為（労働）を勤勉にするうちに、形としての道に出会い、形を体系的に行じていくという人間形成の道を構成したのである。

　行の日常化を支えたものは勤勉的精神である。勤勉的精神は日常行為（労働）を行化すると同時に、行の日常化を通して、行の精神を道の精神へと昇華するのである。勤勉的精神は日常行為（労働）における行の精神と宗教行為における道の精神とを統合することによって人間形成に深く関るのである。行の日常化は行としての日常行為（労働）を実践することであるが、このことは日常生活上で常に行の精神を堅持するという平常心[2]の考え方を生み出すことになる。平常心の心の在り方が、即ち道の在り方に一致するのである。

　行の日常化は、日常生活における平常心の心の在り方を導くことによって、修行者の道を形成していく。在家者は仏道としての労働を通して、自覚的人間へと陶冶される。鈴木正三は、「人ヲ能シタヒシタヒト強フ思フ計ニテ、我ヲ忘レタリ[3]」の信念で、仏道としての労働を通して人づくりを実践した。彼が日常行為（労働）を行の日常化として考えた理由は、行としての日常行為（労働）が、本来の自己を自覚する契機を含んでいるからである[4]。この行に対する考え方は、行が人間形成を為す教育機能を示している。日常行為（労働）が行化されるのは自己を自覚する行の精神においてである。いかなる日常行為（労働）においても行は集約され、人が本来の自己を自覚する行としての役割

第一章　行と人間形成

をもつのである。

それ故、行としての日常行為（労働）が担う教育的役割は、一つは精神集中することであり、二つは全人格的な統一性をもつことであり、三つは全人格的な陶冶を可能にすることの三点に要約できる。即ち、行としての日常行為（労働）は、本来の自己を自覚することを目的とした自覚的労働観[5]を形成しながら、自己を教育することにある。

以下、これらの諸点を念頭に置きながら、正三が、仏道としての労働を通してこれらの教育的役割に関しどのように実践していったかを考えることとする。

1　鈴木正三の行道

正三は平常心の道の在り方について、人為が作用する余地のない道として考えた。

彼は心学者の質問に対し、次のように仏法の道を答える。「仏法ト云ハ、分別ヲ以テ、身ヲ収ル様ノ事ニ非ズ、跡ヲ思ワズ、後ヲ分別セズ、只今ノ一念ヲ空ク過サズ、清浄ニ用ル事也。…（略）…我ニ離ル事也。扨亦心ノ改事ハ、因果ノ道理ヲ守タルガ好也。…（略）…万事因果次第也ト守テ、分別ノ仕置スベカラズ。…（略）…総而、物毎分別次第ニ成物ニ非ズ。皆天道次第ニ成物也。好是ヲ守レバ、大ニ心ノ清ル事也[6]」。

彼は行道を儒教で説く「天道」と考え、「万事因果次第也」という仏教の「因果ノ道理」を統合した道と考えたのである。即ち、人は自然の道理を体得するために、自我の執着心を離脱する修行を実践し、日常行為を行と為して行の精神を身に備えるのである。人は求道的精神を清浄化して、行の精神から道の精神へと昇華する。仏心は思慮分別知によって理解できるものではなく、即今只今、その時その時の弁道心を「清浄ニ用ル事」によって身に備わるものである。人は精神浄化を為すために、あらゆる日常行為に尽力するのであって、思慮分別知の判断によって知識的に行を実践しても、精神集中することはできない。人が行としての日常行為に我を忘れて勤勉に奉仕するとき、自己の精神を清浄化し、行としての日常行為に道を見出しうるのである。人が自然の道理として「因果ノ道理」を会得するならば、自己は「万事因果次第也」ということになる。それ故、人は自己の思慮分別知によって万事を決定できる立場にい

第Ⅲ部　鈴木正三における労働と余暇との統合

るのではなく、「物毎分別次第ニ成物ニ非ズ。皆天道次第ニ成物也」ということになる。

人は「天道」の内なる自己として、実存的自己を会得するとき、自己ならざる自己と出会い、自己を超越する何ものかを自覚するのである。人は調和的精神から求道的精神へと自己の精神を鍛錬する。行道としての鍛錬は、人の求道的精神を清浄化し、弁道による人格陶冶の役割を担うのである。人は精神浄化を為しながら、「自己の本源[7]」或は「本有の自性[8]」に至る仏道を歩み、同時に自覚的人間へと人間形成の道を辿る。「天道次第ニ成物也」の考え方は自然の道理を意味し、この道は自己の内なる仏心或は「自己の真仏[9]」と出会う道そのものである。

彼は『驢鞍橋』で自然の道理について次のように説明する。

「柳ハ緑リ花紅イ、夫々ノ色有性有。人間ノ性モ如レ是一様ナルベカラズ。然ニ我心狭クシテ、加様ノ見分ナク、他ノ是非ヲ病デ苦ム也。後世ヲ願フト云ハ、修シ行ジテ心老(おとな)シク成、物ニ碍ラヌ様ニ用ル事也。何トシテモ初心ニテ心老シク難レ成物也。此用ニハ盲安杖(もうあんぢゃう)ガ好也[10]」。

彼が説いた行道は「修シ行ジテ心老(おとな)シク成、物ニ碍ラヌ様ニ用ル事也」の心の在り方である。『盲安杖[11]』によれば、その行道は、「一切衆生悉有仏性の理をさとるべし[12]」を自然の道理とする考え方である。彼は、「総而人の愁ひをしれ、万物へだたるといへども、本来の心は一つなり。何れを自他といはんや[13]」という万物一体観を考える。この森羅万象悉皆成仏の考え方は、宗教的労働（余暇）観を考えるうえで重要な役割を担っている。なぜなら、万物悉皆成仏の自然の道理は、その内に人をも内含し、全体として調和する一つの道の思想を形成するからである。その調和的な道の思想は調和的精神を人に涵養し、労働と余暇との関係を統合的関係へと導き、精神的余暇を行道の結果として位置付けることになる。その結果、調和的精神は人間形成の精神構造の一環として、人の道を成就する心の在り方を人に自覚せしめ、求道的精神へと深化するのである。

彼は万物一体観について、次のように語る。

「畜類の上にもみよ、馬は馬、牛は牛、鳥は鳥、それぞれのはたらき有。非情草木も亦おなじ。麻は自直く、蓬は自曲れり。薬となる草もあり、毒となる

草もあり。是何れの所よりわかれたるにや。天地のめぐみはかはらねども、そ
れぞれの差別あり。何れを是とし、何れを非となさんや。誠に万物一躰なる事
をしるべし(14)」。

彼が「誠に万物一躰なる事をしるべし」と述べるように、自然の道理は世間
一般の思慮分別的知識をもって計れるものではなく、万物悉皆成仏の無分別知
による統合の道理を意味する。この統合の道理は身心一如の行道の精神となり、
行(ぎょう)の精神や道の精神を統合することになる。そして労働と余暇との統合的関係
を導き、人に精神的余暇を享受させる自然の基盤にもなるのである。

行道の精神は、「今此三界皆是我有。其中衆生悉是吾子(15)」の境地へ導き、
調和的精神を求道的精神へと深化させる。世界と我との万物一体観は、世界の
理を知る形で調和的精神を人に涵養する。人はこの調和的精神から大いなるも
のへの信仰を深め、自己ならざる自己或は自己を超越するものと出会い、求道
的精神へと精神の浄化を鍛錬する。

2 道と信仰との関係

正三は、平常心の道の在り方が日常生活上の信仰の在り方に深く関ると考え
た。彼は道と信仰との関係について、次のように説明する。

「恩を知れば信心有、信心則清浄の心也。信は是道の本、功徳の母と云ゑり。
信なくして道を得る事あるべからず。道なくして心の安き事もあるべから
ず(16)」。日常生活で信仰を堅持することは行道を意味し、人は求道的な心の在
り方を自己教育することになる。求道的精神はあらゆる日常行為を行(ぎょう)と為さし
め、信仰を堅持する心の在り方を人に自覚させていく。人が自己の内なる仏心
或は「自己の真仏」を信じることは、自己が即ち仏であることの自覚である。
彼が説いた「自己の真仏」の考え方は、即身即仏、或は即心即仏の考え方と同
義である。この考え方は、無門慧開編著『無門関』第三十則の「即心即佛(17)」、
同書第三十三則の「非心非佛(18)」の公案によって理解することができる。

同書第三十則「即心即佛」の問答商量は、弟子大梅法常（752～839）の
「如何是佛」の問いに対して、師の馬祖道一（709～788）が「即心是佛」と答
えた公案である。この問答商量に対して、無門慧開は「若し能く直下(じきげ)に領略(りょうりゃく)し
得去らば、仏衣を著け、仏飯を喫し、仏話を説き、仏行を行ずる、即ち是れ仏

なり⁽¹⁹⁾」と評する。無門慧開は日常行為に徹底すること、そのことが自然の道理としての仏心を現成し、結果として人は仏心を表現する主体としての役割を担うと考えたのである。

同書第三十三則「非心非佛」の問答商量は、弟子の僧の「如何是佛」の問いに対して、師の馬祖道一が「非心非佛」と答えた公案である。『馬祖道一禅師語録』によれば「即心即佛」に対応して説かれたとされ、「非心非佛」は「心は仏ではない」の意味になるが、西村惠信（1933～）は通説に従って、「心でもない、仏でもない」の訳を採っている⁽²⁰⁾。この問答商量に対して、無門慧開は「若し者裏に向かって見得せば、参学の事畢んぬ⁽²¹⁾」と評す。

禅は無分別知の体得を修行の目的とすることから、人は知識的分別知の一切の拘束から離れ切ることが求められる。禅が目指すものは、人が仏心の機(はたらき)を身に備え、仏心の機(はたらき)を日常行為上で作用できることであって、仏心の解釈知識を習得することではない。禅では人が解釈した仏の定義からも、心の定義からも自由であることが求められ、そのために既成の解釈に囚われることのない自己の内なる仏心を自覚することが必要なのである。

正三は、「自身則仏⁽²²⁾」の考え方を、「即心是仏の教ゑ⁽²³⁾」として説き、我身を「一筋に生身の如来と念得して⁽²⁴⁾」、自己への信仰を教化したのである。人は自己を信じきるところに信仰を深め、仏恩を会得する道を自らの信仰で切り開くのである。人は、行(ぎょう)としての日常行為を勤勉に実践しながら、信仰心を清浄化し、求道的精神を深化させて、「信強ケレバ塵労妄情尽ク滅スル也、故ニ道ト相応スル也⁽²⁵⁾」の心の在り方を体得するのである。

人は思慮分別知による心の在り方から、無分別知を身に備えた知恵の心の機(はたらき)による心の在り方へと、心の在り方を転換するために、全身心を責め尽す修行を実践する。この心の在り方が人に行道を歩ませることになる。人は思慮分別知に拘束された心の在り方を克服して、無分別知の心の機(はたらき)を生の知恵として全身心に体得する。人が無分別知において自己の内なる仏心、或は「自己の真仏」と出会うことは、自己への「自身則仏」の信仰を深め、求道的精神をより強固に身に付けることになる。自己の内なる仏心、或は「自己の真仏」への信仰心について、彼は「信是道本功徳母也トイヘドモ、信中ヨリシテ自性ノ開ル人モアリ⁽²⁶⁾」と述べる。

第一章　行と人間形成

つまり、人が自己の内なる仏心、或は「自己の真仏」を信仰することは、「自性ノ開ル人」へと人間形成することである。人は行道に身心を没頭し、「自性ノ開ル人」を自覚的人間像として人格陶冶に励むのである。「自身則仏」の信仰は人の心の在り方に焦点を合わせ、人が心の機(はたらき)を身に備え、身に備えたそれを日常行為上で作用しうる境地を体得するための行道へと、人を導くことになる。人は行道を歩みながら、「自身則仏」の信仰を深め、精神浄化を為して功徳を積む日常生活の結果として、人格を陶冶するのである。

3　行(ぎょう)の精神構造

　行(ぎょう)の精神を日常生活上で堅持することは、平常心の心の在り方を人に導くことになる。この心の在り方は、日常生活上で常に宗教行為を実践することに繋がる。つまり、人は行としての日常行為(労働)に生きながら、道としての宗教行為を成就することになる。このことは、行道の精神構造が宗教的労働観の精神構造を受け継ぎ、自覚的人間を形成する精神構造に一致することになる。精神構造のなかでも、特に、行を日常化し、平常心の心の在り方を導く日常的精神と人間形成との関係、及び行道の精神が理想的人間像として目標とする自覚的人間の形成と自覚的精神との関係について述べていくこととする。

　行(ぎょう)の精神構造を理解することは、行としての日常行為(労働)を通していかにして人格陶冶が実践され、仏道としての労働観が教育的役割を果たすかを考えることである。

(1)　行(ぎょう)と日常的精神

　正三は、日常行為(労働)としての行道を実践する修行の在り方について、次のように説明する。

　「一日示日、万事ノ中ニ工夫ヲシ習ベシ。物食時モ、物云時モ、一切ノ事業ヲ作上ニモ、抜サヌ様ニ用ヒ習フベキ也。其心熟シテ、万事ト工夫ト一枚ニ成。是ヲ工夫ノ中ニ万事ヲ作ト云也。…(略)…扨亦如来ノ湛然トシテ在スモ、機ノ十方ニ円満セル処也。総而一方エ傾ケバ、其方エ計機ヒケテ脇ハ、打明物(あく)也。(27)」

　日常行為(労働)は動中の正念工夫として考えられる。「万事ノ中ニ工夫ヲ

第Ⅲ部　鈴木正三における労働と余暇との統合

シ習ベシ」という行道は、日常行為に対する徹底した精神集中を意味する。人にとって心の機(はたらき)を身に備えることは固より、心の機(はたらき)を日常行為上でいかに作用するかが、日常行為上の正念工夫なのである。

　人は日常行為に精神を集中し、客体と自己との主客合一の境地を体得するとき、客体と直接的人格的即一的関係を為した自己が、意識することもなく自ずと行為を為していくことを経験する。人が行為を為すのではなく、行為そのものが事を為すという境地を、人は自覚するのである。人が客体と主客合一化した境地について、彼は「万事ト工夫ト一枚ニ成。是ヲ工夫ノ中ニ万事ヲ作」すことと説明する。人が日常行為上で徹底して心の機(はたらき)を活かすことは、行(ぎょう)としての日常行為を自然の道へと昇華することである。人は行としての日常行為を実践しながら、行(ぎょう)の精神をさらに清浄化して道の精神へと深める。「工夫ノ中ニ万事ヲ作」すことは、人が心の機(はたらき)を身に備えながら、行(ぎょう)の精神をもってあらゆる日常行為上に心の機(はたらき)を作用していくことである。行(ぎょう)の精神は日常行為における勤勉的精神と奉仕的精神とを基盤にする。あらゆる日常行為を行と為しうるのは、強固な求道的精神に基づくのである。求道的精神は勤勉的精神や奉仕的精神を基盤として、人の全身心に備わるのである。人が行(ぎょう)の精神から道の精神へと精神浄化を為しうるとき、人は自然の道理の内に日常行為（労働）を為していく自己を自覚する。つまり、人は日常行為上の正念工夫に精神集中することによって、行(ぎょう)の真意を経験するのである。このことは、行道を日常的精神において考え、身心一如による行(ぎょう)の在り方を重視することになる。彼が在家禅の在り方を職業（労働）に専心する行(ぎょう)の実践として評価したのも、このような日常底の行(ぎょう)の意義を充分に認識していたからである。

　あらゆる日常行為において正念工夫する行(ぎょう)は、日常生活のあらゆる場所を行(ぎょう)の場とする。即ち、人は日常生活の場において、仏道としての行(ぎょう)を実践することになる。「物食時モ、物云時モ、一切ノ事業ヲ作上ニモ、抜サヌ様ニ用ヒ習フベキ」という心の機(はたらき)を、全身心に張り詰めた正念工夫として、彼は実践したのである。正念工夫することへの精神集中は、正念工夫することと日常行為を為すこととを一体化させていく。人の思慮分別知に関りなく、日常行為は自然の道理として為されていくことになる。正念工夫は日常的精神を基盤として、勤勉的精神をもって実践されるものである。人は坐禅において静中の正念工夫

第一章　行と人間形成

をするのみならず、行為（労働）においても動中の正念工夫するところに、作務の行(ぎょう)を経験するのである。

　彼は行(ぎょう)としての日常行為を全身心による活動と考え、その活動に修行としての極めて重要な意義を与える。彼は石平山に引籠僧(こも)に6項目の修行心得[28]を説き、項目中に「総ジテ修行ニハ身ヲ使フガ好也」を取り上げる。身体を労する修行は心の在り方にも影響を与える。身体を駆使する日常行為は、人の精神鍛錬に効果的な行(ぎょう)として、動中の正念工夫を修行させるのである。

　身心を修し尽すこと、或は彼の言葉によれば「身心を責[29]」める行道は、行(ぎょう)に新たな意義を付け加えていくことになる。彼は仏道入門者に対しては、修行の心得について信仰への祈りや読経に加え、「身心ヲ尽ス[30]」ことを加える。「身ヲ使フ」、「身心ヲ尽ス」或は「身心を責」める形で、出家者の行(ぎょう)の在り方を指導したことは、彼にとって日常行為（労働）に全身心を没入することと同義であり、日常行為そのものを行(ぎょう)として実践することに他ならない。このことは、彼の行道が「世法則仏法也[31]」の徹底した日常的精神をもっていたことを示している。日常的に「身心ヲ尽ス」行(ぎょう)の在り方は、出家者にとっても在家者にとっても、日常行為における勤勉的精神と奉仕的精神とを自己に涵養したのである。自己究明としての勤勉的精神が人間形成の役割を担うのである。

　彼は正念工夫する人を、「万事、目ニハ見テモ心ニ不レ見[32]」と説明する。即ち、正念工夫することへの精神集中が行為と工夫とを合一し、思慮分別知が人の心に作用しなくなるのである。正念工夫する心の在り方は、行(ぎょう)の精神によって「通身内外、只是一箇ノ疑団[33]」へと浄化する心の在り方である。彼はこの心を「疑団心[34]」とも称する。彼が「我レハ此ノ心ヲ勇猛ノ機ト名ク[35]」と述べるように、「疑団心」にとっては「勇猛ノ機」が重要なのである。人が「疑団心」を堅持することは、「勇猛ノ機」を身に備え、万事に自由自在の境涯で、日常行為上に「勇猛ノ機」を作用しうることなのである。生死事大という道理への疑団は固より、あらゆる日常行為における正念工夫の緊張した心の機(はたらき)が、重要な意味をもつ。彼は「疑団心」について、全身心に張り詰め緊張した心の機(はたらき)を、「勇猛ノ機」と定義したのである[36]。

　彼は「工夫ノ中ニ万事ヲ作」すの意味を問われて、「勇猛ノ機熟シテ工夫ノ心ナシ[37]」と答える。修行者は正念工夫に精神集中し、身に備えた「勇猛ノ

159

第Ⅲ部　鈴木正三における労働と余暇との統合

機」を日常行為上でいかに作用しうるかが、動中の正念工夫である。彼は正念工夫するうちに、正念工夫の痕跡すらなくなり、無心の境地で身に備えた「勇猛ノ機」が、諸事に働くと考えたのである。

　あらゆる日常行為における正念工夫の心構え（心の在り方）は、「心ニ心ヲ付テ、万事ノ上ニテ工夫ス(38)」ることである。修行者の現にある心は凡夫心であり、凡夫心に対して工夫する心は、「勇猛ノ機」の心である。人が心の機(はたらき)を身に備え、日常行為上で作用しうることは、「勇猛ノ機熟シテ工夫ノ心ナシ」の境地に至り得ることである。修行者にとっては万事に正念工夫することが行(ぎょう)としての精神集中の鍛練であり、正念工夫することを身に備えるに従って意識的に正念工夫することもなく、行為のうちに正念工夫を為していく。作為する心すらも無に帰するのである。修行者が正念工夫を深化させ、自己と日常行為との間に合一の境地を体得していくと、正念工夫する働きそのことが、万事の道理、即ち自然の道理を表現していく。万事の道理の境地を会得すると、正念工夫を為す働きは日常化し、正念工夫による精神集中は行(ぎょう)としての日常行為そのものとなる。万事に正念工夫する働きは日常行為そのものとなり、修行者は日常行為を行(ぎょう)とすることもなく勤勉に奉仕することになる。

　彼は日常底に行道する人について次のように説明する。

　「彼人問、僧俗ニヨラズ、修行ハ何ト仕ルヤ。師示曰、修行ト云ハ、生死ヲ離ベキ願力ヲ強起、縦ヒ無間ノ底ニ入テモ、此一念心ヲ失ハズシテ、生生世世ヲカケテ、終ニ生死ヲ出ント強守事也。此心強フテモ強ナケレバナラズ。如レ是守ヲ、信心堅固ノ人トモ、修行者トモ云也(39)」。

　「生死ヲ離ベキ願力」は「勇猛ノ機」の心である。この一念の在り方において、行道を実践する人について、出家又は在家を問わず、彼は「信心堅固ノ人」、或は「修行者」と称したのである。「信心堅固ノ人」、或は「修行者」は「身ヲ使フ」、「身心ヲ尽ス」或は「身心を責」める形で行の実践をする人である。

　彼は去処に到り、そこの内儀について「業躰ヲ使ヒ殺サントウテ、人ヲ使ワス〔ズ〕。我身ヲ使ヒ、扨モイヤナ御上(うえ)様ヤト云テ、内ノ者ドモトーツニ働キ、工夫一偏ニ勤ル人(40)」と説明する。「人ヲ使ワス〔ズ〕。我身ヲ使ヒ」、自己の全身心的な活動を通して、己事究明のための行(ぎょう)を実践する行(ぎょう)の在り方は、「工

160

第一章　行と人間形成

夫一偏ニ勤ル人」へと人間を形成する。人が精神的余暇を体得するのは全身心の労苦を通してなのである。

　永平道元が入宋の折、炎天下で作業する老典座を見て、老人の身体を思いやり、作業を他者に委ねることを勧めるが、老典座の答えは否であった。その理由について「座ノ云ク、他不ㇾ是ㇾ吾ニ。山僧云ク、老人家如法ナリ、天日且ツ恁ノ熱ス、如何ゾ恁地ナル。座ノ云ク、更ニ待ツベキ何レノ時ヲカ(41)」と答える。老典座は他と我との比較、差異を示したのではなく、他は他であり、吾は吾であるという人間の実存的自覚が、個々の身体を通してのみ体得しうることを示唆したのである。つまり、自己の身体を労することは行（ぎょう）にとって不可欠の基盤であり、作務の精神である。作務の精神は即今只今の日常行為（労働）の実行を求め、時を移してはならないのである。正三はこの事実を平易に説くために、時を待たずに身心を責める型を行の在り方としたのである。

　「真実ノ修行者(42)」は「念仏経咒ヲ以テ、ヒタセメニ責ラレタリ(43)」という宗教行為の行道に精神集中し、徹底した行（ぎょう）を実践する。その行道結果として、「フト死苦ニ責ラレ、其機不ㇾ抜、真実起也(44)」の境涯を体得する。その一方で、「真実ノ修行者」は「内ノ者ドモト一ツニ働キ、工夫一偏ニ勤ル人」となり、作務の行（ぎょう）を日常行為において実践する。「真実ノ修行者」は、宗教行為としての行（ぎょう）と日常行為としての労働とを、作務精神で統合しているのである。動中の正念工夫が日常行為（労働）上で実践されている例である。

　行（ぎょう）と日常的精神との関係を理解するうえで、彼にとって忘れてならないのは、義の考え方である。義は「勇猛心(45)」を発心することであり、仏道を歩む人の在り方として考えられている。彼は行（ぎょう）と義との関係を次のように説明する。

　「夜話曰、義ナクシテ修行成ベカラズ、勇猛精進モ義ヨリ起ル也。生死ノ繼（きずな）ヲ切モ義也。抑ヨリ終リ迄、入物ハ義也。専義ヲ強守ベキ也。(46)」

　修行者は、義によって発心し、求道の精神を深化させながら仏道修行の道を歩む。修行者が「勇猛心」を堅持し、自己の求道的精神を清浄化しながら、行（ぎょう）としての日常行為を実践することは、義を実行することである。義の実行が修行者の日常行為に行（ぎょう）の精神性を付加し、行（ぎょう）としての日常行為を道としての宗教行為へと昇華させるのである(47)。修行者は日常行為を行（ぎょう）として実行しながら、行（ぎょう）の精神を道の精神へと精神浄化し、義の精神を修行の精神とするのである。

161

第Ⅲ部　鈴木正三における労働と余暇との統合

　特に、彼が義の実行を行道として説いたことは、日常行為を行(ぎょう)として実践していくうえで重要な生活倫理観を人に涵養し、日常生活を律していくことになる。

　「則チ示曰、仏法ノ至極シタル処ヲ大義ト云也。義無シテ修行成ベカラズ。(48)」彼は仏法の究極を「大義」の概念で説明し、義については「義ハ宣キニ随フト云テ能成ガ義也。性ノ明ク(あかる)成ガ義也(49)」と定義する。行道は義の実行であるとしたのである。修行者は日常行為を義を尽す形で行(ぎょう)として実行するとき、義の精神を全身心に備え、「大義」に至る自覚的精神を体得していく。彼は、日常行為上で義を実行し、自然の道理に調和する生としての知恵を身に備えるとき、仏法における究極の心の機(はたらき)を体得しうると考えたのである。行道を支える精神は、義に基づく行(ぎょう)の精神であり、無分別的知としての心の機(はたらき)である。人が行道を歩むということは、知行合一の在り方において、日常行為を行(ぎょう)と為し、日常生活を生としての知恵でもって生きることである。あらゆる日常行為は、義を実行する形で人にとって行(ぎょう)である。その日常的精神は、「自身則仏」の信仰を徹底する精神的基盤なのである。

　人はあらゆる日常行為において義を実行する形で、勤勉的精神と奉仕的精神とを自己に鍛錬し、義の実行を日常行為として為していく。その日常生活で強固な発心を身に付け、「勇猛心」と一体となる。堅固な「勇猛心」は、人に自己ならざるもの或は自己を超越するものに出会わせ、大いなる自然の道理を体得させるのである。この出会いによって、人は自己ならざるもの或は自己を超越するものを介して、自己の内なる仏心或は「自己の真仏」を信仰することになる。人は求道的精神をより一層不動のものにして、自覚的人間へと人間形成の道程を歩むのである。彼は義の実行として、発心への導きを説き、発心をより求道的に強固な「勇猛心」へと深化させて、行道の心の在り方へと導いたのである。人が「勇猛心」の機を身に備え、「勇猛ノ機」を日常行為上で働かせうる自覚的人間へと人格陶冶することを、彼は行道の目的としたのである。

　彼にとって、仏道としての労働観は、義の実行という心の在り方を実践する行道であると同時に、自覚的人間を形成する人づくりの道でもあったのである。

(2) 行と自覚的精神

　正三は己事究明の行道について、生死事大を問題とし修行実践の根底に据えるものであると考えた。彼は「諸宗トモニ、分別ノ外ニ、胸ノ開ルト云事ヲ知ラズ、心地開ルヲ成仏トス⁽⁵⁰⁾」と説く。

　「心地開ルヲ成仏トス」の境地は、人が何もの（者）からの拘束も受けず、自然の道理と一体化した本来の自己を自覚することを意味する。人は自然の道理と自己との直接的人格的即一的関係において、自然の道理の内なる自己を会得するのである。自然の内なるものは悉く自然の道理として日常を形成し、自我に基づく自己なるものは何処にも、どの様にも存在しないことを、人は自覚する。「心地開ル」は普遍的に開かれた自然の道理を意味し、人が自然の道理の内なる実存的存在であることを意味する。

　「心地開ル」の考えは、「仏祖ノ道ハ、心ノ開ク事ヲ本意トス。…（略）…禅法而已、文字ニ不依、道理ヲ離テ、只意ヲ得ル事ヲ本意トス⁽⁵¹⁾」である。

　人は勝手に作った社会の思考基準に、知識的分別的に拘束されているのである。修行者は知識的分別知を基準とした修行をする限り、その修行を何年積み重ねても、思慮分別知の枠を越えることはできない。

　彼が「只意ヲ得ル事」を禅の目的としたのは、「自身則仏」が示す心の機（はたらき）を日常行為上で作用しうる生としての知恵を身に備えることにあると考えたからである。「意」は自然の道理そのものであり、心の機（はたらき）そのものであるが、それのみでは働きが発露されない。心の機（はたらき）を身に備えた人が日常行為上で働くことによって、初めてその「意」は具体化されるのである。「意」の本意は、飽く迄も人が「意」の機（はたらき）を日常行為上で作用しうることにある。人は「意」の機（はたらき）を日常行為上で作用しながら、即ち身に備えた心の機（はたらき）を日常行為上で具体化しながら、心の機（はたらき）の在り方において自覚的人間へと形成するのである。

　彼は「只意ヲ得ル事」への道を、「先一理ヲ見得サスル道理⁽⁵²⁾」、或は「一筋ノ理ヲ見セテ得入サスル也⁽⁵³⁾」として説く。つまり、彼は、現世で成仏の境地を得ることがいかに困難であるかを熟知し、「先一理ヲ見得サスルノ道理」、或は「一筋ノ理ヲ見セテ得入サスル也」の方便を説いたのである。なぜなら、彼は彼岸に至るための修行をするのではなく、現世に生きる日常生活で仏道修行のできる形を、日常行為上の行（ぎょう）の在り方として教えたからである。

第Ⅲ部　鈴木正三における労働と余暇との統合

「先一理ヲ見得サスルノ道理」、或は「一筋ノ理ヲ見セテ得入サスル也」の行道は、一つの理を自然の道理を貫通する真理として理解する。人が自然の道理全体を体得するには、多年に亘る修行の積み重ねが求められる。しかし、禅では自然の道理に通じる一つの真理を体得することが、自然の道理全体を体得することに繋がると説いたのである。このことが、行(ぎょう)の力量に乏しい者であっても仏道修行しうることを可能にし、在家禅を興隆していくことになる。

私達は、日常行為において行(ぎょう)の精神を実践し、行(ぎょう)としての日常行為の在り方を考えるとき、行としての日常行為が宗教行為としての修行と同様の行的効果をもたらすことを知るのである。行(ぎょう)としての日常行為は知識的分別知を滅尽し「心地開ル」の境地へと、つまり人を「絶対の無限の開け(54)」の心の在り方へと開けていくことができるのである。

「先一理ヲ見得サスルノ道理」は仏道修行において力量の乏しい者であっても、行道の実践によって、心の機(はたらき)を体得できることを意味する。人は「自身則仏」の形で信仰を深めながら、「本来の自己」を自覚する人間へと形成しうるのである。彼が「此糞袋メニ眼ヲ着テ打捨ル筋也。如レ是始メカラヲゾイ物ニ成修行也。只カツタヒ坊ニ成テ修スルガ好也(55)」と述べるように、彼の行道の特徴は、①自己の身体への執着心を切り捨てること、②自己を鈍し者に徹底すること、③日常行為のうちに正念工夫し日常生活を修行の場とすることなどの三点に要約でき、人を自覚的人間へと人格陶冶するのである。

彼は、出家者が市井を離れて修行することを説かず、行道に不可欠なものは「勇猛心」の機であると考え、出家の有無を問題にしなかった。仏道修行を志す者を「修行者」の概念で纏めて考えたことは、彼が説く行道を在家者の間に浸透させていくことになる。在家者は、仏道としての日常行為（労働）の在り方を信仰心に基づく生活倫理としていくことになるのである。

在家禅の興隆は益々日常生活での行道を重視し、行道の実践を日常行為（労働）を通して日常生活の指針としていくのである。

4　自覚的人間の形成

正三は、仏道としての労働観を説くことによって、精神的余暇のうちに人格陶冶される自覚的人間の在り方を考えた。彼は『盲安杖』で、仏法による処世

の心の在り方を十ヶ条[56]に整理し、衆生済度を念願する。このため『盲安杖』の十ヶ条は仏法による処世訓として、人間形成に深く関り、人を導いていくことになる。図―5（166頁参照）は『盲安杖』の十ヶ条と人間形成の精神構造とを比較した略図である。

　宗教的労働観を構成する精神構造は、自覚的人間を形成する精神構造であるところから、『盲安杖』の十ヶ条は自覚的人間の形成に関る心の在り方を意味することになる。殊に第一ヶ条「生死を知て楽み有事[57]」は、行道の目的と精神的余暇との関係を意味しており、自覚的人間の心の在り方を指摘する。彼にとって、生死を知ることは、人としての道を歩むことであり、「生死をしる時は、をのづから道有、しらざる時は、仁義礼智もなし[58]」ということになる。彼は、生死の自覚を体得することが心の機（はたらき）を備えた身心安楽の境地、即ち精神的余暇へ人を導くと考えたのである。人は行道を通して生死事大なることを全身心に自覚し、結果として自ずと然なる在り方において人の道を歩むことになる。十ヶ条には、自覚的精神を涵養する信条として「己を顧て己を知べき事[59]」の己事究明の心の在り方がある。人は行（ぎょう）の実践を通して自覚的人間へと形成され、「誠の人は心すなほにただしく、万事に誠有て情ふかき故なり。己を知て、ひがごとなきを徳ある人[60]」とするのである。或は、「いたれる人は物にまかせてをのれにまかせず。…（略）…物に任する時は、苦楽順逆ともに楽なり[61]」の人間へと形成されるのである。人が自己を知ることは、「自己の本源」或は「本有の自性」を自覚することである。

　「己を顧て己を知べき事」の考え方について、山本七平は次のように説明する。「それは自己の内なる『本有の自性＝人間性』への把握とその自覚であり、この自覚を通じてその存在を信ずることが彼のいう『信仰』であった。[62]」山本は、正三が説く「自身則仏」の信仰を自覚的精神に導かれた心の在り方として考えたのである。行（ぎょう）の精神は、我身を忘れて全身心を責め尽す行（ぎょう）を実践することにある。全身心を日常行為に奉仕尽すことによって、人は本来の心の在り方を身に備えるのである。

　行道が理想とする人間像は、「誠の人[63]」、「徳ある人[64]」或は「いたれる人[65]」であり、いずれも自覚的人間としての心の機（はたらき）を身に備えた人間像である。正三は行（ぎょう）を実践する心の在り方として、「いたれる人は物にまかせてをの

第Ⅲ部　鈴木正三における労働と余暇との統合

図—5　人間形成の精神構造と『盲安杖』の十ヶ条（心の在り方・人間像）との関係

自覚的人間の形成	生死を知て楽み有事	唯無事の人 自由なる身 生者必滅の理 本来無一物

↑　　　　　　　↑　　　　　　　↑

日常的精神	自覚的精神	己を顧て己を知べき事 己を忘て己を守べき事 心をほろぼして心をそだつべき事 小利をすて、大利に至べき事	誠の人 徳ある人 いたれる人 心の師となるべし 身をおもはぬ身となるべし 明々たる心 唯心の浄土、己心の弥陀 我に有弥陀仏 大利
	求道的精神	住る所をはなれて徳有事	身の上をしる人 誠の理
	調和的精神	分限を見分て其性々を知べき事 物毎に他の心に至べき事	よき人 万物一躰 本来の心は一つなり 一切衆生悉有仏性の理
	奉仕的精神	信有て忠孝を勤べき事	義理、忠孝の道 誠の道
	勤勉的精神	立あがりてひとり慎べき事	誠の人 己に心ゆるすな

↑　　　　　　　↑　　　　　　　↑

（人間形成の精神構造）　（『盲安杖』の十ヶ条）　（心の在り方・人間象）

第一章　行と人間形成

れにまかせず」という万事の主人公になりうる在り方を説き、自ずと然なる在り方において生きることが、自ずと「本来自己の主人⁽⁶⁶⁾」に至る道に繋がることを教えたのである。即ち、彼は、人間の本性を知ることと心の機(はたらき)としての精神的余暇とが、同じ心の在り方であることを教えたのである。つまり、人が精神的余暇を体得するためには、自覚的人間への形成が必要なのである。人は日常行為に奉仕尽す行(ぎょう)を実践し、日常行為に精神集中し、行為と自己とを一体化する経験を通して、労働と余暇とを統合しうる精神的余暇の心の在り方に至るのである。と同時に自己を自覚的人間へと形成するのである。

　自己を忘れる行道は、自ずと然なる在り方のうちに生きる自己を自覚し、調和的精神を人に涵養する。人は無念無心の境地において、自ずと然なる在り方を心の指針として歩むことになる。「己を忘て己を守るべき事⁽⁶⁷⁾」は、人が「必心の師となるべし。心を師とすることなかれ⁽⁶⁸⁾」の信条を、心の在り方とすることである。人が「心の師」となることは、「物にまかせてをのれにまかせず」ということであり、自然の道理に沿った誠の道を歩むことである。そのことは心の機(はたらき)としての「明々たる心⁽⁶⁹⁾」をもって、煩悩心の「朦々たる心⁽⁷⁰⁾」を滅尽する心の在り方を身に備えることである。人は全身心を責め尽す行道を通して、「心の師」として「唯心の浄土、己心の弥陀⁽⁷¹⁾」と出会い、「自身則仏」の信仰に生きるのである。「自由なる身⁽⁷²⁾」、「唯無事の人⁽⁷³⁾」などの理想的人間像は、自覚的人間を説明する人間像として考えられる。

　自覚的人間の人間形成について、全身心を責め尽す行(ぎょう)の精神が重要であることは固よりであるが、同時に勤勉的精神がその精神基盤を成していることに留意する必要がある。なぜなら、行道の日常的な心の在り方は煩悩心の滅尽にあり、心の機(はたらき)を身に備えてそれをいかにして日常行為上で作用しうるかが眼目になっているからである。

　ここで問題となるのは、仏心が凡夫心にあり、凡夫心は仏心であるという関係である。仏心と凡夫心とは対立関係にあるのではなく、随順として統合的関係にあるということである。このことは、あらゆる概念を対立関係として捉える知識的分別知ではなく、対立概念の統合を心の在り方とし、心の在り方を無分別知によって纏め上げたところに、彼の重要な教育的役割がある。

　心の在り方を対立概念によるのではなく、統合の在り方として経験するには、

167

第Ⅲ部　鈴木正三における労働と余暇との統合

勤勉的精神を根底とする行の精神が、何よりも不可欠である。なぜなら、「迷は誠よりいづるにや、払ども払どもつきず。仁義を行事は、いましめてもいましめてもまことなし⁽⁷⁴⁾」といわれるように、常に対立する概念をともに否定しながら、両者を統合する関係へと、行の精神で裏打ちしなければならないからである。この統合的関係を人が自覚するのは、全身心を責め尽す勤勉な行道を通してなのである。人が自覚的人間へと形成することは、あらゆる概念を対立関係から統合的関係へと導き、統合的関係を自覚する心の機を行を通して身に備えることなのである。

　例えば、この統合的関係は商人の心の在り方にもみることができる。利益追求は売買の業として当然の商売行為であり、肯定される。しかし、煩悩心から生じる利益追求の心は我欲追求の心である。一方、仏心から生じる利益追求は、利他行の心による商売行為である。それ故、「先勞後祿、不亦易祿乎⁽⁷⁵⁾」の心の在り方が求められる。なぜなら、商売行為は無漏善の心で、正直の道を行道としなければならないからである。正直の道を行道とする商売行為は、我欲追求の心を切り捨て、無漏善の心を身に備えることになる。煩悩心から生じる我欲追求の利益を反省し、常に無漏善の結果として利益を享受する心の在り方に、煩悩心と仏心との統合的関係がある。我欲追求の利益を求める心は、煩悩心の在り方から生じる。煩悩心も仏心も、ともに凡夫心の心の在り方なのである。

　『盲安杖』には自覚的精神を涵養する信条として、他に「小利をすてゝ大利に至べき事⁽⁷⁶⁾」がある。「いたれる人」は煩悩心を捨て、心の機を身に備えた人である。仏心を示す「大利」について、彼は次のように定義する。「さていかなるを大利といふとならば、三界を出離して、四維上下、南北東西を我物となし、堅に窮三際。横に十方にわたるを大利といふなり。⁽⁷⁷⁾」即ち、「大利」は心の在り方として「利楽⁽⁷⁸⁾」に通じ、自覚的人間の心の在り方を示すものである⁽⁷⁹⁾。

5　まとめ

　行は、人間がある形に全身心的活動として精神集中することによって実践され、行の目的を宗教の本旨の会得におくところに宗教行為としての行が成り立

第一章　行と人間形成

つ。行の実践は方法として形への道であり、全身全霊的な形への自己の投入は、形を実践することへの勤勉的精神に他ならない。勤勉的精神はあらゆる人間の諸活動に浸透しうるものであり、形への行道があらゆる日常行為に開かれている理由である。日常行為を行と為すことは、毎日繰り返す日常行為を一つの形として、行の精神を実践することである。行としての日常行為において行の精神基盤が勤勉的精神であることは、同時に勤勉的精神が宗教行為において道の実践の精神であることを意味する。

　形を勤勉に行ずることは、一行三昧のうちに王三昧の境地が開かれることである。この境地は行の精神を堅持して、平常底や日常底に生きるという平常心是道の真只中である。日常性に生きる日常行為としての行は、宗教行為としての行と類似した行の効果をもたらし、日常行為は行そのものと理解できる。つまり、行は形への勤勉性において、宗教行為のみならず日常行為においても、人間形成を為すという人格陶冶の課題をもつのである。行は形への行道をあらゆる人間の諸活動に開かせていることになる。日常行為としての行の教育課題は、人間の諸活動が宗教行為としての行に類似した精神集中や形から道への方途をもち、同時に労働性（労苦や苦悩）や余暇性（楽や遊戯性）を常に裏腹にもつという統合的関係の視点をもつことなのである[80]。

　宗教行為としての行を通して実践される全身心的な鍛錬は、宗教的労働観の精神構造を構築する。日常生活のなかで、行としての日常行為を支えるのは行の精神性であり、行の精神が道の精神へと浄化されることから、日常行為においても宗教的労働観の精神構造に類似した精神構造が形成される。

　労働は人間に苦悩することを絶えず呼び戻す人間的活動であるが、人間が労働する意味や苦悩する意味を見つけ出しうるのは、労働し続けることを通して、或は人間の諸活動を反復継続するという行としての日常行為を支える精神性においてである。なぜなら、人間の諸活動は活動すること自体に何らかの意味や目的が存在しなければ、活動を反復継続し持続させることが困難だからである。

　それ故に、反復継続する人間の諸活動が宗教行為としての行に類似した行的効果をもたらすところから、道の精神、即ち勤勉的精神は常に人間の諸活動の根底を支えることになる。その行の精神、即ち勤勉的精神が人間の諸活動の意味付けを形成する。反復継続する人間の諸活動の意味が日常的に生きる意味で

あり、人が労働することの意味であるとき、行(ぎょう)の精神はこれらの意味を支える精神になるのである。

　道の精神は宗教の本旨を会得するための宗教行為としての行(ぎょう)を支える精神であるが、他方、世俗社会にあっては人間の日常行為や世俗労働の反復継続する意味を形成する行(ぎょう)の精神である。宗教行為としての道の精神と、日常行為や世俗労働の行(ぎょう)の精神とを媒介する精神性が、人間の諸活動全般に関係する己事究明としての勤勉的精神である。道の精神は、宗教においては己事究明、克苦勉励、刻苦光明必盛大などの言葉に示される宗教の本旨の会得へと人の道を切り開く。一方、日常生活にあっては行の精神は日常行為や世俗労働を介して、生きる意味や労働する意味を見出しながら人間形成を為す道を形成していく。

　彼にとって、生きる意味や労働する意味は本来の自己を自覚することであった。「自身則仏」の信仰において、「自己の真仏」を自覚することであった。このため、彼は、修道者を「自身則仏」の心の在り方へと導くために、日常行為（労働）を行(ぎょう)として為す仏道としての労働を説いたのである。

　行(ぎょう)の道は宗教行為としての形への全身心的な自己集中は固より、行(ぎょう)としての日常行為を通して己事究明、克苦勉励、刻苦光明必盛大などの言葉に表現されるような人間の本性を自覚する人間形成を導く。あらゆる日常生活領域に道の精神性を貫通させることによって、宗教の本旨の体得を求道者に課していくのである。その結果、日常生活のあらゆる行為が道としての宗教行為として位置付けられ、日常行為が行道として考えられる。己事究明の一端を見つけ出しえた者にとっては、日常行為そのものに徹すること、即ち日常行為の反復継続に徹し続けることが、さらなる真理会得への行道を歩むことになる。

　つまり、日常行為が、即ち行道である。行(ぎょう)は日常行為中に精神的余暇をもつことであり、行(ぎょう)の精神を常に堅持して平常心の心の在り方で生きること、或は「平常心(びょうじょうしん)是れ道(81)」などの言葉に表現される遊戯三昧の境涯への道を開くことになる。彼によれば、日常行為中に余暇の心をもつこと、そして平常心の心の在り方で生きる日常性とは、道としての宗教行為が行(ぎょう)としての日常行為であることに他ならず、社会一般の日常性でなければならない。宗教行為としての行(ぎょう)を支える精神は、社会の日常行為を支える精神である。宗教的労働観の精神構造はあらゆる日常行為を通して、あらゆる生活領域に勤勉的精神を土台にし

てその構造を具体化していく。

　行としての日常行為と社会に生きるための日常行為（労働）を反復継続することとはどのような関連性をもってくるのだろうか。ここにおいても、行としての日常行為と日常行為（労働）を媒介するものは、勤勉的精神である。日常行為中に精神的余暇をもちうる日常性とは、行道の結果として、或は行としての日常生活における本来の自己の発露である。社会の日常性を虚無から本来の自己の自覚へと脱皮させるものは、行を経験した精神的余暇、即ち行の精神を堅持して平常心を心の在り方とする日常性なのである。それ故、日常行為中に精神的余暇をもちうること、即ち「平常心是れ道」に生きうることは、一般社会にあっては日常行為を行として反復継続することに他ならない。この行としての日常行為は、勤勉的精神をあらゆる日常生活領域へと実践させていくことになる。行としての日常行為は行の精神に支えられ、他方、道としての宗教行為は道の精神に支えられるが、両者の精神を支えるものは勤勉的精神である。勤勉的精神は、労働と行との関係を媒介する精神であり、宗教行為を為す勤行の精神を含んで人に力行を為さしめるのである。これらのことを略図したのが図―4（77頁参照）である。

　彼が日常行為における行の精神を強調したことは、出家者にあっては日常底の行の徹底や作務精神を重視することであり、在家者にあっては日常行為（労働）への勤勉的精神や奉仕的精神を形成していくことである。彼は、日常行為（労働）を行と為して仏道修行する心の在り方を、全身心を責め尽す行の型[82]として具体的に説いたのである。

　彼は「修業之念願」の第六項目に「世法にて成仏するの理なり。然ば世法則仏法也[83]」を説く。世法の道理を日常生活で駆使することが自然の道理となり、結果として仏道修行になると、彼は考えたのである。在家者が世法の道理に徹底し、職業（労働）に世法の真理を具体化できることは、即ち、職業（労働）への専心を経験して行の実践と類似した心の在り方を体得することになる。この心の在り方は苦に付随した楽の在り方であり、安心の境涯を精神的余暇として導くのである。この考え方は徹底した日常的精神を基盤とし、あらゆる日常行為上で行の精神を実践し、日常生活の一挙手一投足を総て行道に為すという生活倫理としての勤勉的精神性を、浸透させていくことになる。人はあらゆ

第Ⅲ部　鈴木正三における労働と余暇との統合

る日常行為を勤勉に奉仕することによって行（ぎょう）としての日常行為を実践する。日常底における行（ぎょう）の実践は、出家者にあっては作務労働を重要な修行として位置付け、他方、在家者にあっては日常の職業（労働）を行道として重視していくことになる。出家者が作務労働に勤勉に奉仕する精神は、在家者に対して勤勉な職業（労働）倫理観の形成へと導くことになる。

彼が唱えた「仏世不二の説[84]」は、在家者に対して心の機（はたらき）の在り方を説く、と同時に在家者に時代の職業（労働）倫理観を形成させていくという新しい役割を担っていくのである。「世法則仏法也」の先駆性について、彼自らが次のように語る。

「道者多シトイヱドモ、皆仏法知（しり）ニ成タ計ニテ、世法万事ニ使フト云事ヲ云タル人一人モナシ。…（略）… 大略我云始（いひ）カト覚ル也。[85]」「世法万事ニ使フト云事」が社会の万事を処する術であり、世法が自然の道理そのものであることを示している。彼は世法を駆使するときの心の機（はたらき）についても説明する。世法を駆使するときの心の機（はたらき）は、「我ハ只朝カラ晩迄、キット果眼ニ成テ居ガ好也。我モ如ㇾ是勤、人ニモ如ㇾ是教ルヲ仏法修行トス。我法ハ果眼仏法也[86]」というように、眼を据え機を全身心に張り回らす姿として表現される。一方、仏法については、「仏法ト云ハ万事ニ使フ事也[87]」と説明する。彼は仏法を世法そのものとして自然の道理と考え、世法の道理が治めるあらゆる事柄に仏法の道理があると説いたのである。

「世法則仏法也」の考え方で世法をもって成仏しうるということが、彼の日常生活における行道を意味している。出家する方法によらずして、仏道を歩むことができるのである。来世の極楽浄土を願望するのではなく、此の世で「自身則仏」への信仰を通して生きるところに、真の余暇（精神的余暇）を会得するのである。職業（労働）に従事しながら仏道を歩み、自己の精神浄化を為しながら行としての日常行為を道としての宗教行為へと浄化するのである。日常行為と宗教行為との境界線は薄らぎ、人は日常行為（労働）を為しながら精神的余暇を経験するという労働と余暇との統合的関係を構築するのである。行（ぎょう）としての日常行為と道としての宗教行為とを媒介するものは勤勉的精神である。行（ぎょう）としての日常行為に勤勉に奉仕するとき、人は自我を捨て去った無心の境地で日常行為と一体化する自己を自覚する。職業（労働）への正念工夫を行（ぎょう）とし

第一章　行と人間形成

ての日常行為と見做すとき、出家者における道としての宗教行為と同様の求道的精神を、自己に涵養しうるのである。

　在家者が職業（労働）を行として実践することと、出家者が宗教行為を道として勤行することとは、仏道を歩む方便は異なるものの、自覚的精神を成就するうえにおいては、両者は同等の行の効果をもたらすのである。彼は「世法則仏法也」の考え方で、この真理を実践したのである。

（注）
（１）行の日常化を日本文化史或は精神史の特徴として、西谷啓治（1900〜1990）は、次のように述べている。「生活のあらゆる分野に『行』の立場が擴まった。その現象は恐らく日本の精神史ないしは文化史における最大の特徴であり、世界のうちで他に類のない現象であった」（西谷啓治「行といふこと」『西谷啓治著作集』第20巻、創文社、1990年、65頁）。

（２）平常心の心の在り方を道として説いたのは、無門慧開である。彼が編著した『無門関』第十九則平常是道（無門慧開編著"広園寺蔵板応永版無門関"〔西村恵信訳注『無門関』岩波書店〈岩波文庫〉1994年、87〜89頁〕）の公案では、趙州従諗が師の南泉普願（748〜835）に「如何なるか是れ道」と尋ねると、南泉和尚は「平常心是れ道」と答える。南泉和尚は「道は知にも属せず、不知にも属せず。知は是れ妄覚、不知は是れ無記。若し真に不疑の道に達せば、猶お太虚の廓然として洞豁なるが如し。豈に強いて是非す可けんや」と説明する。南泉和尚は「不疑の道」を示すことによって、平常心を「太虚の廓然として洞豁なるが如し」と形容したのである。無門はこの問答商量に対して、「春に百花有り秋に月有り、夏に涼風有り冬に雪有り。若し閑事の心頭に挂くる無くんば、便ち是れ人間の好時節」と偈頌する。南泉和尚の平常心は「不疑の道」であり、青天白日の虚空の在り方そのものである。無門もまた、平常心は大自然の働きそのものであり、「不疑の道」に徹することによって仏性を自覚できると看破したのである。しかし、大自然の働きそのものが、「人間の好時節」となるためには、「若し閑事の心頭に挂くる無くんば」という平常心、即ち日常生活上の行の実践が求められるのである。「人間の好時節」は心の在り方として、精神的余暇そのものであるが、これを享受するには日常生活での行の実践が不可欠ということになる。（同公案の話は『祖堂集』趙州従諗伝にも見られる。"高麗版原本（海印寺蔵板）祖堂集"〔柳田聖山訳『祖堂集』柳田聖山責任編集『禅語録』世界の名著18、中央公論社、1978年、552〜553頁〕）

　臨済義玄の語録を編集した『臨済録』では、平常心は日常行為（労働）の行の

第Ⅲ部　鈴木正三における労働と余暇との統合

精神の働きそのものとして説かれる。『臨済録』「示衆」第三に、「無事是れ貴人、但だ造作すること莫れ、祇だ是れ平常」（円覚宗演重刊"三聖慧然編集、興化存奨校訂臨済録"、1120年の刊本を祖本とする通行本〔入矢義高訳注『臨済録』岩波書店〈岩波文庫〉1989年、46頁〕）の教えがある。「無事是れ貴人」とは入矢義高（1910～）の注によれば、「一切の作為を絶って自らの本然に安らいでいること」（同書、47頁）である。法とは心であり、心は形無くしてこの宇宙に眼前に生き生きと働いている。作為を無くし自然の営みの働きそのものに身をゆだねるとき、心の安らぎである真の余暇（精神的余暇）を会得することができる。
　臨済和尚は、同書「示衆」第四で「仏法は用功の処無し、祇だ是れ平常無事。屙屎送尿、著衣喫飯、困れ来たれば即ち臥す」（同書、50頁）と説く。行の精神に徹底してなり切るとき、平常心であることが仏法であり、人が求める道である。日常生活行為そのものを徹底して行ずるとき、人は無事なる心を会得する。平常心は行の精神で人の道を意味し、それを継承する。つまり、日常行為（労働）における行の平常心が人間形成を為し、人に道を歩ませていくのである。

（3）恵中編『驢鞍橋』下巻、鈴木鉄心校訂並編者『鈴木正三道人全集』山喜房仏書林、1975年、245頁

（4）行としての日常行為（労働）が人を自覚させる在り方について、久松真一（1889～1980）は次のように説明する。「自己に目覚めるということは一切の行の行でありまして、これを一行というのであります。一つ一つの功を積んで、その功に依って自己に目覚めるというところへ到るのではない。真の行というものは、自己に目覚めるという一行であり、この一行が一切の行の総和であります」（久松真一「絶対的主体道」『増補久松真一著作集』第2巻、法藏館、1994年、518頁）。久松は行の根本を自己に目覚めるという自覚において考えたのである。

（5）自覚的労働観は、人と労働との関りの過程で、労働することが自覚的人間形成に深く関与するという考え方である。仏道としての労働を通して、人が自覚的人間に至る自己教育としての行道は、自覚的労働観が導く人間形成の過程と同一である。
　西田幾多郎は論文「教育学について」で、労働の教育機能を次のように指摘する。「教育は現実のプラクシスから出立すべきである…（略）…教育の中心には客観的イデーがなければならない。」（西田幾多郎「続思索と体験」『西田幾多郎全集』第12巻、岩波書店、1966年、101頁）　教育の根本に現実的な実践と客観的理念とを位置付け、教育学を実践の学、客観的科学として定義する。「実践とは主体の即客観的である。作るものが作られるものである」（西田幾多郎「哲学論文集第二」『西田幾多郎全集』第8巻、岩波書店、1965年、401頁）というように、主体と環境とが矛盾的自己同一的関係を形成し、その関係において人が労働することになる。この社会は「主体が環境を作り環境が主体を作り行く世界」（西田幾多郎「哲学論文集第三」『西田幾多郎全集』第9巻、岩波書店、1965年、29頁）

第一章　行と人間形成

という相互循環型世界をなしているのである。「作るものが作られるものである」ことは作られたものが作るものとなることであり、元々主体と環境とが一体なるものであることを意味する。

　西田は物を作ることとその教育的意義との関係について、「実践は労働であり、創造である」（同書、422頁）と述べる。実践という労働の教育視点を、私達は自覚的労働観として考えていくことができるのである。なぜなら、「作られて作るものの極限に於て、我々は絶対に超越的なる者に面すると言うことができる。そこに我々の自覚があり、自由がある」（同書、50頁）からである。即ち絶対に超越的なるものに常に媒介されている場所において、私達は自己自身を自覚し、真の自己に出会うのである。「歴史的生命の世界の自己矛盾の極限に於て、働くものとして絶対無限の客観的表現（所謂神の言葉）に対する時、我々は自覚的となるのである、即ち人格的となるのである。この外に真の自覚というものはない」（同書、47頁）。

　私達は日常的な労働において、絶対的に超越的なるものに直面するとき、自己自身でありながら決して自己自身を媒介することのない「絶対無」（同書、46頁）を自覚する。それ故、私達は労働することにおいて、自覚的に「絶対無」を心の機（はたらき）として経験する。「我々が働くというのは如何なることであるか。働くというのは、我々が意識的自己を否定して、我々の意識の外に出ることでなければならない。行動には我々の知的自己を否定する意味がある。…（略）…我々は働くことによって真の自己を見出すのである。そこに我々の真の自覚があるのである。意識的自覚はそこに基礎附けられて居るのである」（西田幾多郎「哲学論文集第一」『西田幾多郎全集』第8巻、54頁）。西田は、働くことを己事究明の行道としたのである。西田において考えられる自覚的労働観は、創造すること即ち労働することを通して自覚的人間を形成するという教育課題を提起しているのである。

（6）恵中編『驢鞍橋』上巻『鈴木正三道人全集』175〜176頁
（7）鈴木正三『麓草分』、同書、83頁
（8）・（9）鈴木正三『万民徳用』、同書、71頁
（10）恵中編『驢鞍橋』下巻、同書、236頁
（11）『盲安杖』は1619年、正三が41歳のとき書いた初期の著作である。彼は、この著書で、人が弁道するうえで大切な10項目の心構え（心の在り方）を説き、弁道の精神的支柱としたのである。それ故、10項目の心構え（心の在り方）は弁道上の精神性を構成する、と同時に人間形成の精神構造を構築することになる。
　「盲安杖　一、生死を知て（しつ）楽み有事　二、己を顧て己を知べき事　三、物毎に他の心に至べき事　四、信有て忠孝を勤べき事　五、分限を見分て其性々を知べき事　六、住る所をはなれて徳有事　七、己を忘て己を守べき事　八、立あがりてひとり慎べき事（とゞま）　九、心をほろほして心をそだつべき事　十、小利をすて〻大利に至べき事」（鈴木正三『盲安杖』、同書、49頁）

第Ⅲ部　鈴木正三における労働と余暇との統合

(12) 同書、54頁
(13) 同書、53頁
(14) 同書、56頁
(15) 鈴木正三『麓草分』、同書、75頁
(16) 同書、75～76頁
(17) 「三十　即心即佛　馬祖、因大梅問、如何是佛。祖云、即心是佛。無門曰、若能直下領略得去、著佛衣、喫佛飯、説佛話、行佛行、即是佛也。然雖如是、大梅引多少人、錯認定盤星。爭知道説箇佛字、三日漱口。若是箇漢、見説即心是佛、掩耳便走。
　　　頌曰　青天白日　切忌尋覓　更問如何　抱贓叫屈」（無門慧開編著"広園寺蔵板応永版無門関"〔西村恵信訳注『無門関』125頁〕）。
　「三十　即心即仏　馬祖、因みに大梅問う、『如何なるか是れ仏』。祖云く、『即心是仏』。
　無門曰く、『若し能く直下に領略し得去らば、仏衣を著け、仏飯を喫し、仏話を説き、仏行を行ずる、即ち是れ仏なり。是の如くなりと然雖も、大梅、多少の人を引いて、錯って定盤星を認めしむ。爭でか知道らん箇の仏の字を説けば、三日口を漱ぐことを。若し是れ箇の漢ならば、即心是仏と説くを見て、耳を掩うて便ち走らん』。
　頌に曰く、青天白日、切に忌む尋覓することを。更に如何と問えば、贓を抱いて屈と叫ぶ。」（同書、125頁）
(18) 「　三十三　非心非佛　馬祖、因僧問、如何是佛。祖曰、非心非佛。
　　　無門曰、若向者裏見得、參學事畢。頌曰　路逢劍客須呈　不遇詩人莫獻　逢人且説三分　未可全施一片」（同書、135頁）。
　「　三十三　非心非仏　馬祖、因みに僧問う、『如何なるか是れ仏』。祖曰く、『非心非仏』。無門曰く、『若し者裏に向かって見得せば、参学の事畢んぬ』。
　頌に曰く、路に剣客に逢わば、須らく呈すべし、詩人に遇わずんば献ずること莫れ。人に逢うては且らく三分を説け、未だ全く一片を施すべからず。」（同書、135頁）
(19) 注(17)
(20) 西村恵信訳注『無門関』135頁
(21) 注(18)
(22) 鈴木正三『万民徳用』『鈴木正三道人全集』70頁
(23)・(24) 鈴木正三『麓草分』、同書、76頁
(25) 「師云、疑ヲ起セト也、疑団ハ思慮絶スル也。師問レ衆、古人多ク信不及ト説ク、信アレバ何トシテ道ニ契フヤ。僧云、信心アレバ、退ク事ナク勤ル故ニ道ニ契也。師云、其儀ニ非ズ、信強ケレバ塵労妄情尽ク減スル也、故ニ道ト相応スル也。」（恵中編『驢鞍橋』中巻、同書、202頁）

第一章　行と人間形成

(26) 同書、202頁
(27) 同書、下巻、同書、270頁
(28)「塚ニ残ル亡魂慥ニ有物也。疎ニ思ベカラズ、是一ツ。…（略）…誠ニ何トシテモ、ナンノ変モ無物也、是一ツ。…（略）…如何ニモ身心清浄ニシテ礼拝誦経シ、仏神三宝ニ道心ヲ祈リ、万霊ヲ弔ヒ、自己ノ功徳ヲ勤ムベシ。善悪トモニ本ニ酬フノ理ヲ能知ベシ、是一ツ。…（略）…只人ニ負バ、イヅクニ在テモ住好カルベシ、是一ツ。…（略）…十人ニ逢バ十ノ徳有物也、是一ツ。総ジテ修行ニハ身ヲ使フガ好也、是レ一ツ。」（同書、上巻、同書、144頁）
(29) 鈴木正三『万民徳用』、同書、69頁
(30)「一日示曰、初心ノ人ハ、先信心ヲ祈リ、咒陀羅尼ヲクリテ、身心ヲ尽スガ好也。或ハ八句ノ陀羅尼ヲ、十万返モ二十万返モ卅六万返モ唱テ業障ヲ尽サレバ、志モ進、真実モ起ベシ。先能御坊主ヲ捨、一向ノ土ニ成テ勤ムベシ。」（恵中編『驢鞍橋』上巻、同書、143頁）
(31) 鈴木正三『万民徳用』、同書、61頁
(32)～(35)「作ニ工夫一人、擡ケテ頭ヲ不レ見レ天、低レテ頭ヲ不レ見レ地、看テモ山、不レ是レ山ニ、見レ水不レ是レ水、行不レ知レ行、坐不レ知レ坐、千人万人之中、不レ見レ有二一人一。師云、深ク思入タル人如レ是、万事、目ニハ見テモ心ニ不レ見。疑団迄モナシ、急度ダルマヌヤウニ用レバ、早ヤ此位ハ知ル物也。通身内外、只是一箇ノ疑団ナラバ、可レ謂ニ攪渾世界疑団不トモレ破、誓テ不レ休メレ心、此為ニ工夫ノ緊要上ニ、師云、此疑団心サヱアレバ、悪趣ニ堕シテモ種土ヲヲトサズ、世世ニ於テ、終ニ道ヲ成ズル也。此心一度不レ起、何ヲ以テ自性ニ契ンヤ。我レハ此ノ心ヲ勇猛ノ機ト名ク。此機ヲ得レバ、何ニタル事ニ逢テモ、種ヲ不レ失、万事ニ自由也。若シ修道人、此心ナクンバ、生死到来ノ時、必ズ種ヲ落スベシト也。」（恵中編『驢鞍橋』中巻、同書、200頁）
(36) 鈴木正三は「疑団心」を「疑情」（恵中編『驢鞍橋』中巻、同書、199頁）とも称し、人が正念工夫の行を実践するには、自己のうちに「疑情」を起こすことが原動力になると考えたのである。彼は「生死ノ関竅不レ破、則疑情頓ニ発」（同書、199頁）と述べ、生死事大の因縁に対する「疑情」を、日常行為において正念工夫する行の精神的起動力と見做したのである。
　藤吉慈海（1915～）は、禅における疑の在り方を「悟が疑と密接に結びついていて、疑わずにただ信ぜよと言うようなことは言わない。どこまでも疑って疑いぬくところに、悟への契機がある。その疑も、『言句を疑う』といっても、文句の意味を疑うのではなくして、自己自身のあり方を疑うのであって、對象的に何かを疑うのとは根本的に異っている。自己とは一體何か、と疑を深めることによって、自己の本來のあり方を究めて行くのである」（藤吉慈海「疑團について」『印度学仏教学研究』第13巻第1号、1965年、347頁）と説明する。それ故、疑を媒介として体得しうる知は「主體的な絶對知」（同書、348頁）であり、「般若智

177

第Ⅲ部　鈴木正三における労働と余暇との統合

などと言われる根本智」（同書、348頁）と称され、禅の悟を意味することになる。藤吉は疑団と疑情について、「疑情の極まったところを疑團と見るべきであり、『大疑』とか『大疑團』というのも、單なる參究心としての『疑情』につきぬものがある」（同書、348頁）と考える。

「作スニハ工夫、貴ラクハ在リ起スニ疑情ヲ、何ヲカ謂ニ疑情ト、如生不ν知ニ何ヨリ来ルト、不ν得レ不ν疑ニ来処。死不ν知ニ何去、不ν得レ不ν疑ニ去処、生死ノ関竅不ν破、則疑情頓ニ発、結ニ在眉睫上、放スレモ亦不ν下ラ、趁モ亦不ν去。」（恵中編『驢鞍橋』中巻『鈴木正三道人全集』199頁）

(37)・(38)「問、万事ノ中ニ、作スニ工夫、此意如何。答曰、心ニ心ヲ付テ、万事ノ上ニテ工夫ス。問、工夫ノ中ニ作スニ万事、此意如何。答曰勇猛ノ機熟シテ工夫ノ心ナシ。師因ニ云、工夫ニテ物ヲ作スト、亦ヌケテ作スト、覚ヱ有リヤト也。」（恵中編『驢鞍橋』中巻『鈴木正三道人全集』204頁）

(39) 同書、下巻、同書、239〜240頁

(40)「常常病者ナルガ、扨モ因果ノ業体ヲ受来ル事哉。我身マダ如何ナル業カ有ント思フヨリ、心切ニ成、是非是非業ヲ尽サント云テ、咒ヲクリ経ヲヨミ、身ヲ扣キツネリ、肉ノツグロ死スルホドシテ、念仏経咒ヲ以テ、ヒタセメニ責ラレタリ。十日ホド如ν是シテ、一晩、持仏堂ニテ罪業ヲ懺悔シ居レケレバ、フト死苦ニ責ラレ、其機不ν抜、真実起也。亦業躰ヲ使ヒ殺サント云テ、人ヲ使ワス。我身ヲ使ヒ、扨モイヤナ御上様ヤト云テ、内ノ者ドモト一ツニ働キ、工夫一偏ニ勤ル人有。去程ニ、頓テ病モ抜、女気ナク、男ノ様ニゾ見タリ。師是ヲ真実ノ修行者トシ給也。」（同書、248頁）

(41) 永平道元「典座教訓」大久保道舟編『道元禅師全集』下巻、筑摩書房、1970年、298頁（第Ⅱ部第六章まとめ　143頁参照）

(42)〜(44) 注(40)

(45) 恵中編『驢鞍橋』上巻『鈴木正三道人全集』138頁

(46) 同書、下巻、同書、242頁

(47) 行としての日常行為と道としての宗教行為との関係は、職人的労働を例にとれば次のように説明できる。

職人的労働の基本構造として、職人道は行としての道であり、行道を歩むことによって職人は自己を教育していく。この人間形成の在り方はあらゆる日常の諸行為を行と為しながら、人の道を求めて歩むという勤勉的精神に因っている。勤勉的精神は行道の起動力であり、人間形成の精神性である。行としての日常行為と道としての宗教行為との関係は図―4（77頁参照）のように略図できる。

(48) 恵中編『驢鞍橋』上巻『鈴木正三道人全集』179頁

(49)「巳ノ四月日示日、浮沈ノ機ノ位、亦志真実義ノ事、皆能心得タリヤ。我ハ頓テ

第一章　行と人間形成

ナクナル間、各々此道理ヲ能心得置ベシ。先法ニスクガ志シ也。真実ト云ハ、腹立タル時ノ機ノ位也。義ハ宣キニ随フト云テ能成ガ義也。性ノ明ルカ成ガ義也。此前随分志真実有長老有ケルガ、イカニシテモ義ナク暗フシテ用ニ不立。亦生付テ義ノ有性ノ人モ有ドモ、志実ナケレバ用ニ不立。兎角此三ツ調ハズシテ、修行成就スベカラズ。然間志ヲ進、真実ヲ発、義ヲ正ク守ベシ。此三ツ融通シテ勇猛精進ト成、切ニ急ニ一大事因縁ノ心ト成也。古人、切ニ急ニト進タルモ、先勇猛心也。勇猛精進ノ心ヲ不起シテ、切ナル心、急ナル心。知ベカラズト也。」（同書、下巻、同書、237頁）

(50)　同書、中巻、同書、232頁

(51)　「良有テ曰、諸道皆、分別ヲ以テ修シ詰タル処ヲ至極トシテ、分別ノ外ニ心ノ開クルト云事ヲ不知、仏祖ノ道ハ、心ノ開ル事ヲ本意トス。同ジ仏法ノ中ニモ、教家ニハ、経教ノ道理ヲ能スマシ、窮メタルヨリ外、別ノ事無ト思ヒ、道理ノ外ニ意ヲ移ルト云事ヲ不知。禅法而巳、文字ニ不依、道理ヲ離テ、只意ヲ得ル事ヲ本意トス。此道ハ学文スル程、道理ニ落テ意ニ遠ク成也。此故ニ禅宗ニハ学解ヲ堅ク制スルト也。」（同書、上巻、同書、156頁）

(52)　「次ニ語曰、去教者ノ、頓悟成仏ハ下根ノ為也ト、仏説ニ有ト云レケルガ、誠ニ然ベキ事也。何ガ五十二位ヲ歴尽シ、一カラ十迄、ヒラ責ニ責尽シテ、多生迄モカケテ尽ス義ナレバ、下根ノ及処ニ非ス。扨亦、先一理ヲ見得サスルノ道理ハ、実モ下根ノ為ナルベシト也。」（同書、下巻、同書、256頁）

(53)　「禅宗ニハ、一筋ノ理ヲ見セテ得入サスル也。夫レトテモ、多劫ニ修シ尽サデ不叶、古人ト云テモ、境界ヨウ熟セルハ少カルベシト也。」（同書、中巻、同書、205頁）

(54)　「心地開ル」の概念で人間形成について説明したのは、花岡永子（1938～）である。花岡は「心地開ル」の概念によって、自覚的人間へと自己教育する過程を次のように説いている。現代人は「実体的有」（花岡永子『心の宗教哲学――心の自然な構造に即して――』新教出版社、1994年、129頁）の限界に直面し、対極の虚無を経験することを通して、両者の「根源的な一」（同書、129頁）を「絶対の無限の開けとしての一なる心」（同書、129頁）において自覚する。花岡はこの「根源的な一」、或は自らの「一なる心」を「絶対の無限の開け」として定義したのである。現代人が虚無の世界を脱却し、此の世で自由自在な生を生きるには、「絶対の無限の開け」の境地を体得し、自己の本性を自覚しうる（同書、132頁）自覚的人間へと形成することが求められる。花岡は自覚的人間への形成過程について、禅、芸道、各種のスポーツ道、学問などを例示して次のように説く。

　「禅は心身一如の人間の自己を坐禅による瞑想・三昧によって絶対の無限の開けへと開かせる。絶対の無限の開けとしての禅は、人間の自己の心を無心へと、即ち意識の立場を捨てて心そのものへと開けてゆくことを可能にする。しかしこの開けへと開けてゆく道は、坐禅による瞑想・三昧のみに限らない。芸道や道の

第Ⅲ部　鈴木正三における労働と余暇との統合

付くスポーツや学問を通しても、最終的にはそれらが絶対の無限の開けへと転換してゆくことによって可能となる筈である。しかし、坐禅を通しての修行によって身体的自己・行為的自己を一切の思量の根底として非思量の思量に生きることは、真実在に生きるための最も遠い道に見えて、実は最も近い道であるかも知れない。芸術を通して、あるいはスポーツを通して、あるいはもろもろの学問を通して、それぞれの道の達人にまで至って、それを通してその領域もろともに自己も絶対の死を遂げて絶対の無限の開けへと開けてゆくことは、まずその自らの携わる当該の道に秀でていなければならないからである。これに対して、坐禅の道は本来の自己に覚するためにまず裸一貫になり切り、更に自我に絶対的に死に切り、本来的自己に目覚める道である。前者の道は、既述の法華経の信解品の中の『長者窮子の喩え』に沿って理解されることができ、後者は、先に触れた中国の廓庵禅師の『禅の十牛図』によって理解されることができる。しかし、両者に共通なことは、人間の自己が無心になり切るときに、即ち意識の立場を突破して心そのものに成り切る時に、絶対の無限の開けへと開けてゆくことが可能であるということである。」（同書、165〜166頁）

(55)「一日示日、中古ノ人ノ修業ハ、身心清浄ニ用ヒ、先能躰ヲ造立、其内ニ仏法ヲ取籠、人ヲ度シ、能者ニ成、打上テ居位也。何トシテモ、常ノ人ヨリハ上ニ成テ居ラルベシ。我教ルハ別也、ツ、トヨリカラ、此糞袋メニ眼ヲ着テ打捨ル筋也。如㆑是始メカラヲゾイ物ニ成修行也。只カッタヒ坊ニ成テ修スルガ好也。中古ノ人ノ如ク、用ヒテハ我ハ悪キ也。アノ如ク用テハ、何トシテモ我立仏法ニ成ベシ。扨カッタヒ坊ニ成テ用フルハ、我ガ立度テモ、人ガ立サセテコソ。古人ハ仏ニ成修行、我ハドスニ成修行也。如㆑是守テ糞袋ニ離ルヨリ、別ノ事ヲ知ヌ也。亦日、古人ニ恨ミ有、十六相観抔ト、能事ソロエノ説計リヲ用ヒテ、仏ノ第一ニシ給フ処ノ、不浄観ヲ捨置レタル事、中中恨ミ也。」（恵中編『驢鞍橋』下巻『鈴木正三道人全集』263〜264頁）

　　昔の修行者がいかに頑固な修行底であったか、彼は次のように語る。
　「去暁キ云、総身ニ入渡ッテ大事ニ成テ居ガ、マダ隙明ヌ也。扨扨古人抔ノ修シヲ、セラレタルト云ハ、デカウ強ヒ修行ナルベシト也。」（同書、267頁）

(56)・(57) 注 (56)
(58) 鈴木正三『盲安杖』『鈴木正三道人全集』50頁
(59) 注 (11)
(60) 鈴木正三『盲安杖』『鈴木正三道人全集』51頁
(61) 同書、52頁
(62) 山本七平『勤勉の哲学 ―日本人を動かす原理―』PHP研究所、1984年、81頁
(63) 〜 (65) 鈴木正三『盲安杖』『鈴木正三道人全集』51〜52頁
(66) 鈴木正三『麓草分』、同書、84頁
(67) 注 (11)

第一章　行と人間形成

(68)　鈴木正三『盲安杖』『鈴木正三道人全集』58頁
(69)　〜(71)　同書、59頁
(72)　同書、58頁
(73)・(74)　同書、55頁
(75)　諸橋轍次『大漢和辞典縮写版』巻2、大修館書店、1956年、1966年縮写版、403〜407頁　労の意味のうち、「しごと。ほねをり」の意味は、「『禮、儒行』先レ勞後レ祿、不＝亦易レ祿乎」の出典がある。
(76)　注(11)
(77)　鈴木正三『盲安杖』『鈴木正三道人全集』60頁
(78)　草庵慧中『石原道人行業記弁疑』、同書、31頁
(79)　キリスト教の宗教的労働観においては、自覚的人間の形成はどのように考えられるのだろうか。
　　人は自己の職業に対し生活諸能力を勤勉に尽すことによって信仰の証とし、神へ奉仕する信仰に生きながら、労働することの余暇の心（心の楽しみ）を自覚する。人が富（財）の蓄積を職務義務遂行の結果として正当化しえたのは神への信仰ゆえである。信仰心を堅持することによって精神を浄化し、人は職業（労働）への従事を信仰の道として歩みながら、労働と心の安らぎである余暇の心とを涵養し、自己教育を為すのである。人が生活諸能力をいかに実践活用するかは、労働と余暇とをいかに統合するかの課題となる。
　　コーヘレスは『伝道の書』8章15節で、「そこで、わしは快楽を讃える。なぜといって、天が下で、人間にとり、飲み食いして楽しみ、神によって許された年月の間、労苦の中に楽しみを伴うこと以外に善いことはないのだから」（中沢拾樹訳『旧約聖書』『伝道の書』290〜291頁）と語る。飲食の快楽は神から許され、神によって与えられている生活の楽しみであり、生活を慰める手段であるが、心（精神）の楽しみではない。余暇の心（心の楽しみ）は、労苦の中に人が自覚するもので、神から与えられているものではないのである。人が生活諸能力の実践活用に勤勉に努力することは、人生の労苦を生活の楽しみに転換することである。即ち、労働と余暇との統合のうちに、人は生きる意味を見出すのである。
　　労働と余暇との統合は、次のような自覚的人間を形成する。第一、人が労働する意味は、神から人に与えられた（或は元来人に備わっている）富（財）や地位などの条件、或は生活諸能力を勤勉に実践活用し尽すことである。第二、人は労働に付随する労苦を生ある限り余暇の心（心の楽しみ）へと転換しうるものとして、自己教育する。第三、人が生きる意味は人生の労苦を余暇の心（心の楽しみ）へと転換する働き（知恵）そのものにあると自覚することである。キリスト教の宗教的労働観から以上を要約すれば、第一は神への奉仕としての労働や禁欲としての労働、第二は原罪としての労働や自然支配としての労働、第三は創造としての労働などを特徴とする。これらの労働観が自覚的精神、求道的精神、調和

第Ⅲ部　鈴木正三における労働と余暇との統合

的精神、奉仕的精神、勤勉的精神、日常的精神などの精神構造を構築しながら全人格を陶冶するのである。

　労働と余暇との統合において全人格的に陶冶され、人は勤勉的精神や奉仕的精神などを全身心に備えることになる。人は労働に伴う労苦を運命的受身から精神的に克服し、余暇の心（心の楽しみ）へと転換する働き（知恵）を会得する。『旧約聖書』及び『新約聖書』における労働と余暇との関係は、宗教的労働観の立場からみれば対立関係と同時に、禅と同様な統合的関係も形成するのである。余暇の心（心の楽しみ）は、労働の労苦を常に根底に据えるところに宗教的労働観の特色をもつ。

(80)　労働と余暇との統合的関係にみられる創造的な自由性は、心の機(はたらき)が作用する余暇の心そのものである。それは、禅の表現でいうならば心の機(はたらき)としての遊戯三昧、無念無心の境地などの精神的余暇である。何ものにも拘泥されず自由自在に生きる自己は日常底に生きうる平常心の自己であり、絶対的なるものを自覚しえた人間なのである。

(81)　注（2）

(82)　正三は日常底における全身心を責め尽す修行の姿を次のように表現する。

　　「起居動静ニツイテ、臭皮袋ヲ責テ、終ニ責メ破ル時節有ラバ、即心成仏ナルベシ。」（恵中編『驢鞍橋』中巻『鈴木正三道人全集』223頁）

　　「起居動静ニツイテ」とは、あらゆる日常行為を意味する。修道者は日常行為に行(ぎょう)の精神を実践し精神集中することによって、日常行為における正念工夫を徹底したのである。「臭皮袋」は人の身体を意味する。修道者は自己の身体を責める型に修行しながら、身心を責める行道を堅持して、日常行為に全身心を没頭し行(ぎょう)の精神を鍛錬することになる。修道者が自己の内なる仏心、或は「自己の真仏」と出会い、「自己の本源」或は「本有の自性」へ至る仏道を歩みながら、究極において本来の自性を自覚するときこそ、自覚的人間へと自己形成しうるときなのである。

(83)　「仏語に、世間に入得すれば出世あまりなしと説給へり。此文は、世法にて成仏するの理なり。然ば世法則仏法也。花厳に、仏法ハ不ㇾ異ナラ世間ノ法ニ。世間法ハ不ㇾ異ナラ仏法ニ如ㇾ此説給へり。」（鈴木正三『万民徳用』、同書、61頁）

　　「一、仏語ニ、世間ニ入得スレバ、出世余リ無シト説給エリ。此文ハ世法ニテ成仏スルノ理也。然バ世法則仏法ナリ…（略）…間世法ヲ仏法ニナシ給エカシトノ念願也。」（恵中編『驢鞍橋』中巻、同書、232頁）

(84)　長徳山主慧中『石平道人四相』、同書、39頁

(85)　「巳ノ六月十二日ノ晩示曰、昔ヨリ僧俗ニ付、道者多シトイエドモ、皆仏法知ニ成タ計ニテ、世法万事ニ使フト云事ヲ云タル人一人モナシ。有モコソセンズガ、今迄終ニ不ㇾ聞。大略我云(いう)始カト覚ル也。」（恵中編『驢鞍橋』下巻、同書、251頁）この言葉には、正三が「世法則仏法也」を説き、世法を自然の道理とする在

家禅の精神を意味しており、彼の面目躍如たるものがある。
(86) 同書、251頁
(87) 同書、272頁

第Ⅲ部　鈴木正三における労働と余暇との統合

第二章　心の機(はたらき)としての精神的余暇

　鈴木正三は、日常行為（労働）を行(ぎょう)と為しながら本来の自己を自覚していく人間形成を仏道としての労働観において実践する。修行者は日常生活の毎日を行(ぎょう)の場とし、日常行為（労働）のうちに安心の心の在り方を経験する。彼は行としての日常行為（労働）を遣り遂げるとき、精神的余暇を享受できると考えたのである。彼にとって、精神的余暇は労働と余暇との統合的関係において体得できる心の在り方であり、心の機(はたらき)を意味するものである。それ故、修行の目的は出家して悟りを得ることにあるのではなく、在家のままで日常生活を行(ぎょう)の場とし、心の機(はたらき)を身に備え本来の自己を心の機(はたらき)として、日常行為上で具体化することにあったのである。彼の人づくりの道は、修行者が仏道としての労働を通し心の機(はたらき)を身に備え、この此岸で本来の自己を生き切る自覚的人間へと成長することだったのである。

　彼は修行者に対し、行道における心構え（心の在り方）を説くことによって人間形成の教育的役割に深く関っていく。彼は行道の在り方を徹底して日常生活の場に求め、出家者のみならず在家者も含めた「修行者[1]」に対して説いていく。彼は日常生活に貫通する行(ぎょう)の精神を強調することによって、あらゆる日常行為（労働）に行(ぎょう)としての役割を考えたのである。その結果、日常行為（労働）は仏道として位置付けられ、人の全身心を鍛錬する行道の方便となる。彼は、日常行為（労働）の実践が仏道であるという宗教的労働観を形成する。同時にこの宗教的労働観の実践は作務の行の精神を引き継ぐことになる。なぜなら、日常行為（労働）を仏道として考えることによって、「修行者」は日常行為（労働）に精神集中し、行(ぎょう)の精神から道の精神へと導かれることによって、自然の道理と統合する調和的な精神的余暇を経験しうるからである。

　「修行者」は仏道としての労働を為しながら、その結果として精神的余暇を享受するのである。彼は、仏道としての労働が労働と余暇との統合へと導き、人に精神的余暇を会得させると考えたのである。人は精神的余暇を身に備えるために仏道としての労働に勤勉に奉仕し、求道的精神を清浄化する。「修行者」

第二章　心の機としての精神的余暇

は仏道としての労働を行として為しながら、心の機（はたらき）を身に備え、日常行為上で心の機（はたらき）を活潑潑地に活用しうる人間へと自己形成するのである。「修行者」は仏道としての労働を通して、行道における心の在り方を修練し、心の機（はたらき）を日常行為上で実現する自覚的人間へと自己形成していく。

　宗教的労働観を構成する精神構造(2)——日常的精神、勤勉的精神、奉仕的精神、調和的精神、求道的精神、自覚的精神—— は、人が労働を為すうえで自己の全身心に備えるべき心の在り方の精神構造を意味すると同時に、仏道としての労働を介して人格陶冶する人間形成の精神構造をも示している。宗教的労働観の精神構造と人間形成との関係を略図したのが図—6（185頁参照）である。

　彼は、人が苦悩する様々な心の在り方を自らの言葉によって定義し、苦悩する心を人間のあるがままの心と認め、そこから日常の心を克服するべき心の在り方へと導きながら、人に仏道を歩ませることになる。行道は宗教的人間としての心の在り方を精神的余暇として人に導き、精神的余暇が自覚的人間に至る精神的な形成場所であることを説き明かしたのである。

　彼にとって行道は、全身心を労する作務の精神そのものである。つまり、行

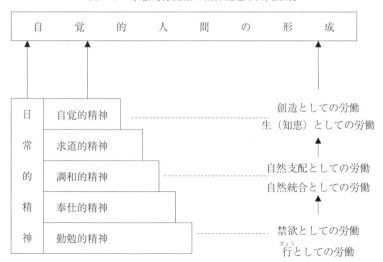

図—6　宗教的労働観の精神構造と人間形成

第Ⅲ部　鈴木正三における労働と余暇との統合

道については「理入」よりも「行入」の方便[3]を重視したのである。彼は「行入」を「理入」の欠点を克服するものとして位置付け、初心者の仏道入門には先ず「行入」を選択させた。「行入」は、人が全身心を駆使し、動中において正念工夫するが故に、人にとって心の機(はたらき)を身に備え易く、心の機(はたらき)を日常行為上で作用させるのを容易にすると考えたのである。逆に、「理入」は人に心の在り方を認識させうるものではあるが、心の機(はたらき)を日常行為上で作用できるまでには至らず、心の機(はたらき)の日常行為上での作用は「行入」による修行の他ないと、彼は考えたのである。

人が仏道を通して自己の内なる仏心、或は「自己の真仏[4]」に出会い、心の機(はたらき)を身に備えてもそれを日常行為上でいかに作用させうるかが、次の段階の行道となる。人は心の機(はたらき)を身に備えるだけでは行道を成就しえたとは言えず、心の機(はたらき)を身に備え、その心の機(はたらき)を日常行為上で作用しえたときに、初めて修行成就に至るのである。この段階において、人は精神的余暇を享受できうるのである。人は日常行為上で精神的余暇を心の機(はたらき)の形で具体化し、単調な日常行為（労働）から生（知恵）としての日常行為（労働）へと転換しうるのである。

彼は心の機(はたらき)と人間形成との関係について、禅と心学とを比較し次のように指摘する。

「夜語曰、心学者ハ、少シ聞(きけ)バ皆頓テ心学者ニ成、我物語ヲ聞人ハ、何程聞テモ、聞得タル人一人モナシ。不思議ノ事也。但シ心学ハ、行ニ付タ事ナル間、基儘仕習フガ、我法ハ心ニ付テノ修行ナル間、タヤスク上手ニ成者無カト也。時ニ去者曰、心学ハ仏法ヲ難ズル間、外道也。師聞曰、其儀ニ非ズ、心学ハ仏法ノ花也。是ガハヤリ出タルハ、仏法ノ起ル瑞相也。[5]」

彼は禅と心学との相違について、行(ぎょう)の実践に対する考え方の視点で比較したのである。心学が行の外観的形態を習熟することに終始するのに対し、禅は行(ぎょう)の実践を通して自己の内なる仏心、或は「自己の真仏」と出会い、「自己の本源[6]」を自覚するという心の在り方を体得することに目的がある。彼が念願とする行道は、「心ニ付テノ修行ナル間、タヤスク上手ニ成者無カ」の行(ぎょう)の精神である。

彼は人間形成の考え方について、「修行者」を「能者ニ成[7]」る人間形成を

第二章　心の機としての精神的余暇

するのではなく、修行を通して身に備えた心の機(はたらき)を日常行為上で活溌溌地に活用しうる自覚的人間の形成に重きをおいたのである。即ち、心の機(はたらき)は、自覚的人間を形成するための重要な働きをするのである。しかし、彼は禅を心学に対立させることはなかった。心学が一般社会に流行することは、心の在り方を外観から内観へと導く入門道になると示唆したのである。

　彼は行道を志す者に出家を要件とせず、道心ある者を「修行者」の言葉で表現したが、このことが在家のままで行道することを評価することに繋がり、在家禅を説くことになる。そして、世法と仏法とを統合する「仏世不二の説[8]」の考え方は、あらゆる対立概念を統合する形で労働と余暇をも統合していくことになる。彼は己事究明としての勤勉的精神を支柱とする心の在り方を提起する形で労働と余暇とを統合していくのである。そのことによって彼は生活倫理としての勤勉的精神を説くことになり、日常行為における人の心の在り方を教えていくことになる。行道の目的について、彼は心の在り方を自己に律し、心の機(はたらき)を身に備えそれを日常行為上で働かす境地の体得にあると考えたのである。日常生活の場を行道の場と為していくことは、あらゆる日常行為に行(ぎょう)の精神を実践していくことになったのである。

1　心の概念と心の機(はたらき)

　正三は「仏世不二の説」にみられるように、社会の既成概念となっている考え方を改め、概念の対立的思考から脱皮し、概念の生じる元々の心の在り方を説くことになる。人間の本性を自覚する心の在り方は、対立する概念が生じる以前の心の在り方であり、それは対立概念を対立前の統合概念として把握することである。彼はこの考え方に沿って、人の心に生じる様々な心の概念を本来あるべき心の在り方へと導くのである。心の在り方は心の機(はたらき)を日常行為上で具体化するに際し、人格陶冶の重要な働きを為すのである。

　彼は著書『破吉利支丹』（1642年、64歳のとき、天草の各寺に配布する。死後、1662年初刊される。）で、心の在り方を次のように説明する。

　「心法無形にして妙用を現ず。眼に有ては物を見、耳に有ては声を聞、鼻に有ては香をかぎ、口に有ては物を云。手に有ては物を取、脚に有ては歩み行、此心仏を悟る時は仏也。此心仏に迷ふ時は凡夫なり。去ば、自己の仏性を知し

187

第Ⅲ部　鈴木正三における労働と余暇との統合

めん為の方便に、或時は本来面目と名付、或時は本分の田地と云、大円覚と云、大通智勝仏と云、大日、薬師、観音、地蔵菩薩などと、異名数多しといへども、仏に二仏なく、法に二法なし。諸法実相と観ずる時は、松風流水、妙音と成、万法一如と悟る時は、草木国土、則成仏といへり。(9)」

　彼は心の在り方について、「心法無形にして妙用を現ず」と述べ、心の機の不思議な自然の妙用を指摘する。心なるものは無形であり実体のないものであるが、無相無念であるはずの心の在り方に対して人が介在することによって、心の概念は多種多様の意味をもつことになる。心の概念は人によって夫々の意味をなすものではあるが、その意味だけでは真意になりえず、心そのものの全体を意味するものではない。心の在り方は、行道を通して心の機を身に備えそれを日常行為上で作用しうることによって、初めて具体的に現成するものである。それ故、心の機をもって不思議な働きを為しうる主体は人である。心の機は自然の働きそのものである。人は行を積み重ね自然の道理を体得していきながら、心の機を身に備えるのである。即ち、行は、人が心の機を身に備えそれを日常行為上で作用しうる自由自在の境地に生きる自覚的人間を形成することにある。

　心の概念が人の心の有相有念を反映するため、心の概念をもって人の在り方を比較することになる。それ故、行道を通して本来の自己を自覚するためには、一切の妄想を遮断する心の在り方が求められる。一切の諸念妄想とは社会の諸事象に囚われる思慮分別知の考え方である。つまり、彼が説く心の在り方は、世間一般の世事に囚われた思慮分別知の心を統合するものであり、かつ、人の心に生じる対立概念の夫々をも合わせもつものなのである。即ち、凡夫心は人の心の在り方に因って諸々の様相を表し、「此心仏を悟る時は仏也。此心仏に迷ふ時は凡夫なり」ということになる。人の心に生じる諸概念の対立は、一人ひとりの心の在り方に原因がある。人が日常行為上で心の機を活かしうるとき、心の在り方は本来の自己を自覚しうるときである。人の心に生じる諸概念は対立概念でありながら、その心の在り方においてはそれらを統合する在り方であると、彼は考えたのである。

　人が行によって体得しうる仏心を、「本来面目」、「本分の田地」、「大円覚」、「大通智勝仏」、「大日、薬師、観音、地蔵菩薩」などの名称で、彼は説明する。

第二章　心の機としての精神的余暇

彼は、行道が到達しうる究極の人間像をこれらの名称で例示した。つまり、彼が表現した仏心は、精神的余暇を享受しうる人間の心の在り方なのである。

彼は仏法修行に関する五つの徳目を指摘し、夫々の修行内容を示す心の概念を説明する。各々の心の概念が修行の段階を心の在り方として意味することになり、これらを整理したのが、表―4（190頁参照）仏法修行の内容と心の概念などとの関係である。表―4に従って、以下心の概念と心の機（はたらき）について説明する。

第一に、人が「六賊煩悩ヲ打滅ス事也」のためには心を強くして仏法を求める弁道の精神を発心せねばならない。「自身則仏[15]」への信仰心を深め、弁道の起動力となる「勇猛心[16]」を奮起する必要がある。「勇猛心」さえあれば、人は仏道に精進し「切ナル心、急ナル心[17]」へと自己の求道的精神を清浄化し、「金剛心[18]」を心の在り方として体得しうるのである。「勇猛心」は、彼が弁道の心構え（心の在り方）を説くに際し、常に重要な心の概念であり、彼の行道を特色付けるものである。

第二に、人は禁戒を守り仏祖の教えに従うことによって「善心[19]」を体得する。善と悪とは対立概念を構成するが、彼が説く「善心」は善と悪との対立概念を統合する心の在り方であり、思慮分別知によって理解する心の概念ではない。知行合一の関係に基づく心の在り方であるところに、彼が意味する心の機（はたらき）がある。なぜなら、「善心」には本来の心の在り方そのものと本来の心をいかにして日常生活上に実践するかという二つの意味が統合されているからである。人は心の在り方を「善心」と為すことによって「慈悲正直[20]」の心底を身に備え、日常行為上で衆生済度の「利他行[21]」の心の機（はたらき）を発露しうるのである。

第三に、人が「我見ヲ去リ、自他無差別ニシテ六和合ヲ用ヒ」る行（ぎょう）を実践することは、心の在り方を「誠ノ心[22]」へと精神鍛錬することである。「誠ノ心」は、人が誠の道を歩むうえで精神的拠となる心の在り方である。森羅万象悉皆成仏の自然の道理は人に調和的精神を涵養し、自ずと然なる在り方において自然の内なる自己を自覚させる。人が環境（他者）と直接的人格的即一的関係を形成することは、人が環境（他者）に勤勉な奉仕の精神を尽力することを意味する。なぜなら、環境（他者）への四恩の心や衆生済度という「利他行」

189

第Ⅲ部　鈴木正三における労働と余暇との統合

表—4　仏法修行の内容と心の概念などとの関係

仏法修行の内容	心の概念	仏法修行の段階	仏法修行の徳	人間形成の精神構造
(1) 六賊煩悩ヲ打滅ス事也[10]。	法身堅固ノ心、是非ニト思フ心、信心、勇猛心、精進心、切ナル心、急ナル心、金剛心	熟シテ内外打成一片トナッテ、内ニモ一念不ㇾ生、外ニモ一塵碍ル境界ナク、業識無名ノ魔軍ドモヲ尽ク打滅ス也。	未ダ実有ハ尽ヌゾ、ホッカト大夢醒メ、ハラリト実有破レ、生死ヲ出テ、一切ヲ離レテ、大安楽ニ住スル也。	武勇ニ使フ宝也。	日常的精神 自覚的精神
(2) 禁戒ヲ堅ク守テ、仏祖ノ教ニ不ㇾ背、邪僻曲折ノ心ヲ退治シ[11]、	善心 慈悲心	理非分明ニシテ理ヲ離レ、無義ノ義ヲ専ラ用ヒ、慈悲正直ニシテ万民ヲ度ス、	諸法度ニ使フ宝也。	求道的精神
(3) 我見ヲ去リ、自他無差別ニシテ六和合ヲ用ヒ[12]、	誠ノ心	上四恩ヲ報ジ、下三有ノ衆生ヲ度ス。	五倫ノ道、正ク使フ宝也。	調和的精神
(4) 慮知分別ノ心ヲ去テ、著相ノ念ニ離レ[13]、	無我ノ心	私ナク物ニ任テ自由也。	諸芸能ニ使フ宝也。	勤勉的精神
(5) 邪欲ノ心ヲ除滅ス[14]、	(清浄心)	奢ル心、諂心貪心名聞利養ノ心ナシ。	渡世身スギニ使フ宝也。	日常的精神 奉仕的精神

第二章　心の機としての精神的余暇

の心が、勤勉な奉仕的精神を人に求めるからである。人は「誠ノ心」へと心の在り方を行道することによって、環境（他者）と一体なる関係を作り、知識的分別知を超えた心の機(はたらき)を身に備える。人は人としての「五倫ノ道[23]」を歩むために、日常行為を行(ぎょう)として力行し、心の機(はたらき)を体得していく。人は行道を実践した結果として「五倫ノ道」を歩み、誠の道と人間形成の道とを同時に成すのである。

　第四に、人が理を離脱するためには、あらゆる対立概念の思慮分別知を克服するだけの身体を駆使する力行が必要であり、知行合一の関係に基づく生の知恵を体得せねばならない。人は此の世に関する執着心を捨てて、「離相離念[24]」の境地を会得するため、自己の全身心を責め尽す日常の行(ぎょう)に徹底し、一切の思慮分別知を捨て切る心の在り方を身に備えるのである。人は自ずと然なる在り方において自然の内なる自己を自覚し、「一切の上に乗て、物のために煩(わずら)ず[25]」という物を支配しうる自由自在の心の在り方を身に備えるために、行(ぎょう)を積むのである。

　人は森羅万象の悉くが、自然の営為によっていることを認識する、と同時に森羅万象の悉くが、実は本来の心の在り方であることを自覚する。森羅万象の悉くが自己でないものは無く、すべて自己と環境（他者）との一体的な働きからなる自然の道理そのものである。森羅万象に私なるものは無く「無我ノ心[26]」そのものであり、すべて自然の道理なるものが人をも含む森羅万象の悉くを支配し、自由自在の心の機(はたらき)を人に為さしめるのである。

　「私ナク物ニ任テ自由也[27]」の境地は、人が環境（他者）と主客合一の関係になることである。彼は、行道を「因果ノ道理ヲ守タルガ好也[28]」として仏教の道を教え、一方では森羅万象の悉くが「皆天道次第ニ成物也[29]」として儒教の道に通じた心の在り方を考えたのである。人は「無我ノ心」を体得するそのことによって、初めてあらゆる日常行為上で自然の道理を心の機(はたらき)として為しうるのである。「無我ノ心」が行(ぎょう)としての日常行為の主人公であって、我意のままによる自己が日常行為を行(ぎょう)に為しうるのではない。彼は「諸芸能ニ使宝也[30]」の言葉を通して、「無我ノ心」を諸芸能の心の在り方とする。なぜなら、人は行の精神によって日常行為に精神集中し、行為と自己とを一体なるものと自覚する心の機(はたらき)を通して、諸芸能の心の在り方を表現できるからである。

191

第Ⅲ部　鈴木正三における労働と余暇との統合

自我意識を取り除き作為する心を無くして、心の機(はたらき)を表現するところに諸芸能の真実が発露し、芸能の道が開かれるのである。それ故、「無我ノ心」は諸芸能の心の機(はたらき)を意味するばかりでなく、人が日常行為を為すときの心の在り方である。即ちそれは行(ぎょう)の精神の心の在り方であり、人間形成の精神構造である勤勉的精神に繋がるのである。

「無我ノ心」は「無念無心(31)」の心の在り方である。彼は「勇猛心」と「無念無心」との関係について、「此無念ヲ用ル坐禅ノ筋ト云ハ、只勇猛心ヲ用ル一ツ也(32)」と述べる。彼が説く「無念無心」は虚無的な心の概念を意味するのではなく、日常行為上で「無念無心」の心の機(はたらき)を現成できる心の在り方である。「無念無心」の心の在り方は「勇猛心」の心の在り方から導かれる。「勇猛心」は人の発心に支えられた求道的精神の起動力である。人が行道を通して、「勇猛心」の機としての「頓機(33)」、或は「禅機(34)」を全身心に体得する結果、「無我ノ心」の在り方を身に備えるのである。「頓機」、或は「禅機」は心の機(はたらき)の身体化を意味する。つまり、「無我ノ心」は、「無念無心」の在り方において、「勇猛心」の機を日常行為上で作用しうる心の在り方なのである。

第五に、人は「邪欲ノ心ヲ除滅ス」るために行道する。人は「邪欲ノ心」を克服する清浄な心の在り方において、日常行為に生きる心構え（心の在り方）を身に備える。人は行道によって自己の精神を清浄化し、求道的精神を深化させながら「邪欲ノ心」を取り除き、清浄心の在り方を道の精神としていく。彼は清浄心の在り方を行脚行の実践を通して説く。

「行脚ノ段ニ、霊仏霊社ニ参詣シテ、霊性清浄ノ機ヲ受ケ、自己清浄ト成、山水草木ニ向テモ、彼ガ清浄ノ機ヲ受テ、自己ヲ清メト云モ、機ニ移リタルニ仍テ書也。(35)」

彼は「三宝之徳用」でも、「邪欲ノ心ヲ除滅ス」る修行を取り上げ、具体的に「商人(あきひと)日用」で行脚の精神を次のように説く。

「自国の物を他国に移、他国の物を我国に持来て、遠国遠里に入渡し、諸人の心に叶べしと誓願をなして、国々をめぐる事は、業障を尽すべき修行なりと、心を着て、山々を越て、身心を責、大河小河を渡て心を清、漫々たる海上に船をうかぶる時は、此身をすてて念仏し、一生は唯、浮世の旅なる事を観じて、一切執着を捨、欲をはなれ商せん(36)」と商人の行道を示す。

第二章　心の機としての精神的余暇

　彼は清浄心を身に付けるための行道として、行脚行の行的効果に注目したのである。行脚中、自己と自然の霊とを一体化し、自然の道理に沿った調和的精神を自己に涵養することは、自然の清浄心の働きによって自己の求道的精神を清浄化することである。自然の道理である清浄心を、「霊性清浄ノ機」として体得しうるのである。自然の「霊性清浄ノ機」を自然のあるがままとして身に受けるためには、自己自身が無となり、無の心の在り方において自ずから然なる在り方としてそのままに受け入れることである。

　行脚は、人が「霊性清浄ノ機」を身に受け、自己の全身心を清浄化する行道である。つまり、人は清浄心の在り方において全人格を陶冶する。人は清浄心の在り方において自然の姿を自ずから然なるあるがままの道理として受容し、「無念無心」の在り方で環境（他者）への奉仕に尽力するのである。このことが環境（他者）への勤勉な奉仕の姿となり、人を全人格的に陶冶するのである。そして清浄心の在り方は、人に日常行為（労働）に対する心構え（心の在り方）を教育し、職業（労働）倫理観を人に涵養しながら人間形成の役割を担うのである。それ故、彼は清浄心の在り方を、「渡世身スギニ使フ宝也[37]」と表現したのである。

　以上のように、彼は、仏法修行によって体得しうる心の在り方を、仏法修行の徳目に沿って五項目に整理した。心の概念は彼の行道を理解する上で重要な視点である。心の概念は心の機(はたらき)と密接に関連する。仏道入門の方便と比較すれば、前者は「理入」の段階を示し、後者は「行入」の役割として説明される。彼が説く心の在り方は、心の概念と心の機(はたらき)とが統合された精神的余暇を意味するのである。即ち、人は心の機(はたらき)としての精神的余暇を、心の在り方として体得するために行(ぎょう)を積むのである。

　彼は行道の目的を心の概念と心の機(はたらき)とを統合する心の在り方に見出し、その心の在り方を身に備えた自覚的人間の形成を目指したのである。それ故、彼の行道は見性成仏することが目的ではなく、日常行為（労働）において行(ぎょう)の精神を実践すること、そのことが眼目だったのである。

　彼は心の概念の対立関係をどのように考えたのだろうか。例えば、善と悪、有と無、苦と楽などの対立関係の統合の在り方を次のように説明する。

　「善ト云ハ、悪ニ対シテ善也、善計リ善ト云名ナシ。有ト云ハ、無ニ対シテ

193

第Ⅲ部　鈴木正三における労働と余暇との統合

有也、有計リ有ト云事ナシ。苦楽モ如レ是。然レバ有ト云エバ、無ハソコニ着テアリ、善ト云エバ、悪ハ自ラ着テ居ル也。少モ離レテ一ツ立理ナシ。ヒシト随逐シテ居ルト也。⁽³⁸⁾」心の様相の対立関係は、「少モ離レテ一ツ立理ナシ。ヒシト随逐シテ居ル」在り方なのである。それ故、彼が説く「無我ノ心」や「無念無心」の無の意味は、有無の対立関係によるのではなく、有無を一体化したところ、「ヒシト随逐シテ居ル」統合的関係による無なのである。

このことは、日常生活を労苦と考えるならば、労働することの苦には常に楽が付随することになる。人にとって労働することが苦であると同時に、労働は苦の表裏一体として楽をもたらす。人は労働に苦労しながら、生の楽しみを経験することになる。日常生活には苦のみがあるのでもなく、楽のみがあるのでもない。人が知識的分別知によって分別する対立概念は心の対立関係を説明するものであって、心の在り方そのものを意味するものではない。本来の心は常に対立関係を統合するところに、その本来の在り方がある。つまり、日常生活は有と無とが、或は善と悪、苦と楽とが一体となって統合しており、そのことが自然の自ずと然なる在り方なのである。労働と余暇との統合的関係は自然の道理の在り方であり、対立関係を統合するところにおいて人間形成の役割を担うのである。

苦と楽との統合的関係は次のようにも説かれている。彼は、寛永９年（1632年）、三河国石平山（現在、愛知県豊田市）に恩真寺を建立する。恩真寺過去帳序記には次のように記されている。「坐禅勉道を以て終生の楽とす⁽³⁹⁾」。長徳山主慧中（信覚恵中、1628〜1703）は、著書『石平道人四相』で、「仏法は唯、自他の悪心を修し抜き、生死の心を修し尽すのみにして、更に別義無し。此こに至り得るを、成仏と云、極楽と云なり⁽⁴⁰⁾」と師の教えを語る。正三にとって、仏道修行は終生の「坐禅勉道」であり、その結果として対立関係の統合を導く精神的余暇を享受することだったのである。真の楽の在り方は精神的余暇の形で、人に仏道成就をもたらすことになる。人は行道に全身心を没頭する結果として、極楽境地或は寂滅為楽の境地を此の世で体得することになる。極楽の境地は精神的余暇であり、正三の説く「利楽⁽⁴¹⁾」の心の在り方である。

行道は「修行者」に、本来の心そのものの在り方を問うことになり、本来の心をいかにして働かせるかが課題となる。人は行道によって心の機(はたらき)を身に備

第二章　心の機としての精神的余暇

え、それを日常行為上で作用しうることを行(ぎょう)の精神とする。彼が説く心の機(はたらき)は「不二の用(42)」であり、自他共に「利楽」する「二利の要(43)」の働きである。彼は「仏世不二の説」を提起することによって仏法と世法とを統合し、かつ出家者と在家者とを「修行者」の概念で統合し、諸概念の統合を自ずから然なる在り方であるがままの姿とするのである。行道の真の在り方は、本来の心の在り方を自覚することなのである。仏法修行で身に付けた心の在り方は、世法が仏法となり、「修行者」の徳を導くのである。

　人が身に備えた心の機(はたらき)を日常行為上で作用させる平生の心構え（心の在り方）について、彼は次のように説く。

　「平生ノ機ノ用ヒ様ヲ教ント云テ、示曰、何事ヲ作ント思トモ、思ヒ立ト、其儘分別ナシニ作タルガ好也。後ニ抔ト思ハ悪シ…（略）…万事如レ是無分別ニ仕習エバ、殊外心ノ軽ク成物也。(44)」

　彼はあらゆる日常行為を為すときの心構え（心の在り方）について、「思ヒ立ト、其儘分別ナシニ作タルガ好也」と考え、思慮分別知の判断によることなく、作意なき日常行為の在り方を説く。精神集中して日常行為を実践すれば、自然の道理に沿った日常行為の心の在り方が、身心に備わるのである。

　身に付けた心の機(はたらき)とそれを日常行為上で発露する心の在り方については、「照(しょう)」と「用(ゆう)」との関係、即ち「臨済の四照用(45)」として、臨済義玄は次のように述べている。

　「衆に示して云く、我れ有る時は先照(せんしょう)後用(ごゆう)。有る時は先用(せんゆう)後照(ごしょう)。有る時は照用同時。有る時は照用不同時。先照後用は人の在る有り。先用後照は法の在る有り。照用同時は耕夫の牛を駆(か)り、飢人の食を奪い、骨を敲(たた)き髄を取り、痛く鍼錐(しんすい)を下す。照用不同時は問有り答有り、賓を立し主を立し、合水和泥(がっすいわでい)、応機(おうき)接物(せつもつ)す。若し是れ過量の人ならば、未(いま)だ挙(こ)せざる已前(いぜん)に向(お)いて、撩起(りょうき)して便ち行かん。猶お些子(しゃし)に較(あた)れり。(46)」

　入矢義高は、「照用同時」について「知慧を通じての啓発と、動作を用いての啓発。ここでは相手への教導のしかたについていうが、また、自らが発光し激発するパワーについていうこともある(47)」と訳注する。臨済は「照用同時」の方便をとって修行者を指導したのである。

　行道は心の様々な諸相を克服して、心の機(はたらき)を活かす心の在り方へと人を導く。

195

第Ⅲ部　鈴木正三における労働と余暇との統合

臨済は「照用同時」の心の在り方において、修行者を教導する。このことは、修行者の指導に対し、知慧と日常行為とが共に夫々の働きを為す必要がある。「照」と「用」とが統合した働きを為すことは、日常行為上で心の機(はたらき)が具体化されることである。修行者が身に備えた心の機(はたらき)は、「照用同時」の心の在り方において日常行為上で発露されるのである。それ故、「照」と「用」との統合的関係の心の在り方において、修行者は身に備えた心の機(はたらき)を活かすことができるのである。「照用同時」の心の在り方は、身に備えた心の機(はたらき)と日常行為上での心の機(はたらき)とが統合し、修行者を自覚的人間へと人間形成することなのである。

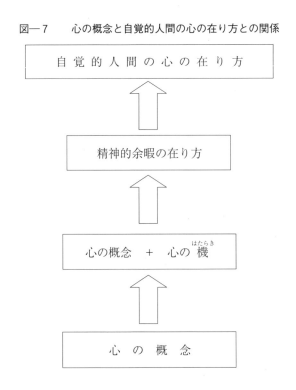

図—7　心の概念と自覚的人間の心の在り方との関係

第二章　心の機としての精神的余暇

　心の在り方と自覚的人間への形成過程を略図したのが、図―7（196頁参照）である。心の概念と自覚的人間の心の在り方との関係は、多種多様な心の概念を統合していく過程がそのまま行道であり、心の機(はたらき)を身に備え身に備えたそれを活かしていく人間形成なのである。

(1)　「勇猛心」と「凡夫心」
　正三は、心の在り方を理解するうえで対極に位置する夫々の心の概念を取り上げ、夫々を対比説明することによって、対立的関係にある心の概念を本来の心の在り方へと導く。その一例として、ここでは「勇猛心」と「凡夫心」との関係を考えることとする。
　彼は、「修行者」に行(ぎょう)の心構え（心の在り方）について、次のように説く。
　「少々ニシテ娑婆ノ隙(ひま)明ベカラズ、其方達モ十二時中、眼ヲスヱ、拳ヲ握リ、セボネヲ引立、臍ノ下ヨリ勇猛ノ心湧出ル程ニ修スベヒト也。(48)」
　彼は行道の心の在り方として、「勇猛ノ心」を全身心に漲らせ、機を充実することに眼目をおいたのである。「只柔和ニ成リ、殊勝ニ成リ無欲ニ成リ、人能クハナレドモ、怨霊ト成ル様ノ機ヲ修シ出ス人無シ、何レモ勇猛心ヲ修シ出シ、仏法ノ怨霊ト成ベシ(49)」と、「怨霊ト成ル様ノ機」の充実を求めたのである。行道とは、「人能ク」なることではなく、心の機(はたらき)を全身心から発露する人になることなのである。
　「修行者」は胸の内に発心し、仏道に入門するが、行(ぎょう)の実践には諸妄想を遮断する求道的な「勇猛心」の機の充実が求められる。なぜなら、「勇猛心」が弁道の起動力となり、人の求道的精神を清浄化し深化させていくからである。人が「勇猛心」を全身心に漲らせることは全身心に心の機(はたらき)を備えることである。「修行者」は尽力の行を勤勉に実践することによって「勇猛心」の機を体得し、本来の自己を自覚するのである。「勇猛心」は、本来の自己に至る道を歩む精神的支柱であり、人を起動する心の在り方である。「勇猛心」は人に自然の道理の内なる自己を自覚させる。「勇猛心」は「臍ノ下ヨリ勇猛ノ心湧出ル」ところに特徴があり、単なる知識的分別知の心の概念ではなく、人の全身心を動かしてやまない起動的精神的な心の在り方である。即ち、行道によってのみ身に備わる行(ぎょう)の心の在り方なのである。

第Ⅲ部　鈴木正三における労働と余暇との統合

「勇猛心」と心の機(はたらき)との関係について、彼は次のように説明する。

「修行者モ、スベ悪ケレバ、道理ニ落テ、心沈ミ、見掛迄モ沈テ見ユル物也。然ルニ、勇猛心ヲ用テ、道理ヲ離レテ修スル者ハ、心浮ンデ、見懸迄活(いき)テ見ユル物也。⁽⁵⁰⁾」

「勇猛心」を充分に身に備え、「無念無心」の心の在り方で行(ぎょう)を実践する者は、「勇猛心」の機を身に備えることができ、「心浮ンデ」、生（知恵）としての日常行為（労働）を為しうることができる。しかし、「勇猛心」を身に備えることができず、修行の方法が悪い者は、「勇猛心」の機を体得することができず、「心沈ミ」た様態を現す。彼は「勇猛心」を身に備え、活潑潑地に日常行為上で心の機(はたらき)を作用できる心の在り方を、「浮心⁽⁵¹⁾」と考えたのである。「浮心」は「勇猛心」の心の機(はたらき)を意味する。他方、「勇猛心」を身に備えることができず、心の機として日常行為上で活かしえない心の在り方を、「沈心⁽⁵²⁾」と定義したのである。即ち、「浮心」と「沈心」は対立的関係をとる心の機(はたらき)であるが、ともに「凡夫心」から生じる心の在り方である。

彼の考え方において特徴があるのは、「勇猛心」と「凡夫心」とは対立する心の概念でありながら、「勇猛心」は「凡夫心」より発心される心の在り方であることから、「凡夫心」を「勇猛心」を統合した本来の心の在り方としていることである。心の機(はたらき)を意味する「浮心」と「沈心」は、ともに「凡夫心」から生じることから、両者を統合する心の在り方も「凡夫心」である。即ち、「浮心」と「沈心」とは対立する心の機(はたらき)を為しながら、「少モ離レテ一ツ立理ナシ。ヒシト随逐シテ居ル」心の機(はたらき)なのである。それ故、心の機(はたらき)は私の心なく、「無念無心」の働きとして自然のあるがままの在り方なのである。

同様のことが、「勇猛ノ機⁽⁵³⁾」と「憂機(うひ)⁽⁵⁴⁾」との関係においても考えられる。「修行者」は「勇猛心」を全身心に堅持しながら、日常底の行(ぎょう)を積み重ねるが、このような厳しい行(ぎょう)を経験して初めて、「勇猛ノ機」が自ずと全身心に備わるのである。彼は、全身心を「責て憂(う)成ホドナクテハ不ㇾ叶、勇猛ノ機モ是ヨリ出也⁽⁵⁵⁾」として、全身心を責め尽す行道を説いたのである。つまり、「勇猛ノ機」と「憂機(うひ)」とは互いに対立する心の機(はたらき)であるが、「勇猛ノ機」は「憂機(うひ)」への自覚から生じるのである。逆に「憂機(うひ)」は、厳しい行道の「勇猛ノ機」の結果から生じるのである。即ち、「憂機(うひ)」の生じる源は、「勇猛ノ機」であり、

第二章　心の機としての精神的余暇

両者は「浮心」を統合の心の在り方とするのである。
　彼は「勇猛ノ機」とその働きに対立する「憂機」との統合的関係を、「浮心」の概念で説明する。対立する心の機(はたらき)の統合を為しうるとき、「憂機(うひ)」に対する自覚と共に「勇猛ノ機」を全身心に備えうるのである。「修行者」は「勇猛心」を身に備え、行道を実践しながら自己修養に行じ尽(ぎょう)すとき、全身心に備えた「勇猛ノ機」が日常行為上で「浮心」の心の在り方と成り、人格陶冶するのである。それ故、彼は行道において、「勇猛ノ機」をいかにして全身心に漲らせるかを修行の眼目としたのである。

(2)　「浮心」と「沈心」
　彼は「浮心」の心の機(はたらき)について、次のように定義する。
　「浮心ト云ハ、急度イキタ機也。是仏界ノ道也、昼夜此心ヲ守ルベシ。物ニ勝テ浮心ノ類、勇猛心ヲ躰トス。[56]」
　「浮心」は「勇猛心」を本体とする心の機(はたらき)を意味する。「修行者」は行を積み重ねることによって、「勇猛心」を全身心に漲らせ、「勇猛心」の機を「浮心」の心の機(はたらき)として日常行為上に作用させるのである。彼は「浮心」に対立する心の機(はたらき)として、「沈心」の心の機(はたらき)を説明するが、両者の心の機(はたらき)はともに「凡夫心」を形成するものである。彼は、「凡夫心に、物に勝て浮心あり、物に負て沈心あり。浮心を用は、仏界に入門なり。沈心を用は、獄中に入道なり[57]」と、両者の心の機(はたらき)の差異を明確にする。しかし、両者をともに統合する心の在り方は「凡夫心」なのである。「凡夫心」の在り方は自然のあるがままの在り方なのである。
　「浮心」と「沈心」との関係は、ともに「凡夫心」を意味する関係であるが、「凡夫心」の心の在り方によって両概念の心の機(はたらき)の差異が次のように生じる。「己が心に勝得時は、万事に勝て物の上と成て、自由なり。己が心に負時は、万事に負て物の下と成て、うかぶ事あたはず。[58]」煩悩心に執着する心の在り方を克服し、本来の自己を自覚する心の在り方へと、即ち、「沈心」の在り方から「浮心」の在り方へと自己の心の在り方を変革することが、毎日の行道なのである。「修行者」は「浮心」の在り方と「沈心」の在り方との両方を自覚することによって、本来の「凡夫心」の在り方を会得するのである。「修行者」

199

第Ⅲ部　鈴木正三における労働と余暇との統合

は行道を通して心の機(はたらき)を身に備え、身に備えた心の機(はたらき)を日常行為上で作用させてこそ、初めて「凡夫心」を生きた「浮心」の心の機(はたらき)に為しうるのであり、何事（物）にも囚われることのない自由自在の境涯を体得しうるのである。即ち、「勇猛心」の機の働きが「浮心」の在り方であり、人に心の機としての精神的余暇を具体化させるのである。行道は「浮心」の在り方を常に身に備えることを主眼としており、「浮心」の在り方を堅持することが、毎日の行(ぎょう)となる。毎日の行道の結果として、「修行者」は安心に通じる心の機(はたらき)としての精神的余暇を享受できるのである。

表—5　「浮心」と「沈心」との例示比較

物に勝つて浮心の類、勇猛の心を体とす[61]	物に負(まけ)て沈心の類[62]
生死を守心	生死を忘るゝ心
恩をしる心	恩をしらざる心
一陣にすゝむ心	怯弱(こうにゃく)にして勇のなき心
因果の理をしる心	因果の理をしらざる心
幻化無常を観ずる心	無常幻化をしらざる心
此身の不浄を観ずる心	花美(くは)奢(をごる)心
光陰を惜む心	遊山活計観〔歓〕楽の心
三宝を信仰する心	狐疑不信の心
此身を主君に抛(なげうつ)心	名聞利養を思心
自己を守心	己を忘て、心をぬかす油断の心
捨身を守心	愛念嫉妬の心
自己の非をしる心	他の是非を思心
貴人主君の前に居する心	諂(てん)諛諂曲(ごく)の心
仁義を守心	義理をしらざる心
仏語祖語眼を着(つくる)心	我執自慢の心
慈悲正直の心	慳貪無慈悲の心
一大事因縁を思心	物にすき好、一切着(ちゃく)の心

彼は仏法修行における心構え（心の在り方）として、「浮心」と「沈心」との夫々について17項目(59)を心の機(はたらき)として整理し、「義ノ段、願力ノ段、捨身ノ段、自己ノ段、此四段ヲ能見テ用ベシ。実有ヲ離ルヽノ段(60)」へと、修行深化の段階を説明する。「浮心」と「沈心」の夫々の心の機(はたらき)を例示比較したのが、表―5（200頁参照）である。

(3) 心の機(はたらき)から心の在り方へ

彼は『麓草分』で、出家者が身に備えるべき17項目の心の在り方(63)を指摘する。一方、『万民徳用』で在家の「修行者」が身に備えるべき「浮心の類」、及びそれに比較した「沈心の類」について、17項目の心の機(はたらき)を例示した。これらの項目は在家の「修行者」の心の在り方として説かれた。『麓草分』で取り上げられた仏道修行の心の在り方は初心の出家者に対して説かれている。しかし、両者の心の在り方は相通じており、行道の心の在り方を示すもので、出家の有無に拘らず、仏道を歩む者総てを対象とし、「修行者」の心の在り方の精神構造を意味しているのである。表―6（202頁参照）は、宗教的労働観を構成する精神構造と行道の心の在り方及び心の在り方から導かれる精神内容を比較したものである。

彼が考えた行道の精神内容は、宗教的労働観を構成する精神構造を充分に説明し、人間形成の精神構造に深く関与する。彼は、行道における夫々の心の在り方が目指す精神内容を考え、行(ぎょう)を積みながら体得するべき心の機(はたらき)を説明する。「修行者」は「自己の本源」に至るため、「煩悩を截断するの剣(64)」としての義を守る行道を実践する。彼にとって、義は「勇猛心」の源であり、修行の起動力なのである。彼が求めた心の機(はたらき)は、分別的知識ではなく、元々自己に備わった「本智(65)」である。「本智」は日常行為上で生きて働く心の機(はたらき)であり、生としての知恵である。彼はこの身に備えた「本智」から、さらに行道を進め「仏法世法一切を放下して、一句の本意に達すべし。是万法の源(66)」の心の在り方へと、指導する。この「本智」を身に備えることが行道の自己教育なのである。

彼は「勇猛心」の日常生活を行道として勧め、「信なくして道を得る事あるべからず。道なくして心の安き事もあるべからず(67)」と、心の安らぎと信仰

第Ⅲ部　鈴木正三における労働と余暇との統合

表—6　宗教的労働観を構成する精神構造と行道の心の在り方

宗教的労働観を構成する精神構造	行 道 の 心 の 在 り 方 と 精 神 内 容	
日常的精神	守ﾃ ﾚ義ｦ可ｷ ﾆ修行ｽ ﾙ事	義を守る。 「願力」
勤勉的精神	行脚ﾆ有ﾙ ﾉ功徳ﾉ事	自己の全身心を清浄と為す。 「身心を責め、業障を尽す。」 「常住工夫をなす。」
奉仕的精神	乞食(コツジキ)有ﾙ ﾉ得失ﾉ事 弔ﾌﾞﾆ亡者ｦ有ﾙ ﾉ得失ﾉ事 非人ﾆ施ｽ ﾙ物ｦ事 一寺ﾉ主可ｷ ﾆ離ﾙ ﾉ欲心ｦ事	「清浄無碍の心」 弔行為と「自己清浄にして、無念の得益有り。」 「無心無念」 「慈悲の心」と「慈悲方便」 「三輪清浄」の理
調和的精神	学文ﾆ有ﾙ ﾉ得失ﾉ事	理想的人間像としての「和合僧」 「無我無人」 「離相離名」
求道的精神	可ｷ ﾚ礼ﾆ敬ｽ ﾙ三宝ｦ事 以ﾃ ﾆ願力ｦ可ｷ ﾆ修行ｽ ﾙ事 可ｷ ﾚ守ﾙ ﾉ捨身ｦ事 有ﾘ ﾆ修行ﾆ多途ﾆ可ｷ ﾆ知ﾙ ﾉ邪正ｦ事 檀那対談ﾉ事	「信心堅固」 「願力」と菩提心 「自己の本源に向て、十二時中、切に急に責入るべし。」 「捨身の心堅固にして自己を守。」 「自己の本源」と「大疑団」 「誠の道心」と「虚空同体」 「信心を発さしむる事」
自覚的精神	剃髪受戒ﾉ時可ｷ ﾚ著ｸ ﾉ心ｦ事 可ｷ ﾚ守ﾙ ﾉ一言一句ｦ事 可ｷ ﾚ観ｽ ﾙ無常ｦ事 不ﾙ可ﾗ ﾚ忘ﾙ ﾉ自己ｦ事 可ｷ ﾚ離ﾙ ﾆ実有ﾉ見ｦ事	「心ろを著て知るべき理あり。」 「本智」と「一句の本意」 「諸行無常、是生滅法、生滅滅巳、寂滅為楽」 「十二時中をいて刹那も間断すべからず。」 「自己に眼を著て本源を知るべし。」 「幻化の理ﾆ眼ｦ著て、一切時中断なく色即是空と守るべし。」

のある道心との関係を説いたのである。このことは、行としての日常行為(労働)と宗教行為としての行道とが統合的関係を形成し、精神的余暇を生み出す構造になっている。「修行者」は行道の心の在り方を実践することによって心の機を身に備え、精神的余暇を真の余暇として享受し、精神的余暇において自覚的人間へと形成することになる。

つまり、彼が『麓草分』によって指摘した行道の心の在り方は、人間形成の精神内容を導き、人が自己を教育し、人間形成を為していく精神構造なのである。「修行者」は身に備えた心の機をどのような形で具体化し、自己を陶冶しうるのかについて考えることとする。

2 心の機と精神的余暇

(1) 「浮心」としての精神的余暇

正三が在家者に対して説いた心の在り方は、「浮心」の在り方である。「浮心」は「勇猛心」の機である。「浮心」は物に囚われることのない心の在り方であり、「凡夫心」より生じる。物に囚われることのない心とは、思慮分別的知識に拘泥されることのない「本智」の心の在り方である。彼は、行道においてこの「浮心」の在り方を身に備えることを説いて、人づくりを実践したのである。「修行者」は「浮心」の在り方において人格陶冶され、自覚的人間へと成長する。「浮心の類」は17項目の心の機を示している。それらは自覚的人間形成の精神構造を意味し、宗教的労働観の精神構造にもなっているのである。精神構造のなかでも、特に自覚的精神に焦点を合わせ、「浮心」の在り方がどのようにして精神的余暇を導き、自覚的人間の形成に寄与するかを考えることとする。

彼は「浮心」を身に備えた人として、『武士日用』で「達道の人[68]」という理想的人間像を取り上げ、次のように定義する。「達道の人といふのは、本来空なる理を知て、理と義を鍛冶となして、日夜此心を錬鍛て、不浄穢悪のあかをさり、清浄無碍の心劔となして、我執貪着の念根を截断して、万念に勝得て、一切の上に乗て、物のために煩ず、不生不滅なるを道人といふなり。[69]」「達道の人」或は「道人」は、平常心を「本来の心[70]」の在り方に成しうる人であり、日常行為上で「本来の心」の機を活溌溌地に実践できる人であり、「大

第Ⅲ部　鈴木正三における労働と余暇との統合

丈夫の漢と云、鉄心肝と云、達道人共いふ。⁽⁷¹⁾」

　彼は「本来の心」について次のように説明する。「金剛の正体と云、堅固法身といふ、此心物にかかはらず、恐ず驚ず、憂ず、退ず、不動不変にして、一切の主人となる。⁽⁷²⁾」人は行を通して「本来の心」を身に備え、万事に囚われることのない心の機(はたらき)を日常行為上で実践する。「本来の心」は、人が平常底で生きる心の在り方であり、人が行(ぎょう)を積み重ねて体得する精神的余暇である。「本来の心」は、人が物の上に立つことによって物に従属するのではなく、物の主人公になりうる心を意味する。「達道の人」、「道人」、「大丈夫の漢」、「鉄心肝」などと称される理想的人間像は、「本来の心」の機(はたらき)を無私において日常行為上で作用することができ、「万念に碍られず、万事を遣得て大自在なり⁽⁷³⁾」の精神的余暇を心の在り方としてもつ人である。「万念に碍られず、万事(つかひ)を遣得て大自在なり」の境地は、人が万事に勝る道理を体得したことを意味する。万事に勝る道理とは自然の道理であり、元々人の身に備わった「本智」の機(はたらき)である。

　例えば、荘子は、人が物に勝る境地について、『荘子』第二十山木篇第一節で、道徳の郷の話として次のように語る。「荘子笑いて曰わく『…（略）…一上一下、和を以て量と為し、万物の祖(はじ)めに浮遊し、物を物として、物に物とせられず。則ち胡(なん)ぞ得て累(るい)す可(べ)けんや。此れ神農・黄帝の法則なり。』⁽⁷⁴⁾」「物を物として、物に物とせられず」の境地は、人が物に支配されることなく万事の主人公に為りうることを意味し、このことは昔からの天の法則であり、道徳の道なのである。

　人が物を支配しうる境地は、同書第十一在宥篇第四節の「独有(どくゆう)⁽⁷⁵⁾」の話としても、次のように語られる。「大物(だいぶつ)を有する者は、以(もっ)て物(もの)とす可(べ)からず。物として物とされず、故(ゆえ)に能(よ)く物を物とす。⁽⁷⁶⁾」「達道の人」或は「道人」は自ら有限的限界性をもちながら、その有限性に拘束されることなく、自己の物質性を包含しながらも、その物質性から離れ絶対無差別の境地、つまり「独有(どくゆう)」の境地を現成しうる人間である。「独有(どくゆう)」は「独往独来(どくおうどくらい)⁽⁷⁷⁾」の自由自在性を意味する。荘子は、この「独有(どくゆう)」の境地を体得しうる人が万事の主人公に為りうると考えたのである。人は「独有(どくゆう)」の境地において、「独往独来(どくおうどくらい)」の自由自在性を体得し、万事の主人公になりうるところから、真の余暇である精神的余暇

第二章　心の機としての精神的余暇

の心の在り方を会得できるということになる。つまり、荘子が考えた「物を物として、物に物とせられず」という心の在り方は、道を得た人の心の在り方であり、「独有」の言葉で表現される精神的余暇の心の在り方なのである。

　荘子の「独有」の心の在り方に対し、西田幾多郎は、「物となって考え物となって行う(78)」という心の在り方を行為的直観において説明する。西田はより人間の実践的な働きに重点をおいて、行為的直観の経験に基づくのである。「本来の心」の機を身に備えた「達道の人」或は「道人」は、「物となって考え物となって行う」という心の在り方で、「本来の心」の機を日常行為上で自由自在に働かせ、本来の自己を具体化するのである。

　無門慧開は、編著『無門関』の第三十六則で五祖法演（？〜1104）による「三十六　路に達道に逢う　五祖曰く、『路に達道の人に逢わば、語黙を将て対せざれ。且く道え、甚麼を将てか対せん』(79)」の公案を取り上げ、人が「達道の人」に出会うときの心の在り方を次のように述べる。「若し者裏に向かって対得して親切ならば、妨げず慶快なることを。其れ或いは未だ然らずんば、也た須らく一切処に眼を著くべし。(80)」人が「達道の人」の心の機に対面することは、知識的分別知による言葉を必要とせず、身に備えた心の機を作用させるだけで意思を通じ合うことができる。人は身に備えた心の機を頓才に表現することが肝要で、黙しているだけでは身に備えた心の機を相手に知らしめることができない。つまり、人は行を通して心の機を全身心に備えておれば、何らかの日常行為によって、「達道の人」の心の機といつでも相応に対応できることを示唆した公案である。人が行を積み心の機を身に備えても、心の機を未だ実践できるに到っていない場合は、「一切処に眼を著くべし」という日常底の行が求められる。「一切処に眼を著くべし」という行における心の在り方は、行としての日常行為を実践し、心の機を全身心に備えることがいかに重要な修行の型であるかを示すのである。

　「達道の人」に対比して、正三は凡夫を取り上げ凡夫の「沈心」の在り方について、次のように説明する。「着相の念にして、万事に負て苦悩する(81)」者が凡夫である。「凡夫といふは、幻化の偽をまこととなし、有相執着の私の心を造出、貪嗔痴の念を始て、あらゆる煩悩を起て本心を失、散乱の心休事なく、念々発に随て、其念に負て、心をくだき、身を苦しめて、浮心なく、闇々とし

205

第Ⅲ部　鈴木正三における労働と余暇との統合

て、空、光陰を送、己に迷てたゞよひ、物に逢着するを、凡夫心と名付たり。[82]」或は「心生ずるを凡夫とし、心滅するを道者とす[83]」とも表現する。「浮心」と「沈心」はともに「凡夫心」である。「達道の人」とは「浮心」の在り方の人であり、凡夫は「沈心」の在り方の人である。

　彼は、「修行者」にとっての理想的人間像を、「達道の人」、或は「道人」と位置付け、その自覚的精神を「本来の心」、或は「丈夫の心[84]」の在り方と考えた。この心の機(はたらき)を全身心に備え、日常行為上でその機(はたらき)を自由自在に作用しうる心の在り方について、彼は己事究明の心の在り方としたのである。それ故、彼は武士に対し、「武士たる人、是を修して、何ぞ丈夫の心に至らざらんや[85]」と諭すのである。彼は心の機(はたらき)を行道でいかに作用するかを考え、『麓草分』で「不ㇾ可ㇾ忘ニ自己ヲ事[86]」と述べている。行道は、「本来自己の主人[87]」を自覚するための自己教育なのである。

　弟子慧中は『石平道人行業記』で、「明に自己を知る事第一の用心にして、是を行証の基本と為す[88]」と、師の行道の自覚について説明する。「明に自己を知る事」のためには、長年の行の積み重ねが求められることは無論のことであるが、禅には頓悟の契機がある。即ち、「已前一年の行業(ぎょう)、今や一日の修功に及ばず[89]」と、慧中は師の日常底の教えを記す。正三は自己の修行底について、「一大事の心、既に極むと雖も、未だ今時を及尽し畢らず[90]」と述べ、一瞬の瞬時に生き切ることの至難さを示唆する。彼は「今時を及尽し」の行(ぎょう)の精神に、修尽き、行(ぎょう)尽き、我尽きる究極の心の機(はたらき)を表現し、今時が今なお修行途中であることを説明したのである。彼にとって「本来自己の主人」を自覚する心の在り方は、「今時を及尽し」終った瞬時を意味することになる。

　臨済義玄は、「本来自己の主人」の心の在り方において、心の機(はたらき)に生きる有様を次のように語る。「云く、一人(いちにん)有り、劫(ごう)を論じて途中に在って家舎を離れず。一人有り、家舎を離れて途中に在らず。那箇か合に人天(にんでん)の供養(くよう)を受くべき。[91]」臨済にとって、「劫(ごう)を論じて途中に在って家舎を離れず」は行(ぎょう)の精神であり、「家舎を離れて途中に在らず」は行の精神が徹底して、日常生活と一体になったところである。即ち、「家舎を離れて途中に在らず」は、心の機(はたらき)が日常生活と一体になり、精神的余暇の心の在り方においてその瞬時を生き切ることなのである。

第二章　心の機としての精神的余暇

　行道を通して身に備えた心の機(はたらき)は、「本来自己の主人」を日常行為上で現成し、自覚的人間を形成する。心の機(はたらき)は「浮心」の在り方において、人格陶冶するのである。「浮心」の在り方は、心の機(はたらき)として行(ぎょう)の精神から道の精神へと、自覚的精神を導き、理想的人間像である「達道の人」、或は「道人」を形成する。「達道の人」、或は「道人」の心の在り方は、理想的人間の心の在り方であり、自覚的人間の心の在り方として精神的余暇の在り方を示すのである。

　「浮心」の機(はたらき)は行道を通して身に備えた心の機(はたらき)であり、総て「勇猛心」を心の在り方とする精神構造となる。それ故、17項目の心の在り方は、人が行道を実践するうえにおいて、あらゆる日常行為に求められる精神構造となる。なぜなら、人はこれらの心の在り方を日常行為上において実践しながら、日常行為(ぎょう)を行と為して全身心を清浄化していくからである。行道におけるこれらの心の在り方は、「修行者」に対し理想的人間像——自覚的人間——への精神構造を導くのである。宗教的労働観を構成する精神構造と「浮心」の機(はたらき)とを比較検討し、整理したのが、表—7（208頁参照）である。

　表—7で、「浮心」の機(はたらき)とその内容は、人が行道によって「浮心」の機(はたらき)を身に備え、「浮心」の機(はたらき)を日常行為上で作用させて自己を涵養する在り方である。人はこれらの行道を通して、自己を人格陶冶し自覚的人間へと形成するのである。

　「修行者」は真の「勇猛心」を堅持して、「義ノ段、願力ノ段、捨身ノ段、自己ノ段、此四段ヲ能見テ用ベシ。実有ヲ離ル丶ノ段」へと心の在り方を深化させながら、行(ぎょう)の精神を鍛練していく。このことは取りも直さず、「修行者」が行を積み重ねて心の機(はたらき)を身に備え、心の機(はたらき)を日常行為上で作用しうる「浮心」の心の在り方へと人間形成していくことに他ならない。

　宗教的労働観の精神構造は日常的精神、勤勉的精神、奉仕的精神、調和的精神、求道的精神、自覚的精神などで構成されるが、これらの精神構造は行道における心の在り方や「浮心」の機(はたらき)が導く心の在り方の精神構造となっている。つまり、宗教的労働観は、人が心の機(はたらき)を具体的に日常行為（労働）上で作用するとき、自己を人格陶冶する精神構造をもつのである。即ち、仏道としての労働観は、人が行(ぎょう)を通して心の機(はたらき)を身に備え、それをいかにして日常行為上で作用させるかを心の在り方として、自己教育することなのである。「浮心」

第Ⅲ部　鈴木正三における労働と余暇との統合

表—7　宗教的労働観を構成する精神構造と「浮心(はたらき)」の機との関係

宗教的労働観を構成する精神構造		「浮心(はたらき)」の機とその内容[92]
日常的精神	生死を守心	「只今必ズ死スト、眼ヲ著ケ、歯ヲカンデ、グット死シテ、直ニ死習心也。」
	此身の不浄を観ずる心	「扨モイヤナクサレ者哉ト、常住ニラミ付テ守ルベキ也。」
	自己を守心	「機ヲヌカサヌ事也。」
	貴人主君の前に居する心	「自ラダルマレマイガ、不ㇾ覚浮ンデ居メサレンズト也。」
	仁義を守心	
勤勉的精神	光陰を惜む心	
奉仕的精神	此身を主君に抛(なげう)つ心	「強ク眼ヲ著テ、十二時中抛チ習ベキ也。」
調和的精神	恩をしる心	「実ニ恩ヲ知ル則ハ、真ノ心トナル也。」
	自己の非をしる心	「我独リ悪フテ、皆人ハヨキ也。」
求道的精神	一陣にすゝむ心	「千騎万騎ノ中ヱ、只一人、ツトカケコム心ヲ守事也。」
	三宝を信仰する心	「身命ヲ抛テ信仰シ奉ルベキ也。」
	捨身を守心	「サマサマ捨習テ、自由自在ニ捨ラルゝホドニ至ル事也。」
	仏語祖語眼を着(つくる)心	「仏祖ノ意ニ徹スベシト強ク眼ヲ着テ見ル事也。」
	慈悲正直の心	「ナデクダシテ勝ッタ機也。」
自覚的精神	生死を守心	「只今必ズ死スト、眼ヲ著ケ、歯ヲカンデ、グット死シテ、直ニ死習心也。」
	因果の理をしる心	「是ヲ守ル則バ、大ニ苦ミヲ免ルゝ事也。」
	幻化無常を観ずる心	「扨扨イツワリノ世界哉ト強ク見ル事也。」
	自己を守心	「機ヲヌカサヌ事也。」
	一大事因縁を思心	「云テ聞セ難シ、我レト心ニ備ル大事也。」「今思ヒ習フ事ニ非ズ。総ジテ右ノヶ条ノ心熟セバ、一大事因縁ノ心トナルベシト也。」

208

第二章　心の機としての精神的余暇

の機(はたらき)は、人を自覚的人間へと形成するための精神的余暇を導く心の在り方なのである。

彼は「浮心」の機(はたらき)を身に備えるための行道を説いたのであるが、その方便として念仏行を勧めている。念仏行は職業（労働）に従事しながら、精神集中するに適した行(ぎょう)である。なぜなら、「南無阿弥陀仏」の名号を一心不乱に唱えることによって、日常行為（労働）に精神集中し、無心の機(はたらき)を身に備えることができるからである。即ち、念仏行は人の心の在り方を、常に「浮心」の在り方へと導くことができるのである。

(2)　心の機(はたらき)としての念仏行

人が念仏行によって諸念妄想を断ち切る心の在り方について、彼は次のように語る。

「何トシテ傍ヨリ其方ノ念ヲ休ンヤ。強ク眼ヲ着、南無阿弥陀仏南無阿弥陀仏ト、命ヲ限ニヒタ責ニ責テ、念根ヲ切尽スベシ。総而大キナル悪、及バザル望ミハ休物也。サレドモ兎角ナニカ有物也。念根ノ切尽ス事難シ。然間此蠕(うじ)袋ヲ敵ニシ、念仏ヲ以テ申滅スベシ。是(これ)念根ヲ切(きる)修行也。彼者云、然ラバ此身ヲ離ル事ト心得テ置ベキヤ。師呵シテ曰、心得テ置ハ悪キ也、仏道ト云ハ、心得テ置事ニ非ズ、身心ヲ修シ尽ス事也。(93)」

念仏行の心の在り方は、「強ク眼ヲ着、南無阿弥陀仏南無阿弥陀仏ト、命ヲ限ニヒタ責ニ責テ、念根ヲ切尽スベシ」の形で、全身心を責め尽す行道である。彼にとって、念仏行は「心得テ置事ニ非ズ、身心ヲ修シ尽ス事」なのである。行(ぎょう)ずることへの専心のみが、心の機(はたらき)を現実なるものとして身に備えるのである。心の機(はたらき)が身に備わることによって、初めて人は日常行為にその心の機(はたらき)を作用しうるのである。念仏による全身心を責め尽す行道は、念仏行の型を形成していくことになる。彼は念仏行の型について、次のように説明する。

「師眼ヲ見スヱ、拳ヲ握、キット胸ヲ張出シテ曰、ナマダブナマダブナマダブト申サルベシ。常住如𛀁是用ズンバ、用ニ立ベカラズト也。因ニ曰、修業ト云ハ、機ヲ抜サヌ事一ツ也。(94)」煩悩心を遮断する念仏行について、彼は次のように語っている。

「慚愧懺悔シテ、力ヲ出シ奥歯ヲ咬、拳ヲ握テ胸ヲ扣キ、身ヲツネリ、憎ヒ

209

第Ⅲ部　鈴木正三における労働と余暇との統合

糞袋メ哉ト睨付テ、南無阿弥陀仏南無阿弥陀仏ト申スベシ。少モ油断セバ、我地獄ハ罔キ、アノ女ハ善々悪ノ、誰ハ憎愛ト、余所ノ妄想迄取来、胸ノ中ニ取込ンデ、我地獄ト成物也。返返願力強ク起シ、善悪トモニ一念モ胸ニ留メジト、五臓六腑ヲ吐出シテ念仏申サルベシ。[95]」

念仏行の型は「眼ヲ見スエ、拳ヲ握、キット胸ヲ張出シ」た姿勢で、緊張感を身体に漲らせ、我身体を敵に回して責め尽す心の在り方で念仏を唱える行である。念仏と身心との一体化を体得することによって、人は精神浄化を為しうるのである。念仏行における心の在り方は、「機ヲ抜サヌ事」であり、「善悪トモニ一念モ胸ニ留メジト、五臓六腑ヲ吐出」す願力の在り方である。

念仏を唱える姿勢の型が行の型を形成し、行の精神を清浄化する。行の精神が全身心に漲るとき、人は行の精神を身に備え心の機とするのである。身に備わった心の機は、人が念仏するしないに拘らず、常に日常行為上で働くことになる。人は心の機を失わないように、さらなる念仏行を継続してより深く心の機を身に備えるのである。つまり、人が心の機を持続するには、一貫して継続する行が必要であり、全身心を修し尽す行が求められる。このことについて、彼は「修業ト云ハ、機ヲ抜サヌ事一ツ也」と表現する。心の機と日常生活とを一体なるものにするには、念仏の型を堅持して修し尽すことが適しているのである。「機ヲ抜サヌ事」は日常行為上で常に求められ、全身全霊を没頭する勤勉的精神の在り方である。人にとって行の型を身に備えることは、あらゆる日常行為上において心の機を働かせ、人格陶冶する道なのである。人は型にはまる行を実践することによって行の精神を涵養し、型の習熟形成から道の精神の鍛錬へと人間形成するのである。

彼は『二人比丘尼』で、念仏行の心の在り方について、次のように語る。

「人々の根機に随而、其品差別ありといへ共、信心勇猛の一念、心に差別なし。[96]」即ち、人は各々の仏縁に従って発心し、行道を歩む心の在り方においては同じなのである。彼は五種類の「身に相応の念仏の行[97]」による行道を説く。五種類の念仏行とは、①極楽浄土往生の念仏行、②罪業懺悔の念仏行、③「勇猛心」の念仏行、④「臨終正念」の念仏行、⑤「離相離念」の念仏行である。弟子恵中が編集した『驢鞍橋』下巻では、同様に五種類の念仏[98]として、①「功徳ノ念仏」、②「慚愧懺悔ノ念仏」、③「截断ノ念仏」、④「末期

第二章　心の機としての精神的余暇

ノ念仏」、⑤「平等ノ念仏」を説明する。彼は「我ハ只截断ノ念仏一ツ也。是一ツニテ用ハ調ヒタリ⁽⁹⁹⁾」と、「浮心」の機を「截断ノ念仏」にみるのである。「截断ノ念仏」は諸念妄想を切り払い、知識的分別知に囚われることのない心の在り方を導くのである。五種類の念仏は念仏の多様性を示すものであって、念仏の功徳の有無を比較するものではない。人夫々が信心する念仏行に尽力するところにその人独自の行道があり、夫々の念仏の徳が身に備わるのである。彼は「勇猛心」の強弱、或は行道の根機の深浅程度に相応して、選択する念仏行も異なると考えたのである。このことは、念仏行を通して身に備える心の機の在り方にも、差違が生じることになる。しかし、「信心勇猛の一念」のある者にとって、念仏行の強弱は問題ではなく、念仏行によってもたらされる精神的余暇を享受しうるか否かが、問題なのである。

　彼は人に応じて多様に行道を説く姿勢をもち、人を導く方便として禅浄双修の立場をとったのである。彼が選択した「截断ノ念仏」は「勇猛心」の念仏行である。念仏行に精神集中することが、人を拘束する一切の諸念からそれらを断ち切る心の在り方へと導き、人に心の機を備えさせるのである。

　藤吉慈海（1915〜）は、五種類の念仏のなかに「般舟三昧経に説くごとき観想の念仏の入っていないことは注目に値することである⁽¹⁰⁰⁾」と述べている。この理由について、藤吉は「日本の浄土教においては、法然によって強く否定されたためであろうか⁽¹⁰¹⁾」と考える。加えて、正三の念仏行は、「弥陀の本願力を頼む方向には進んでいない。そしてむしろ死に直面した無常観の意識の上に立って念仏を策励し、三毒の心を滅すべき自己の願力を以って妄念を払い、『自己の真仏』にめざめんとする自力的念仏観が強調されている⁽¹⁰²⁾」のである。つまり、藤吉によれば、「念ぜられる仏は結局真実の自己自身⁽¹⁰³⁾」ということになる。正三は、「一筋に他力本願をむねとして、名号をとなへ奉る心中に、仏躰有事うたがいなし⁽¹⁰⁴⁾」とみて、「座禅工夫、観念、観法を用るも、念仏わうじゃうにかはらんや⁽¹⁰⁵⁾」と考える。正三にとって、念仏行は本来の自己を自覚する心の機を為しており、精神的余暇に到る行道なのである。

　藤吉は、「救済の根拠を弥陀の本願におく浄土教プロパーに対し、彼は自己の心中にある仏体、すなわち『自己の真仏』にこれをおいていることも注意すべきことである⁽¹⁰⁶⁾」と、正三の念仏行と浄土教の念仏行とを比較する。正三

211

第Ⅲ部　鈴木正三における労働と余暇との統合

の念仏行が法然の念仏行と異なる点は、念仏行と職業との関係においても知ることができる。藤吉はその比較について、「法然においては余時とか職業とかいうものが、念仏の助業と考えられ、念仏が目的で、その他の一切は念仏の手段であるかのごとき観がないでもない。これに対し正三の考え方は念仏と職業が全く一つに考えられている。(107)」

なぜなら、正三は念仏行に対し、坐禅工夫や公案と同様の行の精神を認めているからである。正三は行としての念仏や仏道としての職業（労働）の心の機を重視し、行道に本来の自己を自覚するという目的を念願したからである。それ故、彼にとっては念仏が目的でもなく、職業（労働）を目的とするのでもなく、それらを行と為しうることによって導かれる心の機を身に備えることが目的だったのである。

「古人一則ノ公案ヲ授ケ玉フ事、念根ヲ断截センガ為ナリ。又念仏ノ一行ヲ授ケ玉フ事モ同意ナリ。其義正シキ則バ、南無阿弥陀仏ト唱ルモ、念根ヲ断截スルノ剣ニシテ、菩提ノ正因ト成ナリ。又、其義錯ル則バ、話頭公案ナリトモ、有所得ノ念ニシテ、却テ輪廻ノ業ト成ベシ。(108)」

念仏行と公案を双修する立場は念仏禅と称されていく(109)が、念仏行よりも公案の行の在り方により行の効果を認めたのは、鈴木大拙（1870～1966）である。

大拙は白隠慧鶴の公案禅と念仏禅とを比較して、次のように述べる。「禅教徒にとりては、参究的精神を旺盛ならしむる点に於いて、看話の工夫の方が、念仏よりも遥かに有効であると、白隠は考へて居る。而してこの参究的精神があるので、禅者はその意識をして禅経験の域まで向上させることが出来るのである。念仏も亦此の如き結果を成就し能はぬではないが、それは必然的なものでなくて、頗る偶然性に富んで居る、或は例外的だと考へられる。何となれば、念仏称名には工夫の精神を鼓舞する何物も本質的に内在してゐないからである。(110)」

つまり、大拙は行道の精神に正念工夫の心の在り方をみたのである。正念工夫の在り方は心の機そのものである。行道の目的はどのような行の方便をとるにしても、心の機を身に備え、それを日常行為上で働かせ本来の自己を現成することなのである。大拙は、公案禅と念仏禅とを比較し、心の機を身に

第二章　心の機としての精神的余暇

備えるには公案禅の方が、より行の効果を為しうると考えたことになる。しかし、正三は「截断ノ念仏」を説くことによって、念仏に行の精神を認め、禅浄双修[111]の立場をとったのである。

　人は念仏と一体化することによって、「此娑婆ヲ楽ム念、亦我身ヲ思フ念[112]」を捨て切る念仏行の実践ができるのである。諸念妄想は「凡夫心」の在り方に因る。「凡夫心」から生じる妄想を遮断するには、「截断ノ念仏」は極めて入門し易い行道だったのである。人は念仏行に精神集中し、「無念無心」の心の在り方を身に備える。人は身体をもつが故に、自然の道理の内なる自己を自覚する。そのことは別の視点からみれば、身体に拘束された諸念妄想を世の道理として誤解することになる。人は邪道への方向を防ぐために、自己の身体を「幻化の理」として認識することが必要である。それ故、彼は「是念ヲ滅スルニハ、身心ハ是怨家ナリト、キット睨詰て、念仏ヲ以テ責滅ス計リ也[113]」と論ずるのである。彼は身体について不浄観をもって徹底し、四顛倒の心[114]から生じる悪業煩悩の心の在り方を捨て切ろうとしたのである。悪業煩悩の心は、心の機を「沈心」の機へと心の在り方を弛緩したときである。彼は「躰、羸れば諸念なし、色躰安楽なる時は種種の念増長す[115]」と考え、身心を労する行の精神を説く。この行の在り方が、「此蠕袋ヲ敵ニシ、念仏ヲ以テ申滅スベシ。是念根ヲ切修行[116]」だったのである。

　彼は「截断ノ念仏」を選択するが、諸念妄想を截断することは、「われわれの意識の根源にかえること[117]」を意味する。換言すれば、「本心[118]」という「善悪・喜怒・哀楽の情のとどかぬ心の根源[119]」を自覚することである。大拙は、この「意識の根源」を「深心（adhyāśaya）[120]」と称している。「本心」は本来の自己の心の在り方であり、心の機を自由自在に為しうる精神的余暇の心の在り方である。正三が禅浄双修の立場で念仏行を説いたのも、「修行者」を「本心」を体得した自覚的人間へと導く心の機だったのである。

　彼が説いた念仏行は、「修行者」の求道的精神を鍛錬し、心の機を日常行為上で働かせ、本来の自己を現成させる教育的役割を果たしたのである。念仏行における精神構造と人間形成との関係を略図したのが、図―8（214頁参照）である。

第Ⅲ部　鈴木正三における労働と余暇との統合

図―8　念仏行における精神構造と人間形成との関係

自　覚　的　人　間　の　形　成		
↑	↑	↑

行為の内容			行為の目的	行為の精神構造	
念仏行	道としての宗教行為		「自己の本源」	自覚的精神	日常的精神
			「自己の真仏」	求道的精神	
			主客合一	調和的精神	
	行としての日常行為		身心脱落	奉仕的精神	
			精神集中	勤勉的精神	

3　心の機(はたらき)と人間形成

　正三が説いた仏道としての労働は、「修行者」が行(ぎょう)の精神を実践することによって心の機(はたらき)を身に備え、それを日常行為上で働かすことであった。「修行者」は心の機(はたらき)によって精神的余暇を享受し、人格陶冶されたのである。それ故、心の機(はたらき)は「修行者」を自覚的人間へと陶冶するにおいて、重要な教育的役割を担うのである。彼にとって自覚的人間とは覚者[121]である。
　彼は『念仏草紙』で、覚者について次のとおり定義する。
　「聖人に夢なしといふは、夢のさめたる人を申也。…（略）…夢のさめざる

214

第二章　心の機としての精神的余暇

人を、まよひの衆生となづけ、さめたる人を、仏とも聖人とも申也。此理りをしんじたまひて、こつずいにてっして念仏し給はゞ、終には、さむる時節有べし。悦びも、いかりも、望もわすれて、なむあみだ仏ばかりになりたまはゞ、夢なき事をしりたまふべし。(122)」

此の世を有相のことと執着し夢みる凡夫者に対し、世の無常観について無相無念をもって会得した者が覚者である。人は一心不乱に念仏行に徹底し、念仏に我を忘れ念仏のみの経験をするとき、自己の内なる仏心、或は「自己の真仏」に出会うのである。人は「自己の真仏」を自覚する形で、理想的人間像としての「夢のさめたる人」へと自己を教育する。

彼は「夢のさめたる人」を覚者として理想的人間像とする一方、目標とするべき求道的人間像を取り上げ、次のように説明する。「ぼだいをおもふ人の心は、食とほしきをりふしは、餓鬼、きかんのうれいをおもひやり、うすき衣のふゆの夜には、あび、ならくの、かんをおもひやり、きはめてあつき夏の日は、せうねつ、大せうねつの、焔のくげんをおもひやり、又、一飯をしよくする時は、農人耕作の苦悩をおもひやり、麻のころもをきる時は、ぼうせきのいとなみをおもひやりたまふべし。かやうに心ざしふかき人に、うれひさらにあるべからず。(123)」

彼は、求道的人間像を「ぼだいをおもふ人」、「心ざしふかき人」と称し、これらの人の心の在り方を教える。「ぼだいをおもふ人」、「心ざしふかき人」は、あらゆる日常行為において心の機(はたらき)を働かせ、「うれひさらにあるべからず」という精神的余暇を享受することになる。

彼は、心の機(はたらき)と人間形成との関係をどのように考えたのだろうか。彼は人を育てるときの在り方について、「機ヲ付テ育ツベキ也(124)」と留意し、心の機(はたらき)の在り方が教育に深く関ることを指摘した。彼が重視したのは、人が身に備えている心の機(はたらき)である。人に備わった心の機(はたらき)を充分に伸ばすことが、人を育てる視点である。教育する者は、人が身に備えている心の機(はたらき)を強く伸ばすことによって、結果として人を生かすことになる道理を理解するべきなのである。心の機(はたらき)を日常行為上に活潑潑地に働かせうるところに、心の機(はたらき)を身に備えた人が、夫々に歩む独自の生き方がある。

教育する者は、教育を受ける者が身に備えている心の機(はたらき)を充分に日常行為

215

第Ⅲ部　鈴木正三における労働と余暇との統合

上に作用しうるよう、働きかける役割をもつのである。換言すれば、人が身に備えた心の機(はたらき)を十全に引き出し、その人独自の生きうる道を歩ませるのが、教育する者の役割である。彼が「機ヲ付テ育ツベキ也」と述べるように、教育を受ける者の心の機(はたらき)を伸ばすことそのことが、つまりは教育する者の役割なのである。

「機」と「気」を比較すると、気には「気を付ける」の言葉がある。「気を付ける」の言葉には、①気づかせる、②あやまりがないように気をくばる、③元気にさせる、勢い付かせるなどの意味がある[125]。「元気にさせる、勢い付かせる」の意味が「機ヲ付テ」と同義になる。

彼が説く「機ヲ付テ育ツベキ也」の教育の在り方は、「是万事ニ亘事[126]」として行道の精神を意味する。彼の日常底は、「我ト機ヲ著テ見レバ、奥牙ヲ咬合セ、眼ヲスエテ、キット睨ミ著テ居機ニ成テ常住有也[127]」である。人が心の機(はたらき)をあらゆる日常行為上において作用しうるとき、全身心に機が充実し、精神的な弛みはない。しかし、人が機を充分に作用しえないとき、身心に機の弛みが生じ、諸念雑念が生じることになる。彼が説く心の機(はたらき)は「禅定ノ機[128]」であり、「浮心」の在り方である。「修行者」は行(ぎょう)としての日常行為を為しながら、日常的な心の在り方を鍛練し、全身心に「禅定ノ機」を漲らせ、「浮心」の在り方をもって人間形成するのである。堅固な「勇猛心」の機は「浮心」となり、「勇猛ノ機」として「禅定ノ機」を「修行者」の身心に漲らせるのである。

彼は、出家の有無ではなく「道心[129]」あることを願い、心の機(はたらき)を作用しうるに至る行道を力説したのである。日常生活に求められる心の在り方は、「勇猛ノ機」であり、「浮心」の在り方であり、「坐禅ノ機[130]」や「二王ノ機[131]」とも称される心の機(はたらき)を平常心とすることである。人は全身心を責め尽す行(ぎょう)を積み重ねることによって心の機(はたらき)を身に備え、備えたそれを日常行為上に作用しうる自覚的人間へと人間形成するのである。

人を教育するうえで関係する心の機(はたらき)とは、彼にとって「人ヲ能成度ト思フ念[132]」である。彼が全身心を責め尽す行(ぎょう)の型を形成したのも、「仏法ノスベヲ直(なおし)度思[133]」一念だったのである。彼は堅固な一念を発起することによって、心の機(はたらき)を養う教育の型を創造したのである。心の機(はたらき)を養うことが「浮心」と

第二章　心の機としての精神的余暇

なり、自己の心に打ち勝ち、万事の主人公に為りうる人間を形成することなのである。人は心の機(はたらき)を養いながら、人間形成の道を歩むのであり、心の機(はたらき)を日常行為上に活かしながら、生としての知恵を身に備えるのである。つまり、心の機(はたらき)を養い活かし尽すところに、彼が考えた人間形成の精神構造がある。

彼は、心の機(はたらき)を身に備えるための行道として、念仏行や神社仏閣を諸国行脚する行脚行など日常行為に行(ぎょう)の精神を認め、行道の諸方便を説いていくことになる。彼にとって心の機(はたらき)としての教育は、「人ヲ能シタヒシタヒト強フ思フ計ニテ、我ヲ忘レタリ(134)」の教育である。「人ヲ能シタヒシタヒト強フ思フ計」の念が、彼の人間形成への一念であり、心の機(はたらき)である。彼は「人ヲ能シタヒシタヒト強フ思フ計」の一念を出発点にすることによって、心の機(はたらき)を養いながら、人に行道を説いていくのである。人が心の機(はたらき)を身に備えそれを日常行為上に作用しうる自覚的人間へと形成することに、正三は身心を行(ぎょう)じ尽し、心の機(はたらき)を作用し尽したといえるのである。

彼は、心の機(はたらき)を身に備える行について、自己教育として次のように考える。

「修行ト云ハ、機ヲ養ヒ立ル事也。故ニ古人モ長養トイヘリ、必ズ機ヲヘラスベカラズ。今時無理行ヲナシ、亦ヌケガラ坐禅ヲナシテ、機ヘリテ病者ト成、気違ヒト成者数ヲ知ラズ、只志ヲ進メ、真実ヲ起スベシト也。(135)」

「機ヲ養ヒ立ル事」は日常底の行(ぎょう)の精神を意味する。人は「勇猛ノ機」を日常行為上に作用しうるために、行の精神を持続させる平常心の在り方に徹底するのである。このことは心の機(はたらき)と人間形成との関係を考えるとき、日常的精神が教育の問題にいかに深く関連するかを示唆することになる。

心の機(はたらき)と日常的精神とは、人にとって生としての知恵を生み出す関係なのである。この生としての知恵を活かしうる人間が自覚的人間である。全身心に緊張した心の機(はたらき)を漲らせ、機の充実した日常性を堅持することは、「一切ノ煩悩ハ、機ノ抜タル処ヨリ起ル也。只強ク眼ヲ著テ、十二時中、万事ノ上ニ機ヲ抜サズ、急度(きっと)張懸テ守リ、六賊煩悩ヲ退治スベシ(136)」と表現される。彼は機の抜けた状態と機の充実した状態とを比較して、「身に隙を得時は煩悩の叢増長す、辛苦の業をなして、身心を責時は、此心に煩なし(137)」と、表現する。即ち、心の機(はたらき)を充実している状態は「身心を責時」であり、機の抜けた状態は「身に隙を得時」ということになる。それ故、ここで彼が説く「隙(138)」の

217

概念は心の機(はたらき)を全身心に充実しているか否かに関するのであって、職業(労働)に忙しくしているか否かには関らないのである。

この相違点をよく指摘しているのが、「師曰、左様ニ物ヲ工(たく)ミ居テ、事ノ埒明ベカラズ。只心ヲハッシト用、一切ヲ吐出シテ、常ニ隙ニテ居給ベシ[139]」の言葉である。心の機(はたらき)は精神的な心の在り方であり、ただ身心を労し尽すことのみを意味するのではない。つまり、心の機(はたらき)は機の充実した身心に備わり、身心を使った日常行為上にその機(はたらき)を現すのである。それ故、機の抜けた状態で身心を労しても、心の機(はたらき)は身に備わらず、その日常行為も本来の自己を現成しないことになる。心の機(はたらき)が身心に漲ってこそ、心の機(はたらき)は精神的余暇になりうるのである。隙における正念工夫は、平常心として機の充実した状態である。彼にとって「隙」でいるときは、心の機(はたらき)を充実しているときであり、平常心を意味し、非勤勉性を意味するものではない。

彼は「隙」の意味を多様に使用している。「身に隙を得時」は心の機(はたらき)を弛緩しているときであり、手すきの状況である。「常に隙ニテ居給ベシ」は、心の機(はたらき)を充実した状態で常に平常心でいることを意味する。彼は「隙」の意味として、修行の境涯を示すこともある。

「我モ人モ、只種ヲ失ズシテ、出テハ修シ修シスル事也。昔モ実ニ隙ノ明タルハ釈迦御一人ナルベシ。[140]」彼は、次のようにも語っている。

「先今生ノ隙ノ明也。我モ此年迄生タレドモ、何ノ変モナシ、道元和尚抔ヲ、隙ノ明タ人ノ様ニコソ思ワルラン、未仏境界ニ非ズ。[141]」

彼が「先今生ノ隙ノ明也」と語るとき、仏界と人界との間隙を明け、隙を無くして仏と我とを一体に為しうるときである。それ故、彼にとって隙の意味は、閒を通じて閑暇の意味があり、無事なること、あそび、休息、いこふなどの意味にも通じるのである。

彼は、心の機(はたらき)を充実した状態を「浮心」の在り方と考え、「隙」の境涯を会得しこれをいかにして日常行為上に実践していくかを人間形成の行道としたのである。

4 まとめ

心の機(はたらき)は、精神的余暇が人間形成に関るうえで重要な働きを為す。なぜな

第二章　心の機としての精神的余暇

ら、精神的余暇における人格陶冶は、「修行者」が心の機(はたらき)を身に備え、身に備えたそれを日常行為上で活かしうるか否かに因るからである。仏道は無分別知によって仏心を理解する段階に止らず、行(ぎょう)を通して心の機(はたらき)を身に備えることであり、同時に身に備えた心の機(はたらき)を日常行為上で作用する「用(ゆう)」の働きを体得することなのである。心の機(はたらき)を日常行為上で作用する無分別知は、「本智」として精神的余暇の心の在り方そのものであり、人を自覚的人間へと人間形成する生としての知恵ということになる。正三が説いた仏道としての労働は、心の機(はたらき)を通して精神的余暇を人に享受させ、単調な日常行為から生(知恵)としての労働へと本来の自己を発露させる。この行道を通して、人は自覚的人間へと形成される。そのため、心の機(はたらき)は自覚的人間の形成にとって重要な教育的役割を担うのである。

　彼にとって、心の機(はたらき)は元来人に備わった「本智」である。美辞麗句は自然の道理の本質を意味せず、莫妄想の一句を透徹することに行道の目的があった。多言に因らず「可レ守ル一言一句ヲ事」が「一句の本意に達すべし」だった。「修行者」が「一句の本意」を会得することは、「本智」を自覚しえたことを意味する。「修行者」はこの「本智」を生(知恵)として体得し、心の機(はたらき)を活かして融通無碍な自然の心の在り方を身に備えるのである。即ち、自然の大道は人が歩む道であり、人を自覚的人間へと人間形成する自然の働きそのものである。それ故、彼が説いた行道は、心の機(はたらき)を活かす「本智」を体得するため、日常底を正念工夫する「勇猛心」が必要だったのである。

　「世法則仏法也」の考え方からみれば、「凡夫心」と仏心は一体である。「浮心ト云ハ、急度イキタ機也。是仏界ノ道也」と彼は考え、「浮心」を「勇猛心」の機とする。「勇猛心」は「此心ヲ用テ、有相執着ノ一念ヲ滅スル事一ツ也(142)」の心の在り方として、人に行の精神を喚起する起動力なのである。彼は、心の機(はたらき)を説明するため、「凡夫心」に「浮心」と「沈心」という比較できる心の在り方を説いた。「浮心」は行の精神を実践する心の機(はたらき)であり、「沈心」は煩悩に振り回される心の機(はたらき)である。人は「浮心」の在り方において、常に「沈心」の在り方を克服しながら、行道を歩むのである。それ故、行道を歩む「勇猛心」の在り方が、常に求められるのである。「浮心」と「沈心」との対立関係は「自己の真仏」と「凡夫心」との関係でもある。対立する二つの心の概

第Ⅲ部　鈴木正三における労働と余暇との統合

念が共に人と直接的人格的即一的関係にあるとき、人は「凡夫心」のうちに「自己の真仏」を会得し、自覚的人間へと自己形成するのである。同様に、「浮心」と「沈心」との対立関係は「勇猛ノ機」と「憂機」との不即不離の関係にもみられる。

　「憂機」は「勇猛ノ機」の起動的精神力を弱め、人を軟弱にして求道的精神を停滞させる心の機である。「勇猛ノ機」に生じる「憂機」は「勇猛ノ機」から生じる心の機である。彼は、「勇猛ノ機」に生じる「憂機」が、「勇猛ノ機」を自覚させる心の機になると考えたのである。なぜなら、人は「憂機」を経験することによって、心の内なる「勇猛ノ機」を呼び起すのであり、「憂機」と一体化した「勇猛ノ機」を発起して、行を実践する心の在り方とするのである。人は「勇猛ノ機」と「憂機」との心の機を常に一体として自覚することによって、より強固な行の精神へと心の在り方を清浄化する。人は「憂機」の心の機を「勇猛ノ機」と同時に経験しながら、行道の心の在り方を鍛錬し、求道的精神から自覚的精神へと深め、心の在り方をより強靭な行の精神とするのである。彼は、心の概念を対立関係から説きながら、実は心の機を通して心の諸概念を統合する心の在り方が常にあることを認識し、彼独自の行道を展開したのである。

　このことは、彼の人間形成の在り方を常に対立関係から統合の在り方へと導くことになる。つまり、心の概念の対立関係は心の在り方によって生じるものであり、心の在り方を元々あるべき在り方へと変えれば、対立関係は統合の在り方になる。彼が説いた仏道としての労働は、余暇を統合しており、精神的余暇を人に享受させるのも統合的関係の心の在り方によるのである。

　例えば、彼は煩悩心の在り方から生じる六道輪廻の考え方について、次のように述べる。

「瞋恚ハ地獄、欲心ハ餓鬼、愚癡ハ畜生、是ヲ三悪道ト云也。此ノ上ニ、修羅人間天上ノ三善道ヲ加ヘテ六道ト云也。皆是一心ノ内ニ有六道也。此間ヲ離レズ、上ニ登リ下ニクグリ、廻リ休ザルヲ六道輪廻ト云也。是ハ只今其方ノ心ノ輪廻スルヲ以テ知ベシ。(143)」

　煩悩心の在り方が、「一心ノ内ニ有六道也」ということは、諸々の心の概念は対立関係を示しているが、実は元々の心の在り方を統合的関係にする心の在り

第二章　心の機としての精神的余暇

り方なのである。

　彼は諸々の心の機(はたらき)を自覚し、それらを統合した心の主人公を、「達道の人」、或は「道人」として理想的人間像とした。彼は本来もっている「凡夫心」の在り方を、人間形成の起点とする。なぜなら、人は「凡夫心」を経験することによって、私の心を無にし正直の道を歩む行道を自覚できるからである。このことによって「本来の心」を自覚し、物に囚われることのない自由自在の境涯を精神的余暇として、自覚的人間へと成長するのである。人は行(ぎょう)の精神を常に身に備えることによって、「凡夫心」の心の機(はたらき)の肯定と否定とを繰り返し、「勇猛心」を堅固に為していきながら、自己を教育するのである。以上のような考え方において、彼が説いた心の在り方と人間形成との関係を知ることができる。

　彼は、心の在り方と物との関係が人間形成の役割を担うことを認め、次のように語る。「己が心に勝得時は、万事に勝て物の上と成て、自由なり。己が心に負時は、万事に負て物の下と成て、うかぶ事あたはず」。即ち、人がこの世に対する執着心を断ち切る行(ぎょう)の在り方は、自己の心や環境（他者）に対する心の在り方において、説明することができる。人は環境（他者）との関係において自他一如の関係を為し、人を取巻く環境（他者）との間に奉仕的関係を形成する。

　この奉仕的関係は人の環境（他者）に対する心の在り方として説明でき、この考え方をとれば「沈心」は間接的非人格的対立的関係である。なぜなら、「沈心」は人と環境（他者）との間に常に私の心を介在させ、自ずと然なる在り方によるのではなく、「煩悩心」によって人の行為や意志を決定させるところに非人格性があり、私の心と環境（他者）との間に対立的関係を構築させるからである。この関係は自己の外なるものに奉仕するのではなく、人格性を喪失させたまま物に執着した私の心に執着する関係となる。自我への執着を放擲することは、彼が最も人に諭した点である。

　人は私の心を無くし、自己と環境（他者）との間に直接的人格的即一的関係をもつことによって、初めて誠の奉仕的関係を構築しうるのである。この関係は宗教的労働観の精神構造として、宗教の立場における奉仕的関係を意味する。「沈心」は人と環境（他者）との関係を「凡夫心」の在り方におくが、人はこの関係を常に「沈心」から「浮心」への転換の契機にするのである。「浮心」

221

第Ⅲ部　鈴木正三における労働と余暇との統合

と「沈心」との統合的関係は、人に「煩悩心」と「仏心」とを統合させ、心の機(はたらき)を体得させるのである。人はこの経験を体得するため、行(ぎょう)としての日常行為を行道とするのである。同時に人は日常行為上への心の機(はたらき)を通じて自覚的人間へと自己教育するのである。

　心の機(はたらき)を身に備える行道として、彼は禅浄双修の立場をとった。「浄土宗ニハ念仏ヲ以テ信心ヲ申起シ、禅宗ニハ坐禅ヲ以テ、無相無念ノ本心ヲ修シ出ス也(144)」と述べ、念仏の行(ぎょう)の精神を認めたのである。念仏による精神集中は、在家者にとっても取り組み易い平易性があり、職業（労働）に従事しながら一心不乱に南無阿弥陀仏南無阿弥陀仏と念仏を唱え、信仰心を堅持する方便として活用したのである。彼の念仏は「截断ノ念仏」と称され、念仏に精神集中することによって、身心あることを忘れて煩悩心を滅却し、身心を行じ尽して心の機(はたらき)を身に備えるための念仏だったのである。農人にあっては、「一鍬一鍬に、南無阿弥陀仏、なむあみだ仏と唱へ(145)」、職人にあっては、「所作所為の上に就いて、切に急に真実勇猛の念仏を以、自己の真仏を信仰(146)」し、商人にあっては、「漫々たる海上に船をうかぶる時は、此身をすてて念仏し(147)」、念仏行による心の機(はたらき)を身に備えたのである。

　つまり、彼の行道は日常生活を基盤として、日常行為上で実践しうる行(ぎょう)の在り方に徹底したのである。そのことは全身心を責め尽す行(ぎょう)において、本来の自己を現成させるという人間形成となったのである。行道において身に備えるものは心の機(はたらき)であり、日常行為上でそれを活かしうるところに、本来の自己が実現できるとしたのである。心の機(はたらき)が活かしうるところは、人が精神的余暇を享受しうるところであり、自己を自覚的人間へと形成しうるところなのである。

（注）
（1）恵中編『驢鞍橋』下巻、鈴木鉄心校訂並編者『鈴木正三道人全集』山喜房仏書林、1975年、239～240頁
（2）表—1　宗教的労働観と精神構造（55頁参照）
（3）「仏道修行ノ趣キ、理入行入ノニツ也。一、理入ト云ハ、一切有為法、如夢幻泡影、如露亦如電ト悟テ、本来無一物ニ叶フハ理入也。二ニ行入ト云ハ、身心ヲ責テ、八万四千ノ煩悩ノ病ヲ責抜ハ行入也。…（略）…身心ヲ責ルハ、則出離解脱

第二章　心の機としての精神的余暇

　　ノ道ナリ」（恵中編『驢鞍橋』中巻『鈴木正三道人全集』220～221頁）。
（４）鈴木正三『万民徳用』、同書、71頁
（５）恵中編『驢鞍橋』上巻、同書、171頁
（６）鈴木正三『麓草分』、同書、83頁
（７）恵中編『驢鞍橋』下巻、同書、263頁
（８）長徳山主慧中『石平道人四相』、同書、39頁
（９）鈴木正三『破吉利支丹』、同書、135～136頁
（10）「先仏法ト云ハ、六賊煩悩ヲ打滅ス事也。ナニ生生悪道ズキニ成居ル身ニ添フ敵打取ルナル間、弱ヒ心デハナラヌ也。法身堅固ノ心トテ、是非ニト思フ心ヲ強ク定ムベシ。然ラバ信心起ルベシ、信心サエ強レバ、勇猛心起ルモノ也、次ニ精進心ハ起ルモノ也。爰ニ於テ、スダワ事スダワ事ト強ク切払エバ、切ナル心、急ナル心起ルモノ也。此時、夢中トモニヌケズ、金剛心トナリ、熟シテ内外打成一片トナッテ、内ニモ一念不レ生、外ニモ一塵碍ル境界ナク、業識無明ノ魔軍ドモヲ尽ク打滅ス也。然レドモ是迄ハマダ夢中ニ打チ取タ也。末ダ実有ハ尽ヌゾ、ホッカト大夢醒メ、ハラリト実有破レ、生死ヲ出テ、一切ヲ離レテ、大安楽ニ住スル也。ナニト此心ハ武勇ニ使レマジキヤ。」（恵中編『驢鞍橋』中巻、同書、230頁）
（11）「第二仏法修行ハ禁戒ヲ堅ク守テ、仏祖ノ教ニ不レ背、邪僻曲折ノ心ヲ退治シ、善心トナリ、理非分明ニシテ理ヲ離レ、無義ノ義ヲ専ラ用ヒ、慈悲正直ニシテ万民ヲ度ス、此心便諸法度ニ使フ宝也ト云ハ、理モ義モ修シ離レテ、自ラ理非分明ニワカルナリ、只心ノ発スルニ任セテ、ナスホドノ事皆法ヲコエズ、是ヲ無義ノ義ト云也。然モ慈悲心ニシテ万民ヲ度ス、ナニト此心諸法度ニ使レマジキヤ。」（同書、230頁）
（12）「第三、仏法修行ハ、我見ヲ去リ、自他無差別ニシテ六和合ヲ用ヒ、誠ノ心ニ至リ、上四恩ヲ報ジ、下三有ノ衆生ヲ度ス。此心則五倫ノ道、正ク使フ宝也。」（同書、230頁）
（13）「第四、仏法修行ハ、慮知分別ノ心ヲ去テ、著相ノ念ニ離レ、無我ノ心ニ至テ、私ナク物ニ任テ自由也。此心則諸芸能ニ使宝也。」（同書、230頁）
（14）「第五、仏法修行ハ、邪欲ノ心ヲ除滅ス、因レ茲奢ル心、諂心貪心名聞利養ノ心ナシ。此心則渡世身スギニ使フ宝也。」（同書、230頁）
（15）鈴木正三『万民徳用』、同書、70頁
（16）～（18）注（10）
（19）・（20）注（11）
（21）「二利の要」（弟子慧中撰『石平道人行業記』『鈴木正三道人全集』12頁）
　　　「二利とは、自他の成仏なり」（草庵慧中『石平道人行業記弁疑』、同書、29頁）。
　　　『十牛図』では、第十番目の「入鄽垂手」が利他行を意味している。
　　　「我れ今この如意珠を解す　自利利他　終に歇きず」（永嘉玄覚『永嘉証道歌』

第Ⅲ部　鈴木正三における労働と余暇との統合

西谷啓治・柳田聖山編『禅家語録Ⅱ』世界古典文学全集36Ｂ、筑摩書房、1974年、119頁)。
(22)　注 (12)
(23)　注 (12)
「〔孟子　滕文公〕人の守るべき五つの道、即ち君臣の義、父子の親、夫婦の別、長幼の序、朋友の信」(新村出編『広辞苑』〔株〕岩波書店、1955年、808頁)。
(24)　鈴木正三『二人比丘尼』『鈴木正三道人全集』104頁
(25)　鈴木正三『万民徳用』、同書、65頁
(26)・(27)　注 (13)
(28)　恵中編『驢鞍橋』上巻『鈴木正三道人全集』175頁
(29)　「総而、物毎分別次第ニ成物ニ非ズ。皆天道次第ニ成物也。好是ヲ守レバ、大ニ心ノ清ル事也。」(同書、176頁)
(30)　注 (13)
(31)・(32)「夫仏法ノ無念無心ト云ハ、一切ノ上ニ用ル無念無心也。悲ム時モ悦ブ時モ、万事ノ上ニ使フ無念無心也。其故ハ仏涅槃ノ時、迦葉、阿難ヲ始メ、皆悲ミ玉フ、是ヲモ有心ナリトモ云ンヤ。扨亦此無念ヲ用ル坐禅ノ筋ト云ハ、只勇猛心ヲ用ル一ツ也。能此筋ヲ受ベシ。此筋ヲ弁エタル人ハ、自ノ修行弱シト云トモ、諸ノ修行者ノ為ニ宝也。」(恵中編『驢鞍橋』上巻『鈴木正三道人全集』160頁)
(33)・(34)　同書、152頁
(35)　同書、中巻、同書、224頁
(36)　鈴木正三『万民徳用』、同書、72頁
(37)　注 (14)
(38)　恵中編『驢鞍橋』中巻『鈴木正三道人全集』196頁
(39)　「恩真寺過去帳序記」、同書、41頁
(40)　長徳山主慧中『石平道人四相』、同書、37頁
(41)　「只学地に在って、正法を用いて、衆生を利楽す。何の大幸か及んや。」(草庵慧中『石平道人行業記弁疑』、同書、31頁)
(42)　「今時、仏世不二の意を失して、現世の利益を無にす、故に仏像経論を将て之を証せんと。仏像とは、所謂、不動等の像なり。是れ仏道修行は、其の体堅固心なる事を証す。此に至つて不二の用あり、しからざる時んば、之に反す。」(同書、28頁)
(43)　「二利とは、自他の成仏なり。」(同書、29頁)
(44)　恵中編『驢鞍橋』下巻、同書、258頁
(45)・(46)「示衆云、我有時先照後用。有時先用後照。有時照用同時。有時照用不同時。先照後用有人在。先用後照有法在。照用同時、駈耕夫之牛、奪飢人之食、敲骨取髄、痛下鍼錐。照用不同時、有問有答、立賓立主、合水和泥、應機接物。若是過量人、向未挙已前、撩起便行。猶較些子。」(円覚宗演増補重刊『臨済録』

第二章　心の機としての精神的余暇

　　1120年〔入矢義高訳注『臨済録』岩波書店〈岩波文庫〉1989年「示衆　二」44〜45頁〕
(47)　同書、「序」11頁
(48)　恵中編『驢鞍橋』上巻『鈴木正三道人全集』173頁
(49)　「師一日示曰、近年仏法ニ勇猛堅固ノ大威勢有ルト言事ヲ唱ヱ失ヘリ。只柔和ニ成リ、殊勝ニ成リ、無欲ニ成リ、人能クハナレドモ、怨霊ト成ル様ノ機ヲ修シ出ス人無シ、何レモ勇猛心ヲ修シ出シ、仏法ノ怨霊ト成ベシト也。」(同書、138頁)
(50)　同書、176頁
(51)・(52)　「然ば凡夫心に、物に勝て浮心あり、物に負て沈心あり。浮心を用は、仏界に入門なり。沈心を用は、獄中に入道なり。専出離の願力を以、昼夜浮心を守べし。」(鈴木正三『万民徳用』、同書、66頁)
　　「亦然レバ凡夫心、物ニ勝テ浮心アリ、物ニ負テ沈ム心アリ、浮心ヲ用ルハ仏界ニ入門、沈心ヲ用ルハ獄中ニ入ノ道也。専ラ出離ノ願力ヲ以テ、昼夜浮心ヲ守ルベシト云ハ、凡夫心ニ此二筋アリ。浮心ト云ハ、急度イキタ機也。是仏界ノ道也、昼夜此心ヲ守ルベシ。物ニ勝テ浮心ノ類、勇猛心ヲ躰トス。始ハ物ニ勝テ浮心類ト計リ書ケレドモ、人錯テ心ヲ用ルニ因テ、後勇猛心ヲ躰トス書添エタリ。…(略)…総ジテ此勇猛心一ツガ修行ノ体也。此心ヲ用テ、有相執着ノ一念ヲ滅スル事一ツ也。」(恵中編『驢鞍橋』中巻、同書、227〜228頁)
(53)　恵中編『驢鞍橋』上巻、同書、138頁
(54)　「去暁日、我若キ時ヨリ強ク修セシカバ、常住ハッシトシタ心ト成、心面白クアリ。殊ニ暁抔ハ、飛ンデ出ルヤウニ勇マシク成ケルガ、後ニハピシト憂機ニ成、中々虚切也。扨モイヤナ事哉、修行仕下タルカ、如何ニシテモ下ル筈ハ無ガト疑ワシク思ヒ、玄俊坊ニ語リケレバ、坊曰、其方、胸ハ仏経ニ契符ス、天然ト云ル事、仏語ニ契ヘリ。正法念経ニ曰、智者ハ常ニ懐イテ憂ヲ如シ似タルガ獄中ノ囚トラハレビトニ。愚者ハ常ニ歓楽スル猶如シ光音天ノト有ト云リ。爰ニ於テ、我修行錯ザルト云事ヲ知テ、次第強ニ一大事因縁ト成也。」(同書、181〜182頁)
(55)　「一日示曰、常ニ禅定ニ住シ習フベシト言ハ、常住機ヲ抜サヌ事也。明日死スト窮ラバ、無理ニモ機ハ抜サレマジ。死ヲ忘ル故ニ機ハ抜ル也、歯ヲ喰合、眼ヲスヱ、只今死スト守ベシ。何トシテモ、只ハ抜ガチノ物也。責テ憂成ホドナクテハ不叶、勇猛ノ機モ是ヨリ出也。」(同書、下巻、同書、271頁)
(56)　注 (51)
(57)　注 (52)
(58)　鈴木正三『万民徳用』『鈴木正三道人全集』68頁
(59)　同書、66〜68頁
(60)　「一日示曰、四民日用ニハ、浮ブ沈ムノ機ノ位、大筋ヲ書、草分ニ細ニ心ノ用ヒ様ヲ書也。義ノ段、願力ノ段、捨身ノ段、自己ノ段、此四段ヲ能見テ用ベシ。実有ヲ離ルノ段ハ、見性ノ分無ンバ少シモ用ヒラルベカラズ。」(恵中編『驢鞍

225

第Ⅲ部　鈴木正三における労働と余暇との統合

　　　　橋』上巻、同書、166頁）
(61) 鈴木正三『万民徳用』、同書、66～67頁
(62) 同書、67～68頁
(63) 鈴木正三『麓草分』、同書、72～93頁
(64)「専ら願力強くして、志をすゝめて真実を発し、義を正しく守るべし。先志と云は、菩提を催本也。真実と云は菩提心の決定なり。義と云は煩悩を截断するの剣也。此の三つは、かなわの三足の如く、一つもかけては道を成就する事かたし」（同書、82頁）。
　　「夜話曰、義ナクシテ修行成ベカラズ、勇猛精進モ義ヨリ起ル也。生死ノ紲ヲ切モ義也。抑ヨリ終リ迄、入物ハ義也。専義ヲ強守ベキ也。」（恵中編『驢鞍橋』下巻、同書、242頁）
(65)・(66)「無智の人、多智を羨む事有べからず。伝て聞き、学て知るは誠の智にあらず。元来自己に本智あり、唯、自己の無明を明むべし。文字言句は自己をくらます黒雲なり、心頭に一物を著ざるは仏心なり。願くは仏法世法一切を放下して、一句の本意に達すべし。是万法の源と也。」（鈴木正三『麓草分』、同書、78頁）
(67) 同書、76頁
(68)～(73) 鈴木正三『万民徳用』、同書、65頁
(74) 荘子, "荘子、続古逸叢書"（森三樹三郎訳『荘子』小川環樹責任編集『老子・荘子』世界の名著4、中央公論社、1978年、425～427頁）
(75)～(77) 同訳書、310頁
(78)「見ると言うことは自己が物の世界の中に入って働くことである、物となって考え物となって行うことである」（西田幾多郎「日本文化の問題」『西田幾多郎全集』第12巻　岩波書店、1966年、371頁）。
(79)・(80)「三十六　路逢達道　五祖曰、路逢達道人、不將語默對、且道、將甚麼對。
　　　　無門曰、若向者裏對得親切、不妨慶快。其或未然、也須一切處著眼。
　　　　頌曰　路逢達道人　不將語默對　攔腮劈面拳　直下會便會
　　　　三十六　路に達道に逢う　五祖曰く、『路に達道の人に逢わば、語默を将て対せざれ。且く道え、甚麼を将てか対せん』。
　　　　無門曰く、『若し者裏に向かって対得して親切ならば、妨げず慶快なることを。其れ或いは未だ然らずんば、也た須らく一切処に眼を著くべし』。
　　　　頌に曰く、路に達道の人に逢わば、語默を将て対せざれ。攔腮劈面に拳す、直下に会せば便ち会せよ。」（無門慧開編著"広園寺蔵板応永版無門関"〔西村恵信訳注『無門関』岩波書店〈岩波文庫〉、1994年、142～143頁〕）
(81)・(82) 鈴木正三『万民徳用』『鈴木正三道人全集』65頁
(83) 鈴木正三『麓草分』、同書、85頁
(84)・(85) 鈴木正三『万民徳用』、同書、65頁
(86) 鈴木正三『麓草分』、同書、73頁、84～86頁

(87) 同書、84頁
(88)・(89) 弟子慧中撰『石平道人行業記』、同書、11頁
(90) 同書、11頁
「大事、極まると雖、未だ今時を及尽し了らず」(草庵慧中『石平道人行業記弁疑』、同書、26頁)。
(91) 「八　上堂。云、有一人、論劫在途中、不離家舎。有一人、離家舎、不在途中。那箇合受人天供養。便下座。」(入矢義高訳注『臨済録』「上堂　八」27頁)
(92) 慧中編『驢鞍橋』中巻『鈴木正三道人全集』228〜229頁
(93) 同書、上巻、同書、142頁
(94) 同書、下巻、同書、261〜262頁
(95) 同書、259頁
(96)・(97) 「行は万行なりといへ共、今時、強行成難し。殊に女人なれば、身に相応の念仏の行を用給ふべし。然といへ共、信心なくしては叶べからず。人の根機まちまちなれば、心ざす所には差別有べし。一つには、つねさまの人は、他力本願を頼て、極楽浄土に住生すべき心にて、一筋に念仏するも有。二つには、無始劫来、輪廻する事は、貪嗔ちの念を因として、生々世々、苦をうくる事を歎て、三毒の心を滅すべき願力をもつて、捨身の心を用て、身心を責て、罪業を懺悔して、一筋に念仏するも有、三つには、念仏はみだの利剣と観念して、一切の念を截断する心を用て、善悪の念、共に切払ひ切払ひ、勇猛の心にて念仏するも有。四つには、生死を離るべき心を本意として、只今を臨終と思ひ定て、一念々々に命を捨心にて、今生のことをすて、切に急に念仏するも有。これは偏に臨終正念の念仏也。故に古人云、平常、臨終なれば、臨終も又平常といへり。五には、万事にかゝはらず、信心堅固にして、一切を離る心を以て、念仏するも有。是則離相離念の念仏也。人々の根機に随而、其品差別ありといへ共、信心勇猛の一念、心に差別なし。」(鈴木正三『二人比丘尼』、同書、104頁)
(98)・(99) 弟子慧中が編集した『驢鞍橋』では、信仰深い農人に対し、正三は同様の五種類の念仏 ──①「功徳ノ念仏」、②「慚愧懺悔ノ念仏」、③「截断ノ念仏」、④「末期ノ念仏」、⑤「平等ノ念仏」── を説き、いずれか縁のある念仏により行道することを勧める。正三が選択する念仏行は、③「截断ノ念仏」行である。
「因語曰、此前、尾州ノ百姓ニ、信心念仏者在。去時、我ニ念仏ノ用心ヲ問。我古エヨリ聞ネドモ、チョット思付テ、念仏ノ申ヤウ五種有ト云テ示レ之。第一ニ、功徳ノ念仏ト云ハ、経ニ云、阿字十方三世仏、弥字一切諸菩薩、陀字八万諸聖教、皆是阿弥陀仏ト也。此文ノ心ハ、阿ト云ヘバ三世十方諸仏ニ通ジ奉、弥ト云ヘバ一切諸菩薩ニ通ジ奉、陀ト云ヘバ八万諸聖教ヲヨミタルニ当トノ儀也。如レ是一切ノ功徳ハ、此六字ニ籠タルト念得シテ申念仏也。第二ニ、慚愧懺悔ノ念仏ト云ハ、身心ノ悪業煩悩ヲ慚愧懺悔シテ申尽ス念仏也。第三ニ、截断ノ念仏ト云ハ、念仏ノ剱ヲ以テ、善悪ノ念共ニ、南無阿弥陀仏南無阿弥陀仏ト切仏フ念仏

第Ⅲ部　鈴木正三における労働と余暇との統合

也。第四ニ、末期ノ念仏ト云ハ、唯今ヲ臨終ト思定メ、南無阿弥陀仏南無阿弥陀仏ト死習フ念仏也、第五ニ、平等ノ念仏ト云ハ、万事ニ不ı碍、南無阿弥陀仏南無阿弥陀仏ト、松吹風ト斉ク申念仏也ト云ハ、彼者ヒシト受、拟拟キビ好念仏哉。ドレモ入ヌ、我ハ只截断ノ念仏一ツ也。是一ツニテ用ハ調ヒタリト云テ、悦事限ナシ。」(恵中編『驢鞍橋』下巻、同書、248〜249頁)

(100)・(101)　藤吉慈海『禅と浄土教』講談社（講談社学術文庫）、1989年、239頁
(102)　同書、240頁
(103)　同書、241頁
(104)・(105)　鈴木正三『念仏草紙』上巻『鈴木正三道人全集』110頁
(106)　藤吉慈海『禅と浄土教』242頁
(107)　同書、245〜246頁
(108)　弟子慧中編『反故集』巻之上『鈴木正三道人全集』296頁
(109)　藤吉慈海『禅浄双修の展開』春秋社、1974年、138頁
(110)　鈴木大拙「禅と念仏の心理学的基礎」『鈴木大拙全集』〔増補新版〕第4巻、岩波書店、2000年、344頁
(111)　藤吉は、禅と念仏とが何故に同時に実践されうるのか、禅浄双修の理由を五つに整理する。第一、「禅を実践しても実際に悟道に達することが容易でない」（藤吉慈海『禅浄双修の展開』134頁）、第二、「禅も念仏も一つであると自得して、両者を双修する人」（同書、134頁）、「第三は、禅に徹した人が、自覚的に念仏をも修する場合」（同書、135頁）、「第四は念仏者の側から禅が必要とされる場合」（同書、135頁）、「第五は、現代の中国系仏教圏に見られるような、いわば無自覚的な禅と念仏との双修」（同書、135頁）などである。これらのうち、第二の場合は、念仏が精神集中の作用をなし、禅定に入る行（ぎょう）の効果をもたらす。念仏は行（ぎょう）となり、日常行為であると同時に宗教行為となる。第三は、「智慧から慈悲への方向で、禅者が念仏を摂化の手段として用いることがある。」（同書、135頁）　第四は、念仏行に加えて坐禅の行（ぎょう）を経験することから、道心はより一層深まり行の証はより強固なものとなる。この結果、「道力ある念仏が修せられ、智慧と慈悲とに満ちた仏教的人間として生きる道」（同書、135頁）が見出されるのである。第四の立場は、「智体悲用の仏教的人間」（同書、136頁）を形成するのである。
　　　正三は、第二及び第三の禅浄双修の立場をとりながら、夫々の発心の根機に相応した五種類の念仏行を説いたことになる。
(112)・(113)　「此娑婆ヲ楽ム念、亦我身ヲ思フ念ハ休ベカラズ。是ヲ離ズンバ皆是輪廻ノ業也。是念ヲ滅スルニハ、身心ハ是怨家ナリト、キット睨詰（にらみつめ）テ、念仏ヲ以テ責滅ス計リ也。」(恵中編『驢鞍橋』上巻『鈴木正三道人全集』141頁)
(114)　「凡夫の心に四つのてん倒有、常楽我浄の四つ也。一つには、幻化無常の身を持、今をもしらぬ命にて、此世界に心をとゞめて、常住の思ひをなす心なり。二つに楽と云は、此身は苦躰成事を知ずして、楽成と思ふ心也。仏は八苦を説給へ

第二章　心の機としての精神的余暇

り。生老病死の四つの苦有、怨憎ゑ苦、愛別離苦、求不得苦、五盛陰苦。此四つを添て八苦と云。如ㇾ此の苦の有事を知ずして、楽成身と思ふ心也。三つに我と云は、元来此身、地水火風のかり物にして、我と思ふべき物なし。此理を知ずして、仮の此身を我身と愛し、貪着をなす心なり。四つに浄と云は、不浄穢悪の身を持ながら、此理を弁ず、清浄成と思ふ心也。」（鈴木正三『二人比丘尼』、同書、103〜104頁）

(115)　鈴木正三『麓草分』、同書、77頁
(116)　鈴木正三『驢鞍橋』上巻、同書、142頁
(117)　藤吉慈海『禅浄双修の展開』、142頁
(118)　弟子慧中編『反故集』巻之下『鈴木正三道人全集』314頁
(119)　藤吉慈海『禅浄双修の展開』142〜143頁
(120)　鈴木大拙「禅と念仏の心理学的基礎」『鈴木大拙全集』〔増補新版〕第4巻、348頁
(121)　釈迦牟尼（Sākahymuni, B.C. 566〜B.C. 486）は、「自覚的であること」について、次のように毎日の一挙手一投足の自覚的行動を説明する。即ち、日常底の行（ぎょう）が「自覚的であること」を身に備えさせるのである。
　　　「ここに、大王よ、比丘は、行くときにも帰るときにも自覚的に行動します。前を見るとき、うしろを見るとき、（腕を）伸ばすとき、縮めるとき、サンガーティ（大衣）をつけ、托鉢をもち、チーバラ（法衣）をつけるとき、食べ、飲み、嚙み、のみ込むとき、排便・排尿するとき、歩き、立ち止まり、すわり、眠るとき、目ざめたとき、語るとき、黙っているとき、すべて自覚的に行動します。このようにして、大王よ、比丘は思慮深く、自覚的であることを身につけます。」（"*The Dīgha Nikāya*", ed.T.W.Rhys Davids & J. Estlin Carpenter, Vol.Ⅰ, London 1890〔rep. 1949〕〔長尾雅人訳『出家の功徳』長尾雅人責任編集『バラモン経典・原始仏典』世界の名著1、中央公論社、1979年、526〜527頁〕）
　　　大乗仏典『認識と論理』では自己認識と自覚との関係について、次のように説明される。
　　　「自己認識（自証）とは、すべての心と心作用とにある自覚のことである。（定義）心（チッタ）とは、対象を一般的にとらえる認識のことである。心作用（チャイッタ）とは、心の中に生じるものと語義解釈され、対象の特殊な性質をとらえる作用で、快、不快、無頓着（む とんじゃく）などの特徴をもつ（感情などである）。これらの心と心作用そのものは自覚されるのであるが、そ（の自覚）の本質は、自己の本性を直観することである。それゆえに、この自己認識は、概念知をはなれ、迷乱のない知覚であると言われる。」（H.R.Rangaswami Iyengar, ed., "*Tarkabhā sā and Vādasthāna*", Mysore, 1952〔梶山雄一訳「認識と論理（タルカバーシャー）」長尾雅人責任編集『大乗仏典』世界の名著2、中央公論社、1978年、468頁〕）
(122)　鈴木正三『念仏草紙』下巻『鈴木正三道人全集』119〜120頁

第Ⅲ部　鈴木正三における労働と余暇との統合

(123)　同書、130頁
(124)　「夜話ニ曰、人皆人ヲ育ル事ヲ知ズ、喩バ人有、我化者幽霊ヲモ何トモ思ヌト云バ、アワレ出シテ見セタヒ迄、跡モ見ズニ逃ンズカト云テ、ハヤ人ヲ推崩ス也。是悪キ事也。若左様ノ者有バ、扨モ好機質哉、夫夫ナルホド強ク用ヒタルガ好ゾト、機ヲ付テ育ツベキ也。是万事ニ亘事也。」（恵中編『驢鞍橋』下巻、同書、245頁）
(125)　新村出編『広辞苑』、1955年第1版、1998年第5版、621頁
(126)　注（124）
(127)　「我上ニハ、サモ見エマイガ、我ト機ヲ著テ見レバ、奥牙ヲ咬合セ、眼ヲスヱテ、キット睨ミ著テ居機ニ成テ常住有也。マダヤウ若時カラ如レ是有シ也。奥牙ト云ネバ云レヌニ仍テ云、奥牙デハナシ、奥牙ト前歯トノ間ノ歯也。是ヲキット食合セ、眼ヲスヱ、ジリジリト睨付テ居機也。爰ヲ以テ果眼坐禅ト云也。」（恵中編『驢鞍橋』下巻『鈴木正三道人全集』272頁）
(128)　「只我ハ殊勝ゲナ事ヲモ、悟リゲナ事ヲモ知ズ、十二時中、浮心ヲ以テ、万事ニ勝事計用ル也。何レモ二王不動ノ堅固ノ機ヲ受、修シ行ジテ、悪業煩悩ヲ滅スベシト、自ラ眼ヲスヘ、拳ヲ握リ、歯ギシリシテ曰、キット張懸テ守ル時、何ニテモ面ヲ出ス者ナシ。始終此ノ勇猛ノ機一ツヲ以テ修行ハ成就スル也。別ニ入事無シ。何タル行業モ、ヌケガラニ成テセバ用ニ立ベカラズ。強ク眼ヲ著テ、禅定ノ機ヲ修シ出スベキト也。」（同書、上巻、同書、138～139頁）
(129)　「真の道心と云は、志と真実と義と融通して、勇猛精進の心となりて、切成心急成心起て、夢中共に一大事因縁を守べし。」（鈴木正三『麓草分』、同書、83頁）
　　　　正三は「誠の道心」について次のように定義する。
　　　　「誠の道心と云は、初学より三界出離を強く守て、離相離名に住し、有相執著の念根を截断して、虚空同体となる修行者を可なりとす。」（同書、87頁）
(130)・(131)　恵中編『驢鞍橋』上巻、同書、149頁
(132)・(133)　「夜話ノ次曰、我若キ時ヨリ、総而言句ヲ持ザル性也。今ニ仏法ヲ不レ持、尤モ世事ノ事ハ、名聞ヲ始メ、胸中一物モナシ。是ニ仍テ、人ニ逢テモ咄スベキ事ナシ。只ニヨントシテ居計也。人持来レバ、応対事不レ欠。我方ヨリ工出シテ云ベキ事ヲ不レ。乍レ去仏法ノスベラ直度思ト、人ヲ能成度ト思フ念ハ強有也。此外ニハ他事ナシト也。」（同書、下巻、同書、256頁）
(134)　「夜話曰、何ト勤メテモ無我ニ成レヌ物也。何モ修シテ見テ合点セラルベシ。爰ニ一ツ取代物有ヲ以テ、我ハ少シ無我ニ成タルト覚、只人ヲ能シタヒシタヒト強フ思フ計ニテ、我ヲ忘レタリト也。」（同書、245頁）
(135)　同書、上巻、同書、140頁
(136)　同書、139頁
(137)　鈴木正三『万民徳用』、同書、69頁
(138)　隙の意味は次のとおりである。①ひま。すき。④かべぎはのすきま。物の閒の

230

すいたところ。㈤あな。㈥さけめ。われめ。㈢あひだ。あはひ。（玉篇）隙、閒也。㈦ひま。てすき。（左氏、隠、五）皆於‿農隙‿以講ﾚ事也。（國語、周語上）蒐‿干農隙‿。（注）隙、閒。（國語、楚語上）四時之隙。（注）隙、空閒時也。㈧あき。土地の耕されないで空いてゐるもの。㈡なかたがひ。怨仇。②きず。③さける。④つづく。境を接する。⑤をり。しほ。機會。⑥あらそひ。紛争。⑦郄に同じ。⑧通じて郤に作る。⑨或は𧮾・𨻶・郤に作る。⑩古、陳に作る。⑪俗に隙に作る。熟語「有ﾚ隙（ヒマアリ）」の意味は、閒隙。二人の閒が乖離して合はないことをいふ。（諸橋轍次『大漢和辭典』巻11、大修館書店、1959年、1968年縮寫版、954〜955頁）

　隙の意味のうち、①—㈦ひま、てすきの意味をとると、同義の閒には次の意味がある。ひま。㋑てすき。無事。（注）閒、閑暇也。（注）師古曰、閒、謂‿空隙無ﾚ事之時‿。㈰あそび。無職。（注）閒民、謂下無‿事業‿者上。㈁とき。時間。（注）師古曰、閒、空隙也。㈢やすみ。休息。他の意味では、しづか、安らか、安んずる。いこふ、くつろぐ、などである。熟語「閒暇（カンカ）」の意味は、閑暇、ひま、いとま、儀容がおちついてしづか、などである。「閒隙（カンゲキ）」はすきま、ひま、などである。（同書、727〜729頁）

(139) 恵中編『驢鞍橋』下巻『鈴木正三道人全集』246頁
(140) 同書、271頁
(141) 同書、274頁
(142) 同書、中巻、同書、228頁
(143) 同書、上巻、同書、141頁
(144) 同書、162頁
(145) 鈴木正三『万民徳用』、同書、69頁
(146) 同書、71頁
(147) 同書、72頁

おわりに ―自覚的人間の形成を目指して―

　鈴木正三は、人が職業（労働）を行道と為し、諸念妄想を遮断して精神集中することが、結果として仏道を歩むことになり、真の余暇である精神的余暇を享受しうると考えた。即ち、人は精神的余暇において自己を人格陶冶するのである。労働に従事しながら仏道を歩むということは、人にとって、労働が心の機(はたらき)を身に備える行であることを意味する。心の機(はたらき)は行の結果として人の全身心に備わる精神的余暇である。心の機(はたらき)は知識的分別知に捉われた心の在り方を、無分別知の在り方へと、即ち対立関係をとる様々な心の概念を本来の統合的な心の在り方へと導く働きを為す。その結果、人は本来の心の在り方を呼び戻し、自己の内なる真仏を自覚するのである。自己の内なる真仏は、人にとってゆるぎない本来の自己となる。人は無分別知で体得した本来の自己において、心の機(はたらき)を日常行為上で具体化できるとき、日常行為を通して環境（他者）と交わり、自ずと然なる在り方で環境（他者）を利するのである。心の機(はたらき)は環境（他者）への働きを通して、人間の本性を現成させる。人は心の機(はたらき)によって、本来の自己を実現し、同時に環境（他者）へ働きかける心の在り方、つまり精神的余暇を身に備えるのである。人は仏道としての労働を自己の本性を自覚する行道として実践するのである。それ故、仏道としての労働は真の自己を自覚するための労働、つまり自覚的労働を意味することになる。

　自覚的労働が目指す目的は、人を自覚的人間へと形成することである。即ち、仏道としての労働観は、人が日常生活の労働に従事しながら、心の機(はたらき)を身に備え、自己の本性に至る自覚的労働観なのである。修行者は労働を己事究明の行(ぎょう)として自覚的に実践しながら、自覚的人間に至る道程を歩み、精神的余暇を享受すると同時に自覚的人間の成就をなすのである。

　精神的余暇を体得した人にとって、もはや行道に専心する行(ぎょう)はなく、ただ、身に付けた心の機(はたらき)を生きる知恵として、日常生活においてそれを縦横に働かせて生きる行(ぎょう)のみである。自覚的人間にとって、身に備えた心の機(はたらき)は生きる

知恵であり、生としての知恵の働きのままに日常行為（労働）が為されていくのである。自覚的人間は日常行為を生即知恵としての行為（労働）として実践することになる。行道を通して身に備えた心の機(はたらき)は、人にとって日常を平常心で生きる知恵となり、人を生かす知恵ともなり、生（知恵）としての働きを為すのである。

　私達が教育の課題として提起するものは、真の自己を自覚する人間へと人を形成することであり、心の機(はたらき)を精神的余暇として享受できる人間を形成することである。換言すれば、身に備えた心の機(はたらき)を生の知恵として日常生活に活かしうる人間を形成することである。

　正三が説いた仏道としての労働は、身心を労苦し、「身心ヲ尽ス」日常行為（労働）の行道である。身心を労苦しなければ日常行為（労働）を生（知恵）としての労働へと成就しえないのである。行(ぎょう)としての日常行為（労働）は、私利私欲を捨て我執を捨て切る「業障尽シ」の行(ぎょう)としての効果があるばかりでなく、自覚的労働から生（知恵）としての労働への転換を可能にするのである。「業障尽シ」の行(ぎょう)としての日常行為（労働）は、日常行為（労働）に勤勉に奉仕することによって、「身ヲ使フ」、「身心ヲ尽ス」、「身心を責」める型の日常行為（労働）となっていく。それによって職業（労働）は行道となるばかりでなく、それ自体のうちに人間の本性そのものが働く職業（労働）となる。

　人は、全身心を労苦して職業（労働）に従事しながら日々の糧を得て生きていく。人にとって、現実の職業（労働）生活は苦そのものである。人はその職業（労働）に専心し、一心不乱に南無阿弥陀仏と唱え、私利私欲を離れて、職業（労働）と一体となり我身のあることをも忘れるとき、職業（労働）を仏道として行(ぎょう)ずることができる。そのことが苦の職業（労働）を自覚的労働へと転換しうることであり、さらにすすんで生（知恵）としての労働へと至ることなのである。

　生即知恵としての労働は、身体という形を与えられた人間が、労役し、労苦して働き続けることによって生を生きることであり、労働することと生きることとを同意義にする労働である。労働することから解放された楽しみは余生として老年に与えられる。老いることは、労働することからの解放であり、死への準備の生を生きることである。労働することを休止し、生きることに終止符

おわりに

をうつのが休息としての死である。精神的余暇は自然の道と合一する心の在り方であり、生老病死を自ずと然なる在り方とすることであり、生そのものであり、労働と対立するものではない。生きるがために苦役する、労働するという生活の手段としての労働はそのまま、自ずと然なる在り方であり、生活のための生き方と労働するための生き方とを自ずと然なる在り方で統合しているのである。即ち、労するため、苦役するため、労働するため、労働すること自体を目的とする生としての在り方、心の在り方に、人としての道の在り方や自己教育としての道がある。労苦することが生きることの根源であるという心の在り方を、私達は人間形成の精神性にするべきなのである。この精神性はあらゆる日常生活において、求道的な勤勉性として具体化するのである。生きるために労働することはそのまま自ずと然なる在り方であり、労働することと生きることとを一体なるものとして考える心の在り方に、重要な教育課題がある。生（知恵）としての労働は、労働することのうちに人間の本性を自覚し、主体的な人間性を発揮する労働観を生み出すのである。それ故、生（知恵）としての労働には生活の手段という労働の疎外形態はなく、人間の本性に従った活動である。生（知恵）としての労働は自ずと然なる在り方に合一する働きを為し、そのことによって心の機（はたらき）を活かし、本来の自己を現成させるのである。

　江戸初期の宗教は、現世に生きる労苦から人を救済する宗教として、その役割を果たすのであるが、禅、特に正三の禅においては、人を救済するものは自己の内なる仏心、或は「自己の真仏」への信仰である。キリスト教の場合は、他者なる神が人を救済し、人は神への道を歩む在り方で信仰に生きる自己を見出す。正三の場合は、「自身則仏」という自己を信仰する在り方で、「本来自己の主人」を自覚する。彼の教えでは、人は職業（労働）に明け暮れる日常生活を行道として精進し、労苦の中で心の機（はたらき）を活かし、本来の自己に出会うことを行（ぎょう）の目的とするのである。即ち、労苦としての労働が自己の本性を自覚する行道となり、心の機（はたらき）を活かす生（知恵）としての労働へと転換するのである。仏道としての労働は職業（労働）になりきる人間を形成するのである。

　労働と余暇との統合的関係は、あらゆる日常行為（労働）において人に本来の自己を自覚する道を歩ませることになる。なぜなら、人は労働に一心不乱に専心し、労働することと真の自己を自覚することとを一体化し、労働すること

のうちに随所に主となる心の機(はたらき)としての精神的余暇を体得するからである。人は死後の極楽浄土を彼岸に願望するのではなく、この此岸で日々の労苦のうちに「利楽」する精神的余暇を享受することになる。

　人は行(ぎょう)としての日常行為(労働)において苦と楽との統合、言葉を換えれば労働と余暇との統合を会得する。この両者の統合の境地において、人は自己を教育し本来の自己を自覚する自覚的人間へと自己形成するのである。正三が行(ぎょう)としての日常行為において勤勉的精神を重視したのは行の教育的役割を認識していたからである。職業(労働)を日常生活とすることは、自己の存在が自然の道理の内なることを認識させ、諸妄想を捨て切る形で自己否定を徹底させ、本来の自己を自覚させるに適した行になるのである。このことは、「工夫ノ中ニ万事ヲ作」すという行(ぎょう)としての日常行為(労働)を人にもたらすことになる。

　行(ぎょう)としての日常行為(労働)は勤勉的精神を媒介として、道としての宗教行為に類似した行(ぎょう)の効果をもたらす。それ故、行(ぎょう)の精神は宗教的労働観の精神構造を継承するのである。

　宗教的労働観を構成する諸精神——日常的精神、勤勉的精神、奉仕的精神、調和的精神、求道的精神、自覚的精神——は、人を自覚的人間へと導く人間形成の役割を果たすのである。特に自覚的精神は、心の機(はたらき)を生(知恵)としての労働へと発露させるものであり、人を自覚的人間へと形成する起動力である。人は心の機(はたらき)を活かしうる精神的余暇によって、生(知恵)としての労働の内に本来の自己を現成させるのである。そして、仏道としての労働は自覚的労働となって、心の機(はたらき)を人の全身心に備えさせるのである。正三は、精神的余暇を人に享受させる一方で、行道で身に備えた心の機(はたらき)を生(知恵)としての労働へと発露させる人の在り方を教えたのである。

　現代社会は、余暇の増大とともに余暇生活をいかに充実して生きるかという余暇問題を提起している。余暇は労働とともに人の暮らしに重要な影響を及ぼす問題なのである。従来、自由時間(余暇時間)は非労働時間として捉えられてきた。伝統的な西洋型余暇観では、労働と余暇とを基本的に対立的関係にあるものと捉えながら、現代では両者の交叉領域が拡大する方向にあると考えられている。スタンリー・パーカーによれば、「労働中の余暇」或は「余暇中の労働」として、労働と余暇は時間的にも活動的にも同じ形態をとりつつある。

おわりに

　またジョッフル・デュマズディエによれば、「半余暇」として労働とも余暇と
もとれる活動領域が、社会全体に広がっている現象が認められる。これらのこ
とから、労働と余暇とを対立的関係として把握することが、今や困難になって
きている。
　これに対して東洋型余暇観では、元々、労働と余暇とを対立的関係としてで
はなく、統合的関係として捉えてきた。
　小論では、この労働と余暇との統合的関係を主として鈴木正三に即して考察
し、さらにそこから精神的余暇の在り方、及びその精神的余暇がどのようにし
て人格陶冶の教育的役割を担いうるのかを検討した。現代の余暇問題は、この
精神的余暇をいかにして人が享受し、本来の自己を実現していくかに集約され
る。人が自由時間（余暇時間）に自己実現の機会を探し、余暇活動（的労働）
に専心するのは、実はこの精神的余暇の体得を求めるためである。なぜなら、
この精神的余暇において、人は全体的・全人格的に陶冶され自覚的人間へと形
成されるからである。
　労働と余暇との統合的関係において、精神的余暇を生み出す精神は勤勉的精
神である。勤勉的精神は、従来から「汗して働く」勤労の精神として理解され
てきた。しかし、本来の勤勉的精神は、「汗して働く」労働観と汗して働く内
に体得する楽しさ・遊戯性、或は汗して働いた後の充実した喜びの心を伴うも
のである。汗して働くだけの労働観は苦役であり、鍛錬主義である。厳しい労
働観と精神的余暇との統合は、仕エル事ニこと、つまり仕事に奉仕して止まな
い勤勉的精神を生むのである。
　正三が説いた勤勉的精神は、厳しい労働観と精神的余暇とを合わせもつ行の
精神である。彼の行道は、僧堂の作務精神を継承し、日常行為（労働）を仏道
として実践する行の在り方である。その結果、彼は職業（労働）に対する心構
え（心の在り方）を説いて、生活全般の道を唱導したのである。この道を実践
することが勤勉的精神となって、職業（労働）倫理観を形成していくことにな
る。従来から、正三の説いた勤勉的精神が、職業（労働）倫理観として考えら
れたのはこのためである。
　小論では、この考え方に加えて、さらに正三の勤勉的精神は己事究明として
の精神であり、心の機（はたらき）を生み出す源泉であり、精神的余暇を人に享受させる

おわりに

精神であることを結論した。彼が説いた精神的余暇は、心の機(はたらき)を通して本来の自己を発露させる心の在り方であり、その働きは生（知恵）としての労働として具体化される。

現代の余暇問題は、現代人が精神的余暇をいかにして享受し、自覚的人間へと人格陶冶するかという教育問題である。精神的余暇の享受は自由時間（余暇時間）においてのみならず、日常行為（労働）においても可能なのである。このことは、現代における科学技術疎外や労働疎外を克服する一つの提案を試みることになる。それは、人が科学技術や労働と対立的立場に立つのではなく、常に両者の統合的関係へと模索することである。つまり、人が科学技術との関係においても、労働との関係においても、常に精神的余暇を享受できる心の在り方を身に備えることなのである。精神的余暇を享受できる自覚的人間は、自己を労働から疎外させることはない。

例えば、現代人は労働においてどのような自己を見出すことができるだろうか。毎日同じ作業を繰り返す人にとって労働は苦痛である。人はこの苦痛を感じる労働に対しどのようにして克服できるのだろうか。先ず、作業に自分の全神経を集中してみよう。鈴木正三が一鍬一鍬に「南無阿弥陀仏」の名号を唱えて、農作業の一つ一つに専心したように、現代にあっても、キーボード一つ打つにしても、モッコで廊下を一拭き一拭き拭くにしても、ライン作業の同じ組み立てを毎日繰り返すときにも、その作業一つ一つに自分の総てを投げ入れてみよう。恐らくその結果、「この仕事はあの人にしかできない」、或は「この仕事はあの人がしたのだ」と、人はみるだろう。同じ作業を続ける労働は、その人ならではの仕事となり、他の人に代替することのできない仕事となるだろう。人は、以前苦痛を感じた労働に対し、毎日作業する当然の仕事として繰り返していけるだろう。寧ろ、毎日繰り返す仕事に、生き生きと生きる自分を発見するだろう。同じ作業が自分を生かし、自分の使命になっていることに気が付くだろう。人は苦痛を感じた労働に自分の全神経を集中した結果、一つ一つの作業に没頭する本来の自己に出会えるだろう。人は知らず知らずのうちに、その労働に精神的余暇を享受しているだろう。

現代人が精神的余暇の享受を身に備えることは、心の機(はたらき)を媒介として、日常行為（労働）を通じて本来の自己を実現することであり、単調な日常行為

おわりに

（労働）から生（知恵）としての労働へと転換することなのである。つまり、精神的余暇は、疎外された労働を本来の自己実現の労働へと転換する心の機(はたらき)なのである。私達は、そのことが、日常生活を平常心で生きる心の在り方において可能であることを確認したのである。

参考文献

第Ⅰ部

1. ネストレ・アラント校本25版（1963年）、国際版『ギリシア語新約聖書』（1966年）（前田護郎訳『新約聖書』『マタイ福音書』『ルカ福音書』前田護郎責任編集『聖書』世界の名著13、中央公論社、1978年）
2. 稲垣良典「『人間の教育』とそのユートピア的構想」『新・岩波講座哲学12　文化のダイナミックス』岩波書店、1986年
3. Max Weber, *"Die protestantische Ethik und der 》Geist《 des Kapitalismus"*, Gesammelte Aufsätze zur Religionssoziologie, bd. I, Tübingen, 1920（梶山力・大塚久雄訳『プロテスタンティズムの倫理と資本主義の精神』〔上巻〕岩波書店〈岩波文庫〉1955年、〔下巻〕1962年）
4. 恵中編『驢鞍橋』下巻、鈴木鉄心校訂並編者『鈴木正三道人全集』山喜房仏書林、1962年再版、1975年
5. 長徳山主慧中『石平道人四相』鈴木鉄心校訂並編者『鈴木正三道人全集』山喜房仏書林、1962年再版、1975年
6. 小川太郎『教育と陶冶の理論』明治図書出版、1967年
7. 尾高邦雄『職業の倫理』中央公論社、1970年
8. 大橋保夫「神話から労働へ ―レヴィ＝ストロースを囲むシンポジウム」『世界』第391号、岩波書店、1978年6月
9. 海後勝雄編『社会主義教育の思想と現実』御茶の水書房、1959年
10. 廓庵師遠『十牛図』柴山全慶訳「十牛図」西谷啓治・柳田聖山編『禅家語録Ⅱ』世界古典文学全集36B、筑摩書房、1974年
11. R・キッテル校注ヘブライ原典、*"Biblia Hebraica"*、（中沢洽樹訳『旧約聖書』『出エジプト記』『伝道の書』前田護郎責任編集『聖書』世界の名著13、中央公論社、1978年）
12. Н.К.КРУПСКАЯ『国民教育と民主主義』ニージニー・ノーヴゴロド、ニジポリグラフ版、1930（勝田昌二訳『国民教育と民主主義』岩波書店〔岩波文庫〕1968年15刷）
13. Gotthold Krapp, *"Marx und Engels über die Verbingdung des Unterrichts mit produktiver Arbeit und die Poltechnische Bildung"*, 3. Aufl.Volk und Wisseen Volkseigener Verlag, Berlin 1960（大橋精夫訳『マルクス主義の教育思想』御茶の水書房、1968年第4刷）
14. G. M. Kerschensteiner著東岸克好訳『労作学校の概念』玉川大学出版、1965年
15. 経済企画庁編『平成元年版国民生活白書 ―人生70万時間のゆたかさの創造― 』大蔵省印刷局、1989年
16. 今野國雄『修道院 ―祈り・禁欲・労働の源流― 』岩波書店（岩波新書）、1981

参考文献

年
17 光永覚道『千日回峰行』春秋社、1996年
18 ヴェ・エム・コロトフ編『学校自治について』1964（クルプスカヤ著矢川徳光訳『生徒の自治と集団主義』『クルプスカヤ選集』第1巻、明治図書出版、1969年）
19 斎藤隆介『職人衆昔ばなし』文藝春秋、1967年
20 斎藤隆介『続職人衆昔ばなし』文藝春秋、1968年
21 佐々木英和「『自己実現』の教育論・学習論的意義の検討 ─時間論的視点からの一考察─ 」『東京大学教育学部紀要』第33巻、1993年
22 清水正徳『働くことの意味』岩波書店（岩波新書）、1991年第16刷
23 鈴木正三『万民徳用』『麓草分』鈴木鉄心校訂並編者『鈴木正三道人全集』山喜房仏書林、1962年再版、1975年
24 鈴木鉄心校訂並編者『二王禅祖鈴木正三道人全集』恩真寺正三道人三百年記念会、1954年、山喜房仏書林より再版（1962年）、『因果物語』追録（1975年）
25 杉村芳美『脱近代の労働観』ミネルヴァ書房、1991年
26 荘子、"荘子、読古逸叢書"（森三樹三郎訳『荘子』小川環樹責任編集『老子・荘子』世界の名著4、中央公論社、1978年
27 Joffre Dumazedier, "Vers une Civilisation du loisir?", Éditions du Seuil, 1962（中島巖『余暇文明へ向かって』〔現代社会科学叢書〕東京創元社、1972年）
28 野尻武敏「働くこととその周辺 ─キリスト教の労働観をめぐって─ 」『アカデミア〔経済経営学編〕』第83号、南山大学経済学会・経営学会、1984年6月
29 Stanley Parker, "The Future of Work and Leisure", Granada Publishing Limited, 1971（野沢浩・高橋祐吉訳『労働と余暇』TBS出版会、1975年）
30 ㈱日立総合計画研究所編『産業労働における勤勉性に関する研究』『NIRA OUTPUT』総合研究開発機構、1985年5月10日
31 久野晋良「創世記神話における人の罪について ─原罪とは何か─ 」『大阪経大論集』第47巻第4号〔通巻第234号〕大阪経大学会、1996年11月15日
32 平田高士「作務・托鉢」講座『禅』第2巻、筑摩書房、1967年
33 Josef Pieper, "Murse und Kult", Koesel-Verlag Gmbh & Co., muenchen, 1965（稲垣良典訳『余暇と祝祭』講談社〔学術文庫〕、1988年）"Muβe und Kult", Verlag Jakob Hegner GmbH, München, 1948
34 Ludwig Feuerbach『フォイエルバッハ全集』第2巻、1846（松村一人・和田楽訳『将来の哲学の根本命題他二篇』岩波書店〔岩波文庫〕、1969年第4刷）
35 星野芳郎『技術と人間』中央公論社、1969年
36 Abraham H. Maslow, "Motivation and Personality", (Second Edition)Harper & Row,1970(1954 第2版)（小口忠彦訳『人間性の心理学』産能大学出版部、1987年）
37 Marx=Engels著矢川徳光編『マルクス＝エンゲルス教育論』青木書店（青木文

参考文献

庫)、1968年13版
38 『マルクス＝エンゲルス選集』第6冊（大月書店編集部編）『猿が人間になるについての労働の役割他10篇』大月書店、1968年第7刷
39 マルクス＝エンゲルス＝レーニン研究所編『マルクス＝エンゲルス全集』国際版（高木佑一郎訳『哲学の貧困』大月書店〔国民文庫〕、1968年第9刷）
40 "Karl Marx-Friedrich Engels Werke", Band 23, Institut für Marxismus-Leninismus beim ZK der SED, Dietz Verlag, Berlin, 1962（大内兵衞・細川嘉六監訳『資本論』『マルクス＝エンゲルス全集』第23巻第一分冊、大月書店、1965年）
41 Karl Marx著長洲一二訳『賃労働と資本』『世界思想教養全集』第12巻、河出書房新社、1962年
42 Karl Marx『経済学と哲学とに関する手稿』『マルクス・エンゲルス選集』第16補巻4巻、大月書店、1955年
43 "Karl Marx-Friedrich Engels Werke", Band3, Institut für Marxismus-Leninismus beim ZK der SED, Dietz Verlag, Berlin, 1958（真下真一訳『ドイツ・イデオロギー』大月書店（国民文庫）、1965年）
44 Karl Marx, "Ökonomisch - philosophische Manuskripte aus dem Jahre 1844", Karl Marx Friedrich Engels historisch - kritische Gesamtausgabe, im Auftrage des Marx-Engels-Instituts, Moskau, Herausgegeben von V. Adoratskij, Erste Abteilung, Bd. 3, Marx-Engels-Verlag G.M.B.H., Berlin, 1932（城塚登・田中吉六訳『経済学・哲学草稿』岩波書店〔岩波文庫〕、1964年）
45 桝潟俊子「余暇の現在」『国民生活研究』第32巻第4号、国民生活センター、1993年3月30日
46 松原洋三「産業化の進行と『労働・余暇』問題の変遷」『国民生活研究』第6巻第11号、国民生活センター、1967年12月31日
47 柳宗悦『工藝文化』岩波書店（岩波文庫）、1985年
48 柳宗悦『手仕事の日本』岩波書店（岩波文庫）、1985年
49 山本七平『勤勉の哲学 ―日本人を動かす原理―』PHP研究所、1984年
50 Henri Lefebvre, "Le marxisme", 1948（竹内良知訳『マルクス主義』白水社、1977年）
51 クロード・レヴィ＝ストロース「未開と文明」（大橋保夫編三好郁朗・松本カヨ子・大橋寿美子訳『クロード・レヴィ＝ストロース日本講演集〔構造・神話・労働〕』みすず書房、1979年）

第Ⅱ部

1 朝比奈宗源訳注『臨済録』岩波書店（岩波文庫）、1935年
2 朝比奈宗源訳註『碧巌録』（上）岩波書店（岩波文庫）、1937年、（中）1937年、

参考文献

（下）1937年
3 秋月龍珉「二王禅と在家仏法・正三道人」『禅門の異流』筑摩書房、1967年
4 ネストレ・アラント校本25版（1963年）、国際版『ギリシア語新約聖書』（1966年）（前田護郎訳『新約聖書』『マタイ福音書』前田護郎責任編集『聖書』世界の名著13、中央公論社、1978年）
5 市川白弦「禅思想の形成」『禅』第8巻、雄山閣、1942年
6 市川白弦『禅と現代思想』徳間書店、1967年
7 市川白弦『般若経』三一書房、1956年
8 市川白弦「涅槃経を起点として②」中外日報、1962年2月2日
9 市川白弦「涅槃経を起点として」中外日報、1962年、2/4、2/11、2/15
10 市川白弦「作務と労働」中外日報、1962年、4/25、4/26、5/2、5/11、5/17
11 今枝愛真『禅宗の歴史』至文堂、1966年
12 今枝愛真『中世禅宗史の研究』東京大学出版会、1970年
13 家永三郎「日本仏教の政治性」『理想』710号、1967年
14 稲葉譲編『仏教とマルキシズム』創元社、1966年
15 Max Weber, "Die protestantische Ethik und der 》Geist《des Kapitalismusu", Gesammelte Aufsätze zur Religionssoziologie, bd. I, Tübingen, 1920（梶山力・大塚久雄訳『プロテスタンティズムの倫理と資本主義の精神』〔上巻〕岩波書店（岩波文庫）1955年、〔下巻〕1962年）
16 Max Weber著森岡弘通訳『儒教と道教』筑摩書房、1970年
17 宇井伯寿『仏経思想研究』岩波書店、1943年
18 永平道元『正法眼蔵行持』（上）、『辨道話』大久保道舟編『道元禅師全集』上巻、筑摩書房、1969年
19 永平道元『典座教訓』『赴粥飯法』『五観文』『示庫院文』『知事清規』『重雲堂式』『辨道法』大久保道舟編『道元禅師全集』下巻、筑摩書房、1970年
20 永嘉玄覚『永嘉証道歌』西谷啓治・柳田聖山編『禅家語録Ⅱ』世界古典文学全集36B、筑摩書房、1974年
21 恵中編『驢鞍橋』上巻、鈴木鉄心校訂並編者『鈴木正三道人全集』山喜房仏書林、1962年再版、1975年
22 慧中編『反古集』宮坂宥勝校注『日本古典文学大系』83、岩波書店、1964年
23 長徳山慧中『石平道人四相』鈴木鉄心校訂並編者『鈴木正三道人全集』山喜房仏書林、1962年再版、1975年
24 尾高邦雄『職業の倫理』中央公論社、1970年
25 小川太郎『教育と陶冶の理論』明治図書出版、1967年
26 大野信三『仏教社会・経済学説の研究』有斐閣、1956年
27 神谷満雄『鈴木正三という人』鈴木正三顕彰実行委員会、1995年

28 神谷満雄「大知職人としての正三の人間像」『鈴木正三研究集録』第1号、鈴木正三研究会、1998年
29 神谷満雄『徳川時代初期経済の発展・構造・国際化の研究』拓殖大学研究所、1994年
30 神谷満雄『鈴木正三の思想とその生涯』鈴木正三顕彰実行委員会、1995年
31 金岡秀友「日本人の職業観と仏教」毎日新聞、1970年6月20日朝刊
32 廓庵師遠『十牛図』柴山全慶訳「十牛図」西谷啓治・柳田聖山編『禅家語録Ⅱ』筑摩書房、1974年
33 Johennis Calvini, "Institutio Christianae Religionis", Liber Tertius, Pars Secunda, 〔Cap XIV-XXV continents〕Editio Japonica Secundum, Reconsionem, 1559（渡辺信夫訳『カルヴァン・キリスト教綱要』Ⅲ/2、カルヴァン著作集刊行会、1964年）
34 小林利裕「作務と労働」中外日報、1962年、3/30、3/31
35 小林澄兄『日本勤労教育思想史』玉川大学出版部、1969年
36 佐橋法龍『人間道元』春秋社、1970年
37 佐々木潤之介「大名と百姓」『日本の歴史』15、中央公論社、1966年
38 柴山全慶「禅の修行」講座『禅』第2巻、筑摩書房、1967年
39 島田燁子『日本人の職業倫理』有斐閣、1990年
40 城塚登「唯物論と実存の立場」『思想』391号、1965年
41 芝田進午『人間性と人格の理論』青木書店、1961年
42 鈴木大拙「臨済の基本思想」『鈴木大拙全集』第3巻、岩波書店、1968年
43 鈴木大拙「禅と日本文化」「続禅と日本文化」「日本仏教」『鈴木大拙全集』第11巻、岩波書店、1970年
44 鈴木大拙「禅の研究」「禅による生活」『鈴木大拙全集』第12巻、岩波書店、1969年
45 鈴木大拙「禅の思想」「禅への道」「禅問答と悟り」『鈴木大拙全集』第13巻、岩波書店、1969年
46 鈴木大拙「百醜千拙」「向上の鐵槌」「禅堂生活」『鈴木大拙全集』第17巻、岩波書店、1969年
47 鈴木大拙「禅堂生活の近代的意義」「禅諸問題」「禅の第一義」「静坐のすすめ」『鈴木大拙全集』第18巻、岩波書店、1969年
48 鈴木大拙『無心といふこと』創元社（創元文庫）、1951年
49 鈴木茂夫「正三の生涯」鈴木正三顕彰会編『今に生きる —鈴木正三— その足跡』鈴木正三顕彰会、1983年
50 鈴木正三『万民徳用』『盲安杖』宮坂宥勝校注『日本古典文学大系』83、岩波書店、1964年
51 鈴木正三『万民徳用』鈴木鉄心校訂並編者『鈴木正三道人全集』山喜房仏書林、

参考文献

　　　1962年再版、1975年
52　菅谷規矩雄他『われわれにとって自然とは何か』社会思想社、1970年
53　講座『禅』第1巻、『禅の立場』筑摩書房、1967年
54　講座『禅』第2巻、『禅の実践』筑摩書房、1967年
55　講座『禅』第3巻、『禅の歴史・中国』筑摩書房、1967年
56　講座『禅』第4巻、『禅の歴史・日本』筑摩書房、1967年
57　講座『禅』第8巻、『現代と禅』筑摩書房、1968年
58　田辺元「実存と愛と実践」『田辺元全集』第9巻、筑摩書房、1963年
59　玉村竹二「禅宗の発展」岩波講座『日本歴史』第7巻、岩波書店、1963年
60　玉村竹二『五山文学』至文堂、1966年
61　津田左右吉『シナ思想と日本』岩波書店（岩波新書）、1970年15刷
62　中村元『東洋人の思惟方法2』『中村元選集』第2巻、春秋社、1969年
63　中村元『近世日本の批判的精神』『中村元選集』第7巻、春秋社、1965年
64　中村元『日本宗教の近代性』『中村元選集』第8巻、春秋社、1964年
65　新田大作「禅と中国思想」講座『禅』第1巻、筑摩書房、1967年
66　西谷啓治「これからの仏教」『禅文化』第58号、禅文化研究所、1970年
67　信太正三『禅と実存哲学』以文社、1971年
68　白隠禅師『遠羅天釜』『禅林法話集』有朋堂文庫、1919年
69　平田高士「作務・托鉢」講座『禅』第2巻、筑摩書房、1967年
70　久松真一・西谷啓治編『禅の本質と人間の心理』創文社、1969年
71　平野宗浄「頓悟要門」『禅の語録』6、筑摩書房、1970年
72　"Karl Marx - Friedrich Engels Werke", Band 23, Institut für Marxismus - Leninismus beim ZK der SED, Dietz Verlag, Berlin, 1962（大内兵衛・細川嘉六監訳『資本論』『マルクス＝エンゲルス全集』第23巻第一分冊、大月書店、1965年）
73　Karl Marx, "Ökonomisch - philosophische Manuskripte aus dem Jahre 1844", Karl Marx Friedrich Engels historisch - kritische Gesamtausgabe, im Auftrage des Marx-Engels-Instituts, Moskau, Herausgegeben von V. Adoratskij, Erste Abteilung, Bd. 3, Marx-Engels-Verlag G.M.B.H., Berlin, 1932（城塚登・田中吉六訳『経済学・哲学草稿』岩波書店〔岩波文庫〕、1964年）
74　"Karl Marx-Friedrich Engels Werke", Band3, Institut für Marxismus-Leninismus beim ZK der SED, Dietz Verlag, Berlin, 1958（真下真一訳「Ⅰフォイエルバッハから」「フォイエルバッハにかんするテーゼ」『ドイツ・イデオロギー』大月書店〔国民文庫〕、1965年）
75　宮坂哲文『禅における人間形成』評論社、1970年
76　宮本武蔵『五輪書』渡辺一郎校注『五輪書』岩波書店（岩波文庫）、1985年
77　『無の探求〈中国禅〉』『仏経の思想』第7巻、角川書店、1969年

78 森三樹三郎『「名」と「恥」の文化』講談社（現代新書）、1971年
79 柳田聖山「禅思想の成立」『仏教の思想』7、角川書店、1969年
80 柳田聖山「初期の禅史Ⅰ」『禅の語録』2、筑摩書房、1971年
81 柳田聖山『臨済ノート』春秋社、1971年
82 矢内原忠雄「人間形成について」講座『現代倫理』第8巻、筑摩書房、1958年
83 湯浅光朝『解説科学文化史年表』中央公論社、1966年増補版

第Ⅲ部

1 ネストレ・アラント校本25版（1963年）、国際版『ギリシア語新約聖書』（1966年）（前田護郎訳『新約聖書』『ルカ福音書』前田護郎責任編集『聖書』世界の名著13、中央公論社、1978年）
2 青盛秀「鈴木正三における近世仏教思想の形成過程」『仏教史学研究』仏教史学会、第18巻第1号、1976年
3 市川浩『精神としての身体』勁草書房、1975年
4 井上義巳「『萬民徳用』の意義について―仮名法語の教育史的研究―」『教育学部紀要』第4号（教育学部門）、九州大学教育学部編纂兼発行、1956年3月
5 Winston L. and Jocelyn B. King, "*Selections from Suzuki Shōsan*", 『The Eastern Buddhist』Vol.XⅡ No.2, The Eastern Buddhist Society, October 1979
6 円覚宗演重刊、"三聖慧然編集、興化存奨校訂臨済録"、1120年の刊本を祖本とする通行本（入矢義高訳注『臨済録』岩波書店（岩波文庫）、1989年
7 恵中編『驢鞍橋』上巻、中巻、下巻、鈴木鉄心校訂並編者『鈴木正三道人全集』山喜房仏書林、1962年再版、1975年
8 慧中編『反故集』巻之上、巻之下、鈴木鉄心校訂並編者『鈴木正三道人全集』山喜房仏書林、1962年再版、1975年
9 草庵慧中『石平道人行業記弁疑』鈴木鉄心校訂並編者『鈴木正三道人全集』山喜房仏書林、1962年再版、1975年
10 長徳山主慧中『石平道人四相』鈴木鉄心校訂並編者『鈴木正三道人全集』山喜房仏書林、1962年再版、1975年
11 永平道元『典座教訓』大久保道舟編『道元禅師全集』下巻、筑摩書房、1970年
12 永嘉玄覚『永嘉証道歌』西谷啓治・柳田聖山編『禅家語録Ⅱ』世界古典文学全集36B、筑摩書房、1974年
13 「恩真寺過去帳序記」（明治26年改之）鈴木鉄心校訂並編者『鈴木正三道人全集』山喜房仏書林、1962年再版、1975年
14 狩野広之「技能の周辺；その生態と病態（Ⅱ）生産技能について」『労働科学』第56巻2号、（財）労働科学研究所、1980年2月10日
15 片山秀賢「鈴木正三の行実と時代背景及び思想について」『長崎県立女子短大研究紀要』第20号、長崎県立女子短期大学、1973年

参考文献

16　金谷治訳注『荘子』第4冊、岩波書店（岩波文庫）、1983年
17　神谷満雄「鈴木正三と五曲の能」『日本文化』第18号、拓殖大学日本文化研究室、1995年
18　神谷満雄「日本資本主義の精神の源流考 —禅僧・鈴木正三研究序説—」『経営情報』第1巻第1号、中部工業大学産業経済研究所、1982年6月
19　神谷満雄「鈴木正三の唱導と日本における資本主義の精神」『経営情報』第1巻第2号、1982年
20　Immanuel Kant, *"Education"*, The university of Michigan press, Fourth Printing 1971 as an Arbor Paperback,（イマニエル・カント著フリードリヒ・テオドール・リンク編、尾渡達雄訳「教育学」『カント全集』第16巻、理想社、1966年）
21　倉地克直「鈴木正三の思想—幕藩制成立期の支配思想についての一つの試み—」『日本史研究』日本史研究会、1975年7月
22　小池和夫「勤勉のメカニズム —熟練に見る日本の活動— 」『VOICE』、PHP研究所、1981年4月
23　近津經史「鈴木正三の職分佛行説について」『印度学仏教学研究』第12巻第2号、日本印度学仏教学会、1964年
24　末木文美士「鈴木正三を語る」『NHKこころをよむ』日本放送出版協会、1990年
25　鈴木正三『万民徳用』『麓草分』『盲安杖』『二人比丘尼』『破吉利支丹』『念仏草紙』上巻、下巻、鈴木鉄心校訂並編者『鈴木正三道人全集』山喜房仏書林、1962年再版、1975年
26　鈴木大拙「禅と念仏の心理学的基礎」『鈴木大拙全集』第4巻、岩波書店、1968年、『鈴木大拙全集』〔増補新版〕第4巻、岩波書店、2000年
27　鈴木大拙「解説」鈴木大拙校訂『驢鞍橋』岩波書店（岩波文庫）、1948年
28　鈴木亨「仮名草子における仏教思想の基調—鈴木正三の著作を中心に—」『島根大学論集（人文科学）』第16号、島根大学、1966年12月
29　鈴木亨「曽我物語と二人比丘尼」『語文』第21輯、大阪大学国語国文学会、25〜34頁、1958年
30　荘子、"荘子、読古逸叢書"（森三樹三郎訳『荘子』小川環樹責任編集『老子・荘子』世界の名著4、中央公論社、1978年
31　"高麗版原本（海印寺蔵版）祖堂集"（柳田聖山訳『祖堂集』柳田聖山責任編集『禅語録』世界の名著18、中央公論社、1992年5版）
32　田中昇「『二人比丘尼』の原型ー『須田弥兵衛妻出家絵詞』と『同妻物語』に関連して」『東洋学研究所集刊』第3号、二松学舎大学、1973年3月、後に『仮名草子の研究』1975年に収録
33　*"The Digha Nikāya"*, ed. T. W. Rhys Davids & J. Estlin Carpenter, Vol. I, London 1890 (rep. 1949)（長尾雅人訳『出家の功徳』長尾雅人責任編集『バラモン経典・原始仏典』世界の名著1、中央公論社、1979年）

34	中村元『近世日本の批判的精神』『中村元選集』第7巻、春秋社、1965年
35	中村元「禅における生産と勤労の問題」『禅と思想』『禅と日本文化』第8巻、ぺりかん社、1997年
36	西田幾多郎「哲学論文集第一」「哲学論文集第二」『西田幾多郎全集』第8巻、岩波書店、1965年
37	西田幾多郎「哲学論文集第三」『西田幾多郎全集』第9巻、岩波書店、1965年
38	西田幾多郎「続思索と体験」「日本文化の問題」『西田幾多郎全集』第12巻、岩波書店、1966年
39	西谷啓治「行といふこと」『西谷啓治著作集』第20巻、創文社、1990年
40	新村出編『広辞苑』岩波書店、1955年第1版、1998年第5版、
41	花岡永子『心の宗教哲学 ―心の自然な構造に即して―』新教出版社、1994年
42	久松真一「絶対主体道」「死と罪」「禅的人間像」「信と覚」「覚の世界」『増補久松真一著作集』第2巻、法藏館、1994年
43	藤吉慈海『禅浄双修の展開』春秋社、1974年
44	藤吉慈海「鈴木正三における密教的なるもの」『禅文化研究所紀要』第6号、禅文化研究所、1974年
45	Jikai Fujiyoshi, "Zen and Nembutsu in the case of Suzuki Shōsan", 『印度学仏教学研究』第9巻第1号、日本印度学仏教学会、1961年1月
46	藤吉慈海「鈴木正三の禅」『禅と思想』『禅と日本文化』第8巻、ぺりかん社、1997年
47	藤吉慈海「疑團について」『印度学仏教学研究』第13巻第1号、1965年1月31日
48	藤吉慈海『禅と浄土教』講談社（学術文庫）、1989年
49	藤吉慈海「鈴木正三とキリスト教」『禅文化研究所紀要』第11号、禅文化研究所、1979年
50	古橋恒夫「鈴木正三から浅井了意へ―中世から近世への啓蒙思想家の一断面」『芸文攷』第4号、1971年5月
51	前田勝也「"労動"から"労働"へ」『労働の科学』第47巻第12号、（財）労働科学研究所出版部、1992年12月1日
52	三浦徹明「禅の哲学における『般若の智慧』（プラジュニヤー）―鈴木大拙の論文によせて―」『日本文化』第4号、拓殖大学日本文化研究室、1988年
53	三浦豊彦「労働観私論〔1〕」『労働科学』第68巻第6号、（財）労働科学研究所、1992年6月10日
54	無門慧開編著"広園寺蔵板応永版無門関"（西村恵信訳注『無門関』岩波書店〔岩波文庫〕、1994年）
55	村田昇「鈴木正三の研究―職業観・芸術観―」『日本佛教』第27号、日本仏教研究会、1967年
56	諸橋轍次『大漢和辭典縮寫版』巻2、大修館書店、1956年、1966年縮寫版

参考文献

57 諸橋轍次『大漢和辭典縮寫版』巻8、大修館書店、1956年、1967年縮寫版
58 諸橋轍次『大漢和辭典縮寫版』巻9、大修館書店、1956年、1967年縮寫版
59 諸橋轍次『大漢和辭典縮寫版』巻11、大修館書店、1959年、1968年縮寫版
60 山川肇『労働観試論』(社)農山漁村文化協会、1978年
61 山田邦男「禅の人間形成論的考察の試み ―近代との関連において（一）― 」『大阪府立大学紀要（人文・社会科学）』第33巻、1985年、「同（二）」第34巻、1986年
62 柳田聖山・ゴンサルベス・藤吉慈海「座談会　鈴木正三と近代思想」『禅文化』第71号、禅文化研究所、1973年
63 山本七平『勤勉の哲学 ―日本人を動かす原理― 』PHP研究所、1984年
64 H. R. Rangaswami Iyengar, ed., "TarKabhāsā and Vādasthāna", Mysore, 1952（梶山雄一訳「認識と論理〔タルカバーシャー〕」長尾雅人責任編集『大乗仏典』世界の名著2、中央公論社、1978年
65 老子 "老子" 宇佐美しん水（宇恵）編定、1770年江戸刊本（小川環樹訳『老子』小川環樹責任編集『老子・荘子』世界の名著4、中央公論社、1978年）

その他

1 内田弘『自由時間』有斐閣、1993年
2 遠藤幸男「単調、非単調労働従事者の週休2日制における余暇の実態に関する調査研究」『労働科学』第49巻第11号、(財)労働科学研究所、1973年11月
3 Friedrich Engels, *Die Entwicklung des Sozialismus von der Utopie zur Wissenschaft*, 1880（川口武彦訳『空想より科学への社会主義の発展』『世界思想教養全集』第11巻、河出書房新社、1962年）
4 樺山紘一「労働観の多様性とその新展開」『NIRA政策研究』第5巻第10号、総合研究開発機構、1992年10月25日
5 「教育哲学」『教育学テキスト講座』第1巻、御茶の水書房、1962年
6 Nils Grueber著柳原初樹訳『西は東から何を学ぶのか』現代書林、1998年
7 駒井洋『日本的経営と異文化の労働者』有斐閣、1987年
8 小林澄兄「労作教育論」『現代教育学大系』第19巻、成美堂、1936年
9 小林澄兄『労作教育思想史』丸善、1934年
10 コンスタンチーノフ監修『史的唯物論』第二版、1954（ソ同盟科学院哲学科研究所編ソヴェト研究者協会訳『史的唯物論』第1冊、大月書店、1955年）
11 ㈱資生堂社会貢献活動事務局編『資生堂の社会科』（株）資生堂コーポレートデザイン室、1993年8月1日
12 ㈱資生堂広報室「NEWS RELEASE」1993年7月
13 隅谷三喜男「経済活動には倫理的な支えが必要」『週間エコノミスト』第69巻第44号、毎日新聞社、1991年10月15日

参考文献

14 鈴木大拙、E・フロム、R・デマルティー著鈴木大拙・小堀宗柏他訳『禅と精神分析』東京創元社、1960年
15 総理府広報室編「世論調査・国民生活」『月間世論調査』第26巻第10号、大蔵省印刷局、1994年10月1日
16 大日本学術協会編『最新教育思潮』モナス、1934年
17 中谷巌「『日本型資本主義』の革新」『ビジネスレビュー』第39巻第3号、千倉書房、1992年2月
18 日本経営者団体連盟地域社会問題委員会編『企業と地域社会についての行動指針(昭和49年6月26日)』日本経営者団体連盟、1974年7月
19 「日本近代教育史」岩波講座『現代教育学』第5巻、岩波書店、1962年
20 「反デューリング論」『マルクス・エンゲルス全集』第20巻、大月書店、1978年
21 Ludwig Feuerbach著船山信一訳『唯心論と唯物論』岩波書店（岩波文庫）1981年
22 桝潟俊子「労働者の余暇生活」『国民生活研究』第16巻第3号、国民生活センター、1976年12月30日
23 桝潟俊子「閉塞する現代の労働と余暇」『国民生活研究』第21巻第3号、国民生活センター、1981年12月31日
24 Karl Marx, "*Kritik des Gothaer Programms*", Marx-Engels: Ausgewähite Schriften,Bd. Ⅱ, Berlin, 1952（渡辺寛訳『ゴータ綱領批判』『世界思想教養全集』第11巻、河出書房新社、1962年）
25 Karl Marx著岡崎次郎訳『資本制生産に先行する諸形態』青木書店（青木文庫）1959年
26 宮原誠一「教育史」『日本現代史大系』東洋経済新報社、1963年
27 籾井常喜「労働時間短縮政策と第二次労働基準法改正法案（上）」『法律時報』第65巻第5号、日本評論社、1993年4月1日、「同（中）」『法律時報』第65巻第6号（1993年5月1日）、「同（下）」『法律時報』第65巻第7号（1993年6月1日）
28 柳川時夫「新田心考のキーワード：ネットワーク資本主義—中谷巌教授に聞く」毎日新聞、1992年4月28日付夕刊
29 山本吉人「労働時間法制の改正と課題」『季刊労働法』第170号、総合労働研究所、1994年3月30日
30 柳久雄『生活と労働の教育思想史』御茶の水書房、1962年
31 Jean-Jacques Rousseau, "*Émile ou de L'éducation*" ガルニエ古典双書版（今野一雄訳『エミール』上巻、岩波書店〔岩波文庫〕1962年、中巻〔1963年〕、下巻〔1964年〕）

鈴木正三関係略年譜

和　暦	西　暦	正三数え年	事　　　　　　項
天正7	1579	1歳	正三、三河国足助の鈴木忠兵衛重次（母は粟生筑前守永旨が女）の長男として出生。
10	1582	4歳	同じ年のいとこの死にあい、「死ぬとどこへ行くか、どうなるか」死について疑問を持つ。
16	1588	10歳	正三の弟（三男）重成（後の天草代官）が生まれる。この頃、正三、高橋七十騎（高橋衆）のなかの鈴木九大夫重次（150石）の家を継ぐ。
18	1590	12歳	徳川家康関東移封に伴って、高橋七十騎、上総国周辺へ移住。
			正三、下総の塩古郷（現在の千葉県八街市根古谷周辺）に住む。
文禄4	1595	17歳	正三、『宝物集』を読み「諸行無常」を感じ、仏道に志す（『石平道人行業記』）。
慶長5	1600	22歳	正三、関が原の戦に徳川秀忠軍（本多佐渡守正信組）に従って参加、信州上田城で真田軍と戦う。9月15日の関が原の決戦には遅れた。
12	1607	29歳	正三、後妻鈴木藤左衛門の女との間に重辰（伊兵衛・二代目天草代官）生まれる。先妻は下総飯高郷の飯高弥五兵衛貞次の女。後妻は慶長16年（1611）二子を残して早逝、浅草の法福寺に位牌（三林妙省大姉）があると「三田村鳶魚全集」第17巻に見えるが現在は不詳。
			この頃、武官の暇に下妻に住み、多宝院へ行き、良尊禅師を訪ねる。
			この頃、宇都宮の興禅寺に、物外禅師を訪ね、大愚・愚堂・明関らと禅問答をする。
19	1614	36歳	正三、本多出雲守正純の元で大坂冬の陣に参戦。戦いの後、岡崎城にて家康にお目えする。

和　暦	西　暦	正三数え年	事　　　　　　　　　　項
慶長20 元和元	1615	37歳	加茂郡の内、200石賜う（田振村・四ツ松村・実栗村一部）。 この頃、九左衛門重三とみえる。 大坂夏の陣に参戦。
2	1616	38歳	高橋衆は元和2年本多正純（宇都宮）の与力となる。 この頃、秀忠に仕え江戸・駿河台に住む。
5	1619	41歳	正三、大番に列し、大坂城番士を勤める（髙木主水正親組）。この年最初の著作『盲安杖』を書く（『行業記』）。
6	1620	42歳	正三、江戸で剃髪、立会人は南泉寺（妙心寺派）の大愚宗築、法名を正三とする（『行業記』）。 則定の鈴木家は重成が継ぐ。九大夫重三（正三）家は三宅某の四男（徳川家光の小姓を勤めた）重長が養子して跡目を継ぐ。この年、実父重次は致仕し則定に閑居する。
7	1621	43歳	正三、五畿内の神社仏閣を訪ねる（『行業記』）。
8	1622	44歳	法隆寺（大和国）、千鳥寺（豊田市千鳥町）で修行。この頃、荒行のため一時脾胃疲れて「大事に及ぶ」、肉食養生して、回復する（『驢鞍橋』下巻13）。
寛永元	1624	46歳	正三、石ノ平（豊田市山中町）、鈴木家の旧領の地に庵して弁道する。諸方の僧、男女が聞法。正三は化物、幽霊等に対する関心が強かった。
2	1625	47歳	重成、信濃国（長野県）の伐木目付を命ぜられ、同3年に御納戸頭、同5年には上方代官となり、同6年には摂津、河内両国の堤奉行を兼務する（村上直による）。
4	1627	49歳	正三、『因果物語』の霊異譚を見聞するごとに記しはじめる。

鈴木正三関係略年譜

和　暦	西　暦	正三数え年	事　　　　　　　　項
寛永5	1628	50歳	6月に正三、重成等の母（粟生筑前守永旨が女）、7月に父重次死去。
			圭璧貞芳大姉、月巌證心居士の戒名から各一字を取って天草郡五和町（熊本県）「芳證寺」の名としたという。妙昌寺（豊田市王滝町）に葬る。
			正三、梵鐘を妙昌寺に寄進、鐘は焼失し再鋳するも太平洋戦争中に供出。銘の記録のみ残る。
			正三、心月院（豊田市則定町）を創建する。後の弟子・恵中（肥後国）、雲歩（豊前国）生まれる。
8	1631	53歳	正三、石ノ平（豊田市山中町）に石平山恩真寺を建立する。
			正三、大坂の重成邸にゆき、隠田脱税関連で死罪とされた女囚を助け、1仏25菩薩像をつくらせ、足助の宮平に置く。後に天草に移す。
			正三、紀州熊野の鈴木家（穂積姓）の故地を訪ねる。和歌山の加納氏邸で城中の武士に法話し、求めに応じて『武士日用』（後に『万民徳用』）を書く。恵中は「師第一の法典」と記す。
			『四民日用』（『武士日用』『農人日用』『職人日用』『商人日用』）を書く。
			正三、医王寺（豊田市矢並町）を修復する。
9	1632	54歳	正三、二代将軍秀忠の遺金の施入を受けて、石ノ平に石平山恩真寺を創建する。
13	1636	58歳	正三、丹波亀岡の瑞厳寺に万安英種を訪ね、その勧めにより『麓草分』を書く。
14	1637	59歳	天草・島原の乱が起こり、「小十人鈴木三郎九郎重成もかの地におもむく」（『徳川実紀』寛永14年是日）。諸年譜は、火器の隊長、鉄砲奉行、鉄砲隊の隊長等と記す。重辰を伴う。「本丸に先登して軍功有り」（『寛政譜』）。

鈴木正三関係略年譜

和　暦	西　暦	正三数え年	事　　　　　　項
寛永15	1638	60歳	この頃、正三、重成の発願により建立された足助の十王堂の開基となる（『足助町誌』）。 この年、十王堂の閻魔像、成る。
16	1639	61歳	重成、天草開発のことを承り、天草に赴く。 正三、松井次太夫と共に二井寺を再建する（3月15日落成）。
18	1641	63歳	重成、天草の代官となる。11月17日着任する。1仏25菩薩、天草に渡る。後円通寺（岑北町）に安置される。
19	1642	64歳	正三、重成（天草初代代官）の助言者として天草に下り、寛永21年（1644）に至る間、足かけ3年天草に留まり、19の寺社を復興、再建、新設し、下賜の300石を寺社領として配分（禅宗9、浄土宗7、真言宗1、祠2）。『破吉利支丹』を書して寺ごとに納める。 一庭融頓（長崎晧台寺）、中華珪法に後事を託す。
21 正保元	1644	66歳	正三、恩真寺に帰り、恩真寺と二井寺（現普賢院・天台宗・豊田市押井町）に梵鐘を寄進。二井寺の鐘に「士農と工商、其の業に励む者」と記す。
2	1645	68歳	恩真寺の鈴木正三坐像成る。
3	1646		恵中・雲歩ともに江戸へ出て牛込の天徳院を仮宿とする。
慶安元	1648	70歳	正三、諸僧の招きに応じて江戸に出る（『行業記』）。「国照寺記録によれば、正三はふたたび来島、12月13日国照寺（岑北町志岐）開山一庭融頓の晋山式に代官鈴木重成やその家臣一同と参列、翌2年夏、江戸に去ったとされる」（『有明町史』433頁・『岑北町史』503頁・『松島町史』238頁）。

253

鈴木正三関係略年譜

和暦	西暦	正三数え年	事　項
慶安2	1649	71歳	『万民之徳用』（織田顕信蔵）、『四民日用』（愛知県立図書館蔵）刊記あり。
3	1650	72歳	『三宝徳用』を書く。
4	1651	73歳	江戸で恵中、雲歩が正三に正式に弟子入り。
			5月24日、正三、『諸経日誦』中に「大強精進勇猛佛」のあるを知る。
			自らの思想との合致に、大いに悦び、以後各号を揮毫し名判する。
承応元	1652	74歳	『修行念願』を書く。『万民徳用』を纏める。
2	1653	75歳	重成、春に江戸に出て年貢半減を訴え、10月15日（14日夜）江戸にて自刃する。代官在任12年。三郎九郎家は重成の実子重祐が継ぐ（『徳川実紀』、承応2年12月22日）。
明暦元	1655	77歳	『盲安杖』刊行。
			正三、天徳院（重成の墓がある）内の了心庵を出て、駿河台の弟重之（兵左衛門）の屋敷で遷化。6月25日申の時（『行業記』）。40数名の弟子等が葬列に参加し、墓を天徳院の北岳につくり「石平和尚」と刻す。この年の暮に墓を九大夫の領地、佐倉郊外に移す。
			重辰（伊兵衛、正三の実子で重成の養子となる）が春以降病床にあった父正三に別れを告げて、二代目代官として天草・富岡に着任して四日後、正三は亡くなった（『天草の歴史』）。
2	1656		『麓草分』刊（恩真寺所蔵本には山本平左衛門とあるのみで刊行年記載なし）。
			この年から翌3年頃、恵中、九州・島原天草を訪れる。
3	1657		恵中、島原にて正三の一周忌の法要を修し、「心頭之銘」をつくる（「西禅集」）。

和 暦	西 暦	正三数え年	事　　　　　　　　項
万治2	1659		『驢鞍橋』上、中、下巻刊。『二人比丘尼』の初刊は、明暦2年（1656）より万治2年の間、おそらく、万治元年前後が妥当（田中伸『仮名草子の研究』）。 天草の「石高半減」の悲願なる。
寛文元	1661		片仮名本（正本）『因果物語』刊。愛知県立図書館所蔵本には、雲歩の序文と、報慈比丘（恵中）の跋文がある（序文にて平仮名本を批判）。 この年、彦根の報慈庵（現報慈寺）で恵中、雲歩が正三の七回忌を修す。 寛文年中、平仮名本『因果物語』刊。この浅井了意の平仮名本は剽窃本であるが、絵入り本やより創作性の高い物語を増補した本として出版されている。
2	1662		『破吉利支丹』刊行される。 雲歩、肥後国へ帰り、拝聖庵を建立する。
5	1665		恵中、島原で『庵中問答』を書く。 雲歩、熊本藩主・細川綱利より寺領を受け能仁寺を建立する。
6	1666		恵中が島原の本光寺で書いた仮名法語『海上物語』を刊行。
10	1670		重辰10月2日京都において死す。宇治能化院に葬る。天草代官在任は明暦元年（1655）から寛文4年（1664）までの9年間。
11	1671		正三の拾遺集（追悼集）『反故集』刊。恵中、長徳山に草庵・了心庵（本尊金剛力士像）を新築し、正三の十七回忌を修す。 恵中、『草庵家訓』を書く。
12	1672		5月14日～17日恵中、正三が推奨していた鎌倉覚園寺十二神将を参詣する。次いで門弟子等交替で参詣する。
延宝4	1676		恵中撰『石平道人四相』成る。

鈴木正三関係略年譜

和　暦	西　暦	正三数え年	事　　　　　　　項
延宝 6	1678		雲歩、能仁寺を退任し、天福寺（現熊本市花園町）を建立する。
9 天和元	1681		心月院の鈴木正三坐像成る。延宝年中、二王禅流行したと推察される（『西禅集』三『體中之記』）。
3	1683		6月以前、了心庵を「西禅庵」と改称する（『念佛三昧集』に「於西禅庵向西書」とあり）。
貞享 4	1687		恵中、正三の三十三回忌を修す（『西禅集』十一「秘書末法成佛決断抄」奥）。
元禄 3	1690		重成の子・重祐、妙昌寺に家綱軸等、宝物を寄進する。
9	1696		恵中撰『石平道人行業記』『石平道人行業記弁疑』刊行。
11	1698		12月8日、行厳雲歩、熊本の天福寺で寂（71歳）。
16	1703		信覚恵中、江戸にて寂（76歳）。
享保12	1727		重成の孫・祐政、重次夫妻の百年忌の法要を営み、妙昌寺に宝搭を造立する。これに際し、正三の孫九大夫正當・小右衛門明正、重之の孫・伊勢守直峯、香典を献ず る。
宝暦 8	1758		4月14日、堅叔庵「石平道人碑」建立される（現在は長泉寺墓所隣に移転）。
寛政元	1789		下佐切の念仏講中、正三の百五十年忌のため供養塔を建てる。
弘化 4	1847		下佐切の念仏講中、正三の二百年忌のため供養塔を建てる。
安政 3	1856		『反故集』再版される。
明治28	1895		『禅門法語集』二巻（東京光融館刊）が刊行され、『盲安杖』『反故集』『驢鞍橋』『万民徳用』『麓草分』が所収された。

鈴木正三関係略年譜

和　暦	西　暦	正三数え年	事　　　　　　　項
昭和29	1954		正三道人三百年紀念開催される。『二王禅　鈴木正三道人全集』（鈴木鉄心校丁並編者・発行所　恩真寺正三道人三百年紀念会）刊行される。
37	1962		『鈴木正三道人全集』（鈴木鉄心校訂並編者・発行所山喜房仏書林）刊行される。
50	1975		11月、鈴木正三顕彰会発足（旧足助町）。
58	1983		5月、豊田市鈴木正三顕彰会発足（旧豊田市）。
60	1985		下佐切の念仏講中、正三の三百三十年忌のため供養塔を建てる。
平成9	1997		鈴木正三研究会設立。
10	1998		3月、「鈴木正三研究集録」第1号、発行。
15	2003		10月、熊本県本渡市（現天草市）にて「鈴木重成公没後三五〇年記念事業」開催される。
16	2004		7月、鈴木正三記念館設置（設置者旧足助町）。12月、鈴木正三史跡公園、正三堂及び正三みちロマンコースなど整備（平成16年12月12日開園、豊田市則定町）。12月12日、鈴木正三・重成公像建立（鈴木正三史跡公園、豊田市則定町、製作者安藤孝洋氏）。
17	2005		6月、豊田市にて「鈴木正三没後三五〇年記念事業」開催される。6月25日、『鈴木正三〜その人と心』図録発行。
18	2006		3月31日、『鈴木正三全集』（上巻）発行。
19	2007		11月12日、『鈴木正三全集』（下巻）発行。11月23日、鈴木三公像建立（天草信用金庫本店前庭、天草市、製作者中村晋也氏）。11月、鈴木正三研究会活動休止。
20	2008		11月、「鈴木正三和尚金言集」発行。

鈴木正三関係略年譜

和　暦	西　暦	正三数え年	事　　　　　　　　項
平成23	2011		5月27日、八王子市鈴木正三顕彰会発足。絵本「鈴木正三物語」制作・完成。「鈴木正三の研究」第1集、編集・発刊
24	2012		「鈴木正三の研究」第2集、編集・発刊
25	2013		「鈴木正三の研究」第3集、編集・発刊

　豊田市郷土資料館編集『鈴木正三～その人と心』豊田市教育委員会発行、2005年6月25日、103～106頁を転載（筆者が一部変更、追加記入する）。

著者略歴
1948年　豊中市に生まれる。
1972年　神戸大学教育学部、奈良女子大学大学院文学研究科修士課程（教育学専攻）修了後、兵庫県に就職する。
2002年　学術博士。大阪府立大学大学院人間文化学研究科博士課程（比較文化専攻）修了。
著書　『教育と労働』（紀伊國屋書店梅田店、1993年）、編書『碧雲―梅治郎の生涯―』（創元社、1989年）ほか。
論文　「労働と余暇の人間形成論的考察―鈴木正三の精神的余暇をめぐって―」「井伊直弼の茶道観―茶の湯の心の機」「茶の湯における精神的余暇」「ホワイトヘッドの冒険と芭蕉の旅―新たな観念と美を求めて―」ほか。

鈴木正三の精神思想

2015年3月31日　第1刷発行

著　者	濵﨑　要子	
発行者	浅地　康平	
印刷者	小林　裕生	

発行所　株式会社　山喜房佛書林
〒113-0033　東京都文京区本郷5-28-5
電話(03)3811-5361　振替 00100-0-1900

ISBN978-4-7963-0653-9